校长　XIAOZHANG

主　办：南京点击心理教育研究所

编辑委员会

主　　任：吕德雄　王铁军
主　　编：周龙军
副主编：程晓樵　路庆良　孟维杰
编　　委：（以姓氏笔画为序）
王建磊　朱建人　汤　勇　李宝森　陈卫东
周　峰　周鑫燚　赵丰平　夏建平　诸东涛
常红忠　童富勇

国内发行：
南京大圭文化传播有限公司
发行人员：
庞桂明　刘　宁　高向海
徐　林　胡　珏　荣　敏

图书在版编目（CIP）数据

校长. 第一辑 / 周龙军主编.—上海：上海教育
出版社，2024.6 . — ISBN 978-7-5720-2712-3

Ⅰ. G471.2

中国国家版本馆CIP数据核字第2024RN9853号

策划编辑　刘美文
责任编辑　周　伟　马丽娟
封面设计　陆　弦

校长（第一辑）
周龙军　主编

出版发行　上海教育出版社有限公司
官　　网　www.seph.com.cn
地　　址　上海市闵行区号景路159弄C座
邮　　编　201101
印　　刷　南京璇坤彩色印刷有限公司
开　　本　890×1240　1/16　印张 12
字　　数　300 千字
版　　次　2024年6月第1版
印　　次　2024年6月第1次印刷
书　　号　ISBN 978-7-5720-2712-3/G·2421
定　　价　98.00 元

如发现质量问题，读者可向本社调换　电话：021-64373213

卷首语

◎程晓樵　周龙军

一个好校长，就是一所好学校。

——苏霍姆林斯基

在全球化和信息化快速发展的今天，对教育变革的使命、作用、地位已经达成了普遍共识，将"以经济为中心"转变为"把人的发展置于全部发展行动的中心"成为解决全球性社会问题的必然选择。习近平总书记在党的二十大报告中指出，要"坚持以人民为中心发展教育，加快建设高质量教育体系，发展素质教育，促进教育公平"。而建设高质量教育体系离不开一整套上下贯通、执行有力的组织体系。

在这种时代背景下，教育必须承担起探索教育改革发展的规律、方法、措施和途径的重要使命，这也是学校教育必须肩负的重大职能。

校长是学校变革过程中的核心人物，是影响学校变革进程与效果的关键力量。在这个具有特殊社会意义的相对独立的教育组织中，校长以教育者的身份定位学校的组织性质及核心价值观，又以领导者的身份制定学校的发展规划。之后，校长便以管理者的身份投入到学校的教育教学工作中，运用管理法规、管理方法和技术对学校的人员、财务、教育教学工作、时间、信息等进行全面管理。

随着学校所处的外部环境不断变化，校长的职业角色发生转变，工作的不确定性增强，校长所承担的工作压力以及外界对校长的期望也越来越高。在这种趋势下，校长只有通过持续不断的学习，努力提升自身的专业水平，才能应对这些因素所带来的挑战。

于是，《校长》应运而生。

《校长》不仅是一本经典的治校读本，更是一个开放的交流平台。《校长》是一份融思想性、人文性、学术性、指导性、实践性、可读性于一体的综合类教育刊物，立足国内，放眼全球，关注热点，聚焦改革，展示我国校长和教育家的风采，报道教育教学改革亮点，宣传前沿理论和探索经验，展现教育界和校园的多彩生活，为我国教育领域发展建设与优秀教学教研成果传播做出贡献。

《校长》为双月刊，由上海教育出版社出版发行，"中国知网"全文收录并提供网络支持。常设栏目有：《本期专题》《政策速递》《领导力》《名校风范》《管理思绪》《教研天地》《教育技术》《教海探航》《他山之石》。除了固定的栏目外，本刊还将围绕学校的发展以及发展中遇到的问题展开专题探讨。

《校长》是一份面向基础教育实践，面向工作在第一线的校长、教师，同时面向其他相关人群阅读的高品位教育类读物，对我国当前的教育改革与发展有着很好的借鉴意义和启示作用。未来，《校长》将贯彻习近平新时代中国特色社会主义思想和党的教育方针，坚持正确的办刊宗旨和方向，坚持实事求是、理论与实际相结合的严谨学风，展示和宣传优秀校长的个人风采，总结和推广校长们先进的办学理念和管理经验，肯定和弘扬校长们的工作业绩，在推进教育改革发展中发挥重要作用。

（程晓樵，南京师范大学教授；周龙军，江苏第二师范学院教授）

目 录

管理思绪

教研天地

教海探航

教育技术

他山之石

数智融合：探寻信息素养提升助力小学数学教学的新样态 *

◎周　末　胡忠诚

摘　　要　基于《义务教育数学课程标准（2022 年版）》要求，教师在确定本学科教学目标时，要充分将学生信息素养和数学教学有效融合，设计符合学生认知规律的学习新样态。培养信息素养丰富、思维活跃、积极探索的适应未来新时代发展的人才，成为教育人的必然追求。文章基于教学中的实际运用，阐述了数智融合的价值和实践路径。

关 键 词　小学数学；教育信息化；信息素养；教学实践

作者简介　周末，江苏省淮安生态文化旅游区枫香路小学教师，一级教师；胡忠诚，江苏省淮安生态文化旅游区第二实验小学教师，高级教师。

　　科技手段的更新迭代在百年未有之大变局中深刻影响着世界教育方式和未来的走向。随着网络科技的加速普及运用，不同国家、地区都极为重视将信息技术手段运用到课堂教学中，推进教育变革和创新是顺应数字时代发展的要求。《义务教育数学课程标准（2022 年版）》明确指出，数学教师应合理利用现代信息技术，提供丰富的学习资源，设计生动的教学活动，促进数学教学方式方法的变革，提升学生的探究热情，开阔学生的视野，激发学生的想象力，提高学生的信息素养。

　　数智融合教学方式是一种将数字技术与智能技术深度融合的新型教学方式，有助于提升学生的数学和信息素养以及跨学科的综合素质能力，促进学生的全面发展。数智融合教学以学生的全面发展为导向，以数字工具为支撑，以问题解决为中心，以真实情境为场域，以同伴互助为路径，实现数学教学与信息技术的自然融合，促进学生信息素养的提升。本文基于笔者教学中的实际运用，阐述了数智融合的价值和实践路径。

一、开展数智融合教学的方法和媒介

　　数智融合是提升学生信息素养的新型教学方式，具有多种形式和实践方式，教师可以根据真实、具体、个性化的教学内容和学生的学习实际情况，选择恰当的方式进行实践和应用。

（一）教育软件和应用程序

　　教师可以利用各种教育软件和应用程序，如人机互动、在线练习、虚拟实验、立体影像等，生动增强学生参与度、提供自主学习的机会、提供即时反馈，同时也可以根据学生的学习真实情况及时调整教学策略。比如，在数学课上，教师可以利用在线练习平台，让学生在规定的时间内完成一定数量的练习题，系统会自动给出评分和反馈，教师第一时间了解学生的答题情况和错题分布，有针对性地进行讲解和辅导。

（二）多媒体资源

　　教师可以利用数字化技术，在课堂上使用各种多媒体资源，如图片、视频、音频等，将抽象

---

*　本教学设计荣获 2023 年"领航杯"江苏省信息化教学优质课大赛特等奖。

的知识点以更加直观、形象的方式呈现给学生，帮助学生更好地理解和掌握知识。比如，在数学课上，教师可以利用多媒体素材，展示数学历史事件的虚拟实图、音频和视频资料，让学生更加深入地了解数学史上重大事件的发生背景和影响。

（三）互动白板和投影仪

教师可以利用互动白板和投影仪等设备，将电子文档、课件和教学素材直接投影到屏幕上，通过手指或特定笔来操作屏幕上的内容，使教学更加生动、灵活。比如，在数学课上，教师可以利用互动白板和投影仪展示算式的计算过程，针对学生真实的思路呈现，引导学生进行有条理的数学语言表达能力的训练等。

（四）在线协作工具和学习管理系统

教师可以利用在线协作工具或学习管理系统，组织学生进行在线协作学习和讨论，提升学生的团队合作和交流能力。例如，在数学实验课上，教师可以利用在线协作工具将学生分成小组，让小组内学生进行讨论和合作，共同完成一个数学实验的方案设计、实验操作和结果分析。

（五）智能化评估系统

教师可以利用智能化评估系统，对学生的学习情况进行实时监控和评估，及时发现问题并给出反馈和指导。比如，在数学和信息技术跨学科的编程课上，教师可以利用智能化评估系统，对学生的编程代码进行自动检查和评估，及时发现学生的错误和问题，并给出相应的反馈和建议。

二、基于数智融合的小学数学教学实践

（一）课程名称

《平移和旋转》。

（二）教学对象

三年级。

（三）课时安排

1课时。

（四）教材分析

《平移和旋转》一课被安排在苏教版三年级上册的第六单元《平移旋转、轴对称》的第一课时。通过本节课的学习，学生能够区分、理解平移和旋转两种运动，掌握平移和旋转的性质，并能运用平移和旋转的知识解决实际问题。因此，对本课题主要从以下几个方面分析和界定：

（1）平移的本质。平移运动是物体或者图形从一个位置沿直线移动到另一个位置的一种运动。这种运动需要有方向和距离这两个关键要素参与，同时平移前后的物体或图形，应该保持和原来一样的形状、大小和方向。学生在辨析平移现象时，对横向和纵向的平移现象很容易辨别，但对于斜向的平移存疑。因此教学时，教师要对斜向平移适当介入指导，同时对自身角度变化的现象做适当渗透。

（2）旋转的本质。旋转运动是物体或者图形绕着一个固定的中心点（有时是一条"轴"）按照一定的方向转动。这种运动有三个关键性要素：中心、旋转的方向、旋转的角度。从运动的特点上来看，平移和旋转是两个不同的运动。但在教学时，不能完全割裂地看待这两个运动，应该引导学生观察、比较，发现这两种运动背后的相同之处，打通它们之间的联系，让课堂更有数学味道和深度。

（五）学习目标分析

本节课旨在让学生认识平移和旋转这两种运动，了解这两种运动的异同。

（六）信息素养分析

教师在日常教学中充分运用多媒体信息技术授课，所以学生对本节课运用到的多媒体信息技术手段比较熟悉。这些良好的信息技术素养，为本节课学生的学习奠定了基础。

（七）年级特点分析

本阶段的学生已经具备了相关数学知识：在一年级认识了前后、上下、左右，在二年级明晰了平面图中的东南西北。这些知识的掌握为本节

课的学习做了一定的知识储备工作。

（八）辨析能力分析

本节课的重难点在于让学生能够自主探索出平移和旋转两种运动各自的特点，以及这两种运动的异同之处。而三年级的学生辨析能力尚有欠缺，不足以自主辨析。因此笔者运用了"希沃白板5"的自由交互功能，帮助学生一步步辨析出两种运动的异同。

（九）设计理念

本节课笔者的设计理念围绕学生的认知发展、兴趣激发和实际应用展开，具体包括以下几点：

（1）以学生为本。关注学生的年龄特点和认知水平，从学生的实际出发，创设生动有趣的情境，激发学生的学习兴趣，调动学生的积极性，使学生乐于学习，感受到数学的美妙和乐趣。

（2）体现生活化。将平移和旋转的概念与生活实际相结合，使学生感受到数学就在身边，增强学生对数学的好奇心和探究欲望。

（3）强调实践性。让学生在动手、观察、交流、讨论的过程中，自主探究平移和旋转的特点及规律。通过丰富的实践活动，培养学生的动手能力、观察能力和空间观念。

（4）注重探究式教学。引导学生通过观察、实验、猜想、验证等方式，自主探究平移和旋转的性质和特点；培养学生的观察能力、实验精神和严谨意识，使学生学会从数学的角度思考现实问题，用数学的方法解决问题。

（5）促进合作学习。通过小组合作、讨论等方式，让学生在互相倾听、互相学习的过程中，加深对平移和旋转的理解；培养学生的团队合作精神和沟通表达能力，提高学生的学习效果。

（十）教学目标

（1）通过观察现实生活中物体的运动，使学生认识物体平移和旋转运动的特点；能区分、判断这两种不同的运动方式。

（2）通过观察、比画、描述等活动，使学生体会物体的运动，感受平移和旋转的不同运动方式，进而培养学生动眼观察、动脑判断的能力。

（3）学生初步认识生活中物体的平移和旋转，感受生活中处处有数学。

（十一）教学重难点及措施

（1）重点：学生能够自主辨析出物体的运动是平移还是旋转。

（2）措施：借助动态图片、无人机飞行，直观呈现生活中运动的一些物体。

（3）教学难点：充分感悟物体的平移和旋转，能准确判断运动方式。

（4）措施：动手、动嘴、动脑，全方位感悟物体运动的特点。

（十二）教学准备

平板电脑、智能触控笔、"Mind +"App、大疆御3无人机、大疆特洛（Tello）无人机、翻页笔、两台希沃一体机、希沃互动课件、学习单等。

（十三）教学过程（见第4页）

三、结语

综上所述，正视、拥抱和推进基础教育数字化转型，还有许多崭新的、极富挑战性的教学方式要去变革，需要完成对基础教育数字化转型行动从"0"到"1"的认知：从"以学生为主体"的视角，重塑教学结构；从"全人发展教育"的视角，理解评价的意义，重建评价指向；从"学生个性学习"的视角，理解过程的多样，丰富学习活动；从"学习价值实现"的维度，理解场景的意义，设计学习空间；从"证据支持决策"的立场，理解数据的价值，并创建有效的数据治理模式。

数字技术蕴含巨大的变革潜能，推动着整个社会的数字化转型。数智融合探寻信息素养提升的小学数学教学新样态是面向未来的教育，教育数字化转型对于应对日益复杂的社会环境以及不确定的未来具有重要价值。对于数学教育而言，教育数字化转型——数智融合是基础教育高质量发展的应有之义和必然选择。

参考文献:

［1］赵占国，念创.《义务教育数学课程标准（2022 年版）》的修订变化导读［J］.云南教育（小学教师），2023（03）：14—16.

［2］祝智庭.对基础教育数字化转型行动要有新认知［J］.人民教育，2023（Z1）：1.

教学环节及目标	教师活动及设计意图	学生活动内容	技术与学科融合解析
一、感知运动，激趣导入	课前交流：你想去西游乐园的哪个游乐设施游玩？看着地图，怎样走可以到达？ 教师操作：操控无人机飞行至游乐设施地点。 【设计意图】课前热身，激发兴趣，在观察无人机飞行中感受平移和旋转的运动，为后续学习收集学习素材。	用语言表达去哪里、怎么走。	数字无人机——以信息科技中的"数字无人机"作为学习的大情境，兼具了平移和旋转的共性，又贴近了学生生活，让学习在真实情境中发生。
二、多样表征，认识平移	活动一：观察运动，感受平移 依次呈现三种物体的运动，引导学生动手比画、动嘴说、动脑思考。这些物体的运动，有什么相同的地方？ 活动二：操作体验，深化认识 通过编程，实现无人机的平移，感受平移运动。你也想让无人机做平移运动吗？平移前后，什么变了，什么没变？ 活动三：生活举例，丰富认识 你能找一找生活中哪些物体的运动是平移？ 【设计意图】引导学生观察生活中的典型素材，通过无人机的飞行（即平移）实践，培养学生从数学的角度观察生活、理解运动。	1. 用眼睛观察、动手或借助学习用品比画、动笔画出运动轨迹； 2. 宏观分析比较三者运动的相同点； 3. 通过编程实现无人机平移，到达目的地； 4. 寻找生活中的平移； 5. 学习方法的提炼。	人机交互——利用批注功能，将动态化的平移现象用"箭头直线"直观地表现出来，让学生思维实现可视化的表达。 编程控制——借助 Mind+ 编程软件，学生通过程序控件进一步感受平移的两个要素：距离和方向，并利用这两个要素实现大疆特洛无人机的平移化飞行，为学生多角度感受平移提供平台。
三、知识迁移，认识旋转	活动四：小组探究旋转 螺旋桨的运动又有怎样的奥秘呢？下面我们就按照刚才研究平移的方法来研究旋转这种运动。 活动五：辨析旋转特点 同样是在旋转，有什么不同的地方？摆动中的钟摆是在旋转吗？旋转前后，什么变了，什么没变？ 【设计意图】通过手势比画、问题研究、操作转盘，让学生自主研究、体会旋转的特征。	1. 利用平板和交互式大屏进行观察、比较、归纳。 2. 展示、交流：这些运动有什么共同的地方？ 3. 转动平板中的指针，感受旋转。	人机交互——利用希沃白板识别多种动态图片，授课模式自由拖拽、圈画等优点，为学生自主探究助力。
四、回顾反思，深化理解	平移和旋转这两种运动有什么特点？有什么相同的地方？ 【设计意图】在比较中加深对平移和旋转运动本质的理解。除了学什么，学生怎么学更为重要，能为后续的学习提供支持。	思考、交流与评价	电子板书——在师生协作、共同探究的过程中，生成课堂目标。
五、巩固练习，拓展延伸	正确辨析，明晰概念： 下列哪些物体在做平移运动？哪些物体在做旋转运动？观察树叶，对比运动前后，哪几片树叶可以通过平移和最后面的黄色树叶完全重合？不重合的树叶怎样可以做到重合？ 【设计意图】在比较和辨析中，进一步明确对两种运动的认知。同时，培养学生一定的空间观念。	1. 利用平板和交互式大屏进行个性化分类。 2. 展示、交流、共鸣：为什么这样归类？ 3. 平移、旋转运动相结合。	批注式探究——利用智能笔在希沃白板上对图片进行个性化的拖拉分类和自我批注，方便、快捷地了解学生思路，帮助其产生知识共鸣。 希沃易课堂——利用易课堂课件分享和单选功能，实现及时了解、评价学生学情，把控学生学习情况，查漏补缺。
六、总结收获	无人机通过多次平移和旋转相结合，可以形成美丽的图案；从宏观、微观角度认识平移、旋转现象。	思考、交流、欣赏	视频拓展——扩大教学资源，利用 AI 配音，让学生从微观到宏观了解运动，开阔学生视野。

教育数字化转型

——2024 世界数字教育大会的探索

◎周龙军

摘　　要　蓬勃发展的数字技术深刻影响着教育发展的格局，全面革新了教育发展的逻辑内涵与实践路向。在新的技术背景下，如何以数字变革推进教育数字化转型的进程，成为世界教育研究者高度关注和热切讨论的议题。中国政府非常重视教育数字化转型，1 月 30—31 日，"2024 世界数字教育大会"在上海成功召开。会上展示了中国数字教育领域最新成果，表明了中国搭建数字教育国际交流合作平台、推动全球教育共同发展的愿景。文章聚焦"2024 世界数字教育大会"，对中国的教育信息化转型展开了思考和探索。

关 键 词　2024 世界数字教育大会；中国；教育数字化；转型

作者简介　周龙军，江苏第二师范学院教授，教育部民族教育中心教育信息化专家。

21 世纪的今天，我们正在见证着一个全新的时代潮流——数字化转型和全民终身学习的深度融合。

——《数字化进程中的中国学习型社会建设报告》

技术与教育是推动社会发展与历史前进的两大动力，以信息技术为核心的教育数字化是教育变革的重要基石。随着新一轮科技革命和产业革命的深入发展，数字化转型已成为全球教育界共识——联合国教育变革峰会把教育数字化变革列为五大重点行动领域之一[1]，世界各国纷纷出台教育数字化发展战略，探索利用数字技术推进包容和公平的优质教育。

数字化为世界国民教育的发展带来了千载难逢的机遇，我们必须敏锐地抓住数字化这一"利剑"，准确把握教育数字化的发展趋势，因势而谋，应势而动，顺势而为。2024 年 1 月 30—31 日，由中国教育部、中国联合国教科文组织全国委员会、上海市人民政府共同举办的"2024 世界数字教育大会"在中国上海召开。大会以"数字教育：应用、共享、创新"为主题，重点围绕教师数字素养与胜任力提升、教育数字化与学习型社会建设、全球数字教育发展趋势与指数评价、人工智能与数字伦理、数字变革对基础教育的挑战与机遇、教育治理数字化与数字教育治理等议题进行了深入交流讨论。

数字教育是高效化、精准化的结构重塑与流程再造，是教育高质量发展的科学方法。对此，中国教育部部长怀进鹏在"2024 世界数字教育大会"上给出了可资借鉴的最新答案：中国国家教育数字化战略行动将从联结为先、内容为本、合作为要走向集成化、智能化、国际化，更大规模开展应用示范，放大服务倍增效能；更高质量开发汇聚资源，建强国家平台；更智能化发展数字技术，服务人的全面发展；更高水平开展国际交流，建设世界数字教育合作平台，将中国数字教育打造为落实全球发展倡议、全球安全倡议、全球文明倡议的实践平台。

"2024 世界数字教育大会"的召开表明了中国政府高度重视数字教育发展，希望通过与各国政府、大中小学、有关国际组织和非政府组织、企业及其他利益攸关方一起，共同探讨数字教育的实践与创新，推动全球教育共同发展。

一、推动教育数字化转型是大势所趋

在智能时代的背景下，教育数字化转型是数字化转型在教育领域的具体实践。中国社会发展已然步入一个全新的"数字时代"，教育数字化转型正在发生。

教育数字化转型是指利用现代信息技术支持教育在育人方式、办学模式、管理体制、保障机制等方面创新，以推动教育流程再造、结构重组和文化重构，促进教育研究和实践范式的变革。[2]这一变革过程不是简单地升级系统、采集数据或更新设备，而是在数字化转换与升级的基础上，在战略层面系统规划，全面提升不同主体的数字化意识、思维和能力。教育数字化转型是深层次地改变业务模式、推动生产方式或组织形式创新的过程，具有长期发展演进和持续迭代升级的特征。[3]

推进教育数字化有利于汇聚最新数字技术发展成果，破解教育改革发展中的重难点问题，促进教育系统性的变革，为教育强国建设提供强大动力。智能时代的教育数字化转型是一场教育领域的系统性、根本性变革，是智能时代教育适应信息化技术发展的必然要求。

从技术发展层面来看，新一轮科技革命和产业变革正加速演进，科技力量的重要战略价值被不断放大，5G、人工智能、大数据、区块链、元宇宙等新兴技术正深刻影响着人们的学习方式、思维模式等。同时，新兴技术推动的数字化教育基础设施建设正不断增强，人工智能算力底座和数据中心正逐步夯实，教育创新应用数字化生态体系正逐步完善等，都为教育数字化转型提供了重要保障。[4]

从社会发展层面来看，培养适应未来数字化生活的人对教育数字化提出了新的要求。人们对于自主性学习、个性化学习和终身性学习的现实需求日益增强，人们更偏好灵活便捷的学习方式，更加重视混合课程和混合弹性课程，追求高质量学习体验。另外，以往知识传授型人才培养模式难以适应新时代教育评价改革的要求。数字时代对人才培养提出了更高要求，从以知识为重转向以能力和素质为重，关注人才的复合型思维能力、复杂问题解决能力、创新能力、学会学习能力、学会生存能力等，人才培养的新要求为教育数字化转型注入了强劲动力。[5]

从教育内部需求来看，教育模式的升级，学习范式的新生，教育"优质、公平、高效"难题的破解，都要求教育数字化转型，以便在数字化、数据化的基础上实现教育组织的整体转型。展开来说，一是教育教学与数字技术的融合发展已超越了数字转换形态，翻转课堂、MOOC（慕课）和混合教学等课堂形态的兴起，正改变着传统教育理念；二是数字技术的教育应用使得学习突破传统学校限制，正改变着人们的学习方式和传统的教育组织形式。除此之外，传统教育发展过程中暴露的诸如教学路径依赖、教育应急调控滞后等现实问题也要求国民教育体系构建更有韧性的数字化教育模式。[6]

综上所述，教育数字化转型是数字时代发展的必然产物，也是教育改革发展的必然趋势。

二、教育数字化转型的关键在于应用

在教育数字化转型过程中，我们需要始终明确的是，数字教育的关键在于"应用"，而"应用"过程本身并不是教育与现代信息技术的简单相加，而是以"教育信息资源"的建设工作为基础，实现教育与现代信息技术的有机整合，合二为一，才能发挥教育数字化的最大效益。

（一）教育数字化助力教师更好地"教"

对于教师来说，信息技术不仅是一种教学工具，更是一种学习途径。随着教师数字素养的提升，教师将更好地适应数字化环境，对数字工具和资源的选用有更加深刻的理解，进而推动数字技术与教育教学深度融合的变革与创新，更新教育评价的理念和方式，实现教师更好地教。

在个性化教学方面，具备较高数字素养的教师可以更好地利用数字技术工具和资源组织教学活动。例如，利用数字工具对学习者的学情进行精准诊断，及时调整教学策略；利用在线学习平台等，为每个学生提供定制的学习内容和活动，使其形成特色化的知识学习路径。

在教学方式创新方面，教师数字素养的提升使教师能够更加灵活地选择和应用不同的教学方式。例如，教师可创设线上与线下融合的混合式课堂环境，打破教学空间和时间的限制，拓展学习的场域和载体，开展以"学"为中心的教学。教师还可利用丰富的多媒体资源、虚拟现实工具、在线协作工具、社交媒体平台等创设虚实融合学习空间，培养学生利用技术解决问题的能力等。

在教育评价变革方面，教师数字素养的提升使教师能根据需求开展更科学的教育评价。首先，教师可基于数字技术拓展评价内容，对学生的创新意识、协作意识、批判思维等高阶能力开展评价；其次，教师可基于智能技术实现教学全过程的个性化、综合性、伴随式评价，实时评估学生的学习进度和表现，引导学生开展高效、个性化的学习；最后，教师可基于大数据采集分析系统，全方位汇聚人机协同、交互数据，获取精准的评价结果，助力教学决策。

（二）教育数字化帮助学生更好地"学"

当前教育的目的已不再是达到一定时间的积累，而是培养人们的"自学能力""研究能力""思维能力""表达能力"和"组织能力"。未来社会是学习型社会，每个人都是终身的学习者。只有真正明确了这一点，才能从根本上改变传统的应试教育观念，提倡和落实终身学习的教育观念。

智能时代学生成长的重要表现是学生核心素养的形成和发展。学生核心素养指在学生接受各学段教育过程中，逐步形成的与信息化多元社会发展和个体终身发展相适应的知识、技能、情感、态度、价值观等关键能力与必备品格。借助人工智能等信息技术的使用，我们可以通过多种途径帮助学生更好地学，促进学生全面发展。[7]

1. 智能化学习

进入数字教育时代，教育教学环境呈现了开放的特征，打通了学校、社会、家庭之间的信息流通壁垒，能够实现数据共享、设备协同、知识互联、群智融合，让学生的学习更轻松、更有效。

2. 个性化学习

由于人工智能、大数据和学习分析技术的赋能，学生个性化的学习环境开始出现，借助大数据和智能学习系统，可以对学生进行大数据挖掘和画像，分析学生的学习起点、学习风格、学习进展等情况，进而基于学生学习存在的问题，为学生制定个性化学习策略，推送个性化的学习内容与学习资源，帮助学生解决学习过程中遇到的重难点问题，实现知识巩固、拓展和提升，实现学生的个性化发展和差异化发展。

3. 泛在化学习

随着数字环境的逐步完善、网络的日益普及、数字资源的极大丰富、互联网的快速发展、各种学习系统的建设应用和各种智能学习终端的配置，出现了新的学习方式——移动学习，使得基础教育数字化具有了泛在化特征。它突破了传统课堂的时空边界，丰富了学生的教育环境，实现了学习者随时随地随需地学习，提高了学生的知识获取能力和自主学习能力。

（三）教育数字化推动学习场景升级

数字化转型中新的教育形式、工具和技术不断涌现，如线上教育、人工智能、虚拟现实等。这些新变化为教育带来了更多的可能性和机遇。未来的教育场景将是信息内容、数字技术、智能装备高度融合，虚拟和现实交互联通，人类教师和数字人教师深度协同的立体化空间，应具有以下特征：①应实现物理环境与虚拟环境的融合；②应更好地提供适应学习者个性特征的学习支持和服务；③既支持校内学习也支持校外学习，既支持正式学习也支持非正式学习。

综上，未来的数字教育场景建设确保学生的学习可以在任何地点、任何时间发生，学生可以虚实结合的方式开展合作式、探究式的"真实的"学习。[8]

三、推动教育数字化转型的路径探索

推动教育数字化转型是一项系统工程，涉及多个层次，必须以完善的"保障机制"为基本的条件支撑，从"物""人""数"三方面着手，瞄准"教学""管理"两大业务领域，推进教育数字化转型。

（一）政策保障：顶层设计战略规划和标准规范

"保障机制"是推动教育数字化转型的关键。政府应制定教育数字化相关的战略规划和标准规范，构建适当的管理体制和运行机制。例如，做好教育数字化顶层设计和战略部署，加强标准规范研制，提供政策支持，强化制度保障等。

纵观国际社会，诸多国家和国际组织在政策立法或战略规划层面都十分注重"软硬结合"，即促进数字素养与教育新基建的"双向奔赴"。具体而言，一方面，开放、共享、普惠的教育新基建为推动教育流程的整体性再造、教学生态的系统性重塑、区域差异的均衡性稳态提供了底座支撑；另一方面，数字素养关乎个体在数字化浪潮中的"数字化生存"，是促进数字化人才培养的必由之路。例如，2021 年 11 月，世界教科文组织发布《一起重新构想我们的未来：为教育打造新的社会契约》，高度肯定了教育数字化转型在教育变革中的战略意义；2022 年，该组织又发布了《教育的未来简报》，重点讨论了教育数字化转型的发展趋势和应对措施；同年，该组织出台了《教育政策和总体规划中的信息和传播技术

指南》，为世界各国教育数字化转型政策的制定提供框架与路线。

中国政府近年来大力实施教育数字化战略行动，发布了一系列教育数字化的战略规划：2010 年，国务院印发《国家中长期教育改革和发展规划纲要（2010—2020 年）》，指出信息技术对教育发展有革命性影响，必须予以高度重视，应通过教育信息化带动教育现代化的实现。2012 年，教育部印发《教育信息化十年发展规划（2011—2020 年）》，明确各类学校及教育领域的发展目标和任务，要求各级各类学校要建设数字校园，配备必要的教学资源、工具和仿真实验室等软件，提出了"三通"工程和"两平台"建设项目。2018 年，教育部发布《教育信息化 2.0 行动计划》，阐明到 2022 年基本实现"三全两高一大"，即教学应用覆盖全体教师、学习应用覆盖全体适龄学生、数字校园建设覆盖全体学校、提高信息化应用水平、提高师生信息素养，建成一个"互联网＋教育"大平台的发展计划。2019 年，中共中央、国务院发布《中国教育现代化 2035》，提出加快信息化时代教育变革；建设智能化校园，统筹建设一体化智能化教学、管理与服务平台；推进教育治理方式变革，加快形成现代化的教育管理与监测体系，推进管理精准化和决策科学化的战略任务。2021 年，中央网信委发布《"十四五"国家信息化规划》，进一步强调加快数字化发展、建设数字中国，是顺应新发展阶段形势变化、抢抓信息革命机遇、构筑国家竞争新优势、加快建成社会主义现代化强国的内在要求，是贯彻新发展理念、推动高质量发展的战略举措，是推动构建新发展格局、建设现代化经济体系的必由之路，是培育新发展动能、激发新发展活力、弥合数字鸿沟、加快推进国家治理体系和治理能力现代化、促进人的全面发展和社会全面进步的必然选择……

在"2024 世界数字教育大会"上，中国教育部职业教育与成人教育司副司长李英利就"数字化

赋能学习型社会建设"做了阐明，使中国关于学习型社会建设顶层设计更加清晰：研制《学习型社会建设推进工程实施方案》，印发《学习型社会建设重点任务》，部署了学习型城市建设、县域社区学习中心建设、学历继续教育教学改革、非学历教育改革创新、三教统筹协同创新等重点任务。

（二）物质支撑：合理配置优质数字教育资源

在教育数字化转型中，"物"是指硬件设备、软件工具、数字资源等物质层面的支持条件，是教育数字化可持续发展的重要前提，包括加快各级各类学校的教学、管理、服务等设施的数字化和智能化升级，提供优质数字教育资源共享服务等。[9]

联合国在 2022 年发布《确保和提高全民公共数字化学习质量行动倡议》，呼吁成员国强化数字教育平台建设，促进数字资源的良性循环利用，使其惠及更广泛群体。美国积极推进"数字学习平台"建设，以推动地区间资源合理有序流动为理念，为创新型教学提供可靠资源保障；德国则将国家教育数字化平台建设作为教育现代化的重要项目之一，旨在通过"联网、导览、指导、获取信息与教育资源共享、革新和参与"六大功能，打破教育资源配置不均衡对学习者发展的制约，力图为所有群体提供优质数字资源。[10]

2021 年，中国教育部等六部门正式发布《关于推进教育新型基础设施建设构建高质量教育支撑体系的指导意见》，提出了加快构建结构优化、集约高效、经济适用、智能绿色、安全可靠的教育新型基础设施体系的具体路径，为打造世界一流的教育数字基座提供了方向指引，并提出从信息网络、平台体系、数字资源、智慧校园、创新应用、可信安全等方面共同发力，让优质数字教育资源成为教学模式创新与夯实数字底座双向依附的桥梁。教育新基建是迈向公平包容教育数字化转型的物质基础，亦是实现教育高质量发展的"数字基座"。其既有旧基建所呈现的鲜明教育属性，又在范围、结构、功能、管理等方面与旧基建存在深层差异，更注重"软""硬"资源的统整、优化和创新，呈现虚实结合、数据驱动、跨界协同和双向赋能等特点。现阶段，中国教育新基建存量已初具规模，但尚处在从"有数量"到"有质量"的过渡阶段。因此，只有在价值冲突与关系博弈视角下对教育新基建的价值期望予以理性审度，权衡好"新旧""城乡""人技"三对关系，才能构建愈加灵活、公平、包容的学习场景，敞开公平包容的教育数字化的转型通衢。

在"2024 世界数字教育大会"上，中国教育部科学技术与信息化司司长周大旺就中国国家智慧教育平台的建设情况进行了阐述：平台升级迭代了 5 次，上线国家智慧教育读书平台，新增接入广西、云南、甘肃等 3 个省级智慧教育平台，开发上线了"智慧教育"App。平台资源持续扩容，已汇聚中小学资源 8.8 万条、职业教育在线精品课程超过 1 万门、高等教育优质慕课 2.7 万门，更新"学习二十大云课堂"专题资源，上线了"2023 年暑期教育研修""网络安全宣传教育"等专题资源，拓展服务大厅的留学服务事项。升级"智教中国通行证"，上线统一搜索引擎，提供点赞、收藏、转发功能，完成适老化和无障碍访问改造。国家智慧教育平台支撑个性化学习、终身化学习、扩大优质教育覆盖面的能力进一步提升。

基于当前已经获得的成就，中国教育部部长怀进鹏指出，在今后的发展中，中国将更高质量开发汇聚资源，建强国家平台。我们将着力扩大资源供给，采取师生自由创造、学校自主建设、政府广泛征集等多种方式，重点增加 STEM 教育、数字科技、美育和劳动教育等课程资源，继续把分散的珍珠串成更有价值的项链，服务师生，扩大平台资源总供给。着力丰富资源形态，大力开发数字教材，广泛集纳教辅、教案、课件、教学设计、虚拟仿真实验资源，汇聚部署智能作业、互动课堂、线上教研、辅助阅卷、教育评价等数字教育工具和平台。着力创新资源评价，运用国家教育大数据中心聚集的海量动态数据，对平台资源规模、结构、内容及使用效果等进行分析分类评价，对课件资源、教学内容等颁发国家数字教育平台收藏证书，推进资源开发、入库、更新、出库的全生命周期管理。我们将持续建强中国国家智慧教育平台，构建横向拓展、纵向贯通的平台体系，打造成汇聚全国乃至全球智慧的最佳平台。

（三）应用驱动：促进教学、管理、组织的变革

应用是检验数字教育成效的试金石。数字技术只是工具和手段，其最终指向始终是人才的培养和人的发展。因此，对于数字技术的推广和应用要遵循"需求本位"而非"技术本位"，应当根据主体发展需要选择合适的数字技术，而非盲目推广；应充分认识到"人"在教育数字化转型中的主体性作用，不仅数字技术的有效应用有赖于主体行动，其更新与升级也有赖于研发者的知识创设和使用者的体验反馈。

因此，在教育数字化转型的应用上，可以积极推进场景驱动的"互联网＋教育"示范试点建设。在因地制宜吸收国内外优秀经验的基础上，面向不同教育场景推进"互联网＋教育"的创新应用试点示范。例如，建立跨学段业务联动和流程协同的工作制度，保障不同学段、不同教育场域在数据衔接方面的稳定性，优化学习者的学习体验；探索既能发挥教师主导作用，又能体现学生主体地位的新型教学模式，逐步推动教学模式从单一的传统课堂教学向线上线下结合、课内课外融通的多元形式转变，总结和分享先进的实践经验，推动优质教学案例传播与推广。

中国教育部部长怀进鹏指出，今后，中国将更大规模开展应用示范，放大服务倍增效能。将纵深推进数字教育试点，选择若干应用急需、条件具备的省、市、县和中西部地区推进国家平台全域全员全过程应用，不断扩大优质资源覆盖面，推动试点转示范。引导课堂教学深化应用，鼓励各级各类学校将平台资源和服务嵌入教育教学之中，用数字教育资源丰富拓展学生的第二课堂，支持发展学生的兴趣、爱好，让优质数字资源的"金子"发光。支撑终身学习拓展应用，办好终身学习、老年学习平台，上线并不断充实"社会学堂"资源，以多种形式帮助社会学习者更新所需知识、提升技术技能，让数字教育覆盖人的一生，建设全民终身学习的学习型社会、数字型社会。创新政策机制促进应用，坚持"用得好是真本事、离不开是硬道理"，通过教师专题培训、典型案例选树、考核激励、评价改革等措施，将平台使用变成师生的一种习惯、一种生活方式和学习方法。

（四）主体赋能：提升多元行动者数字胜任力

数字化发展对人才培养提出了新要求，教育行动主体数字胜任力以及综合素养的提升是新时代教育数字化转型的应有之义。无论是宏观战略统筹支持，抑或物质基础迭代升级，若个体数字素养未能提升，那么师生驾驭庞杂技术环境、资源、工具的效益便无从谈起，技术也就无法为教学范式的革新供给支撑杠杆。为规避教学实践中技术使用的缺位、越位、错位，急需科学可信、合理可用的常态化培育机制和评价范本以提高师生数字素养。[11] 基于此，世界教科文组织制定了教师信息与通信技术能力框架，旨在帮助各国制定全面的国家教师信息与通信技术能力政策和标准，指导教师在数字化时代的专业发展。

助力教师信息素养提升的策略主要从信息素养构成要素提升、教师数字化培训、数字化环境建设、数字化领导力、机制保障等方面突破。首先，需要教师更迭教育理念，细化、深化和实化教师数字素养的培育机制。在制度层面，要以教育部发布的《教师数字素养》这一行业标准为蓝本，研制具体行动方案和指导意见，创新培育平台和打造重点项目，并积极探索职前职后一体化数字素养培养体系。在实践层面，除积极组织参与国家寒暑期教师研修等系列活动外，各地各校应因地制宜、因校制宜地高质量开展相关培训。例如，广西壮族自治区

崇左市的广西民族师范学院附属第三小学，依托平台上京津沪名师资源，开展集体备课、网络教研，许多教师由此迈上了发展的"快车道"，中国特色的教研制度焕发出新的活力。

其次，依托外部保障，充分利用培育数字素养的"赋权增能"资源。一方面，加快大中小学校智慧校园建设，推进高性能设施环境、普适性数字终端环境、创新型教室环境、物联化智能新场景建设，提高学校物联智能化水平。"师生们在智慧教室系统里高频互动，学生的知识难点、实验疑点和在动手当中发现的新问题，很快被精准解答，课堂获得感大大增强。"怀进鹏在"2024世界数字教育大会"上对中国当前智慧校园建设给予了极大肯定。另一方面，提高教师使用国家智慧教育服务平台、智能教学助手、人工智能教师等新一代数字技术的积极性，促进教学模式与方法的创新，促进数字化教育与体育、美育、劳动教育等多元教育领域深度融合，实现各级各类学校教育数字化由单一技术的独立应用升级为跨学科、多场景的综合应用，形成一批创新性强、成熟度高、可复制、可推广的数字化课堂教学模式。

最后，推动课堂改革，探寻学科育人视角下提高数字素养的行动路向。提高数字素养必须依靠真实的教学活动，主动探索技术与教学的融合范式，将数字素养培育理念蕴含在课程目标、内容和结构中，显现于教学模式创新形态上。怀进鹏表示，中国将更智能化发展数字技术，服务人的全面发展：将实施人工智能赋能行动，促进智能技术与教育教学、科学研究、社会的深度融合，为学习型社会、智能教育和数字技术发展提供有效的行动支撑。将积极推动以智助学，开发智能学伴、实施智能辅导，不断提升学生的科学和人文素养，让每个学生成为最好的自己。以智助教，研发智能助教，支撑教师备授课，实现减负增效，让教师有更多精力去从事创造性教学活动、育人活动。以智助管，建设人口预测、资源配置、决策支持等智能工具，适应人口和社会结构的变化，提升教育治理体系和治理能力的现代化水平。以智助研，借助模拟计算、数据挖掘等手段，构建数据驱动的研究新范式，不断深化规律性认识。

（五）评价赋能：健全标准规范，强化监督评估

当前，数字化变革已深度融入当下教育评价体系，以大数据、人工智能为代表的新技术介入素养测评，能有效化解传统手段方式施测不便、衔接不佳等难点问题。可从覆盖整个转型周期层面加以考量，经由全过程追踪式数据采集，汇聚全场域的评价数据，实施多模态数据分析诊断，以实现全息式测评，构建即时反馈与隐私保障的立体化评估模态，持续提供个性化数字素养发展支持服务。国际社会十分注重以全纳教育为价值导向建立评价指标，并通过制定标准化、科学性与可持续性的测评指标和建设数据库为决策赋能。许多国家在加强国际合作的同时立足本土的指标研制，通过成立监管部门提升评估质量，并为确保数据伦理安全提供有效保障。[12]

中国教育评价数字化还处于起步阶段，模型构建综合化、数据采集无感化、数据处理智能化等评价环节已取得一定进展，但技术的介入还未从根本上突破传统教育评价的固有局限，数字化过程评价与智能化评价普及率还有很大上升空间，特别是评价与技术的耦合性欠佳、评价指标科学性存疑、评价方式单一等问题突出，制约着评价范式革新的整体进程。因此，中国在教育评价体系改革过程中，需要增强教育评价体系的韧性标准，打破"一刀切"式的评价模式，有效兼顾教育数字化转型中客观存在的地区差异、城乡差异以及学校差异，提升实际成效。同时，必须以一种更具包容性的态度直面人的主观能动性和心理情感因素，并在制度层面不断优化考核方式，以减缓治理对象所承受的绩效压力和消极情感体验。[13]

教育数据是教育数字化过程中的基础性资源、战略性资源和重要生产资源。为有效采集和运用教育数据，应该健全教育数据安全保障，加强对收集使用师生数据的监管能力，重视人工智能教育应用伦理规范等。中国将坚持"数字向善"，加强人工智能与数字伦理研究，科学研判人工智能技术对教育的影响，特别是其负面影响，对侵害人的隐私权益行为保持高度警惕，积极引导智能技术合理应用。

四、结语

智能时代的教育数字化转型是一项具有创新价值、高度复杂的社会系统工程，是教育领域的一场系统性、根本性变革，为新时代的教育发展提供了更高的社会需求和更多的新可能。

本次"2024世界数字教育大会"取得了丰硕的成果：成立了世界数字教育联盟，41个国家和地区的104个大学、国际教育组织、研究机构及企业加入联盟；上线了国家智慧教育公共服务平台国际版，支持联合国6种官方语言，首批上线约780门课程，涵盖12个学科门类和17个专业大类；发布了国际数字教育案例汇编，收录55个案例，覆盖35个国家和地区；发布了全球数字教育发展指数和《中国智慧教育发展报告2023》；创刊了《数字教育前沿（英文）》；发布了《数字教育合作上海倡议》；等等。这些都表明了中国把数字教育作为教育公平的重要抓手、教育质量的重要引擎、学习型社会的重要依托、国际合作交流的重要领域，将加快推动数字技术与数字教育的深度融合，全面赋能学生学习、教师教学、学校治理、教育创新和国际合作，持续提升全民数字素养和技能，以教育数字化支撑引领教育现代化，服务人的全面发展和经济社会高质量发展。

参考文献：

［1］UNESCO. Reimagining Our Futures Together: A New Social Contract for Education［M］. Paris, France: Educational and Cultural Organization of the United Nations, 2021.

［2］刘军，刘海群.教育数字化转型的内涵与要素［J］.中国现代教育装备，2022（22）：13—15.

［3］李艳燕.智能时代的教育数字化转型：内涵、挑战与路径［J］.阅江学刊，2024，16（02）：157—163+175.

［4］杜忠贤.人工智能时代的教学变革研究［D］.哈尔滨：哈尔滨师范大学，2020.

［5］夏立新，杨宗凯，黄荣怀，等.教育数字化与新时代教育变革（笔谈)［J］.华中师范大学学报（人文社会科学版），2023，62（05）：1—22.

［6］祝智庭，胡姣.教育数字化转型：面向未来的教育"转基因"工程［J］.开放教育研究，2022，28（05）：12—19.

［7］祝智庭，胡姣.教育数字化转型的本质探析与研究展望［J］.中国电化教育，2022（04）：1—8+25.

［8］邢西深，胡佳怡，管佳.新时代的基础教育数字化：发展动因、基本特征和实践进路［J］.中国电化教育，2022（12）：107—113.

［9］戴岭，祝智庭.教育数字化转型的逻辑起点、目标指向和行动路径［J］.中国教育学刊，2023（07）：14—20.

［10］荆鹏，吕立杰.弥合数字鸿沟：教育数字化转型的国际镜鉴与本土应对［J］.国家教育行政学院学报，2023（12）：46—56.

［11］董倍宏，杨剑.教育数字化转型：不确定性风险及其治理［J］.电化教育研究，2023，44（11）：52—59.

［12］于天傲，王正青.欧洲区域性全纳教育实践及发展取向——基于欧盟特殊教育与全纳教育发展署研究［J］.教师教育学报，2022，9（06）：104—114.

［13］张家勇.我国教育评价体系建设的进展、挑战及路径选择［J］.河北师范大学学报（教育科学版），2021，23（05）：17—23.

以"导"为本 科学管理

——校长管理经验谈

◎赵丰平

摘 要 随着教育改革的纵深推进,我国教育发展进入新的历史阶段,学校作为教育改革主阵地,正历经着巨大变革。我国中小学实行校长负责制,作为学校第一负责人的校长,其教育理念、领导风格等因素对学校的有效发展意义重大。因此,校长领导力的提升至关重要。本文从笔者自身 25 年的校长管理经验出发,针对中学校长如何做好学校管理工作进行一番个人看法的阐述,以期为一线教育工作者提供必要的借鉴和参考。

关 键 词 中学校长;校长领导力;学校变革

作者简介 赵丰平,"271 教育"创始人,山东二七一教育集团总校长。

人才的培养是社会发展的原动力,离不开教育的完善与创新。而教育的完善与创新有赖于教育内部和外部一系列的改革创新。随着教育改革的纵深推进,我国教育发展呈现了新的模式,即教育事业正从外延式发展跨入内涵式发展。教育发展模式的转变同样引起了学校发展的重大变革:学校的组织结构由科层制组织逐渐转向学习型组织;学校管理模式由"外控管理"逐渐转向"校本管理";学校文化建设由"千校一面"转向"特色发展";学校系统结构逐渐由"封闭式"转向"开放式"。作为学校第一负责人的校长,其教育理念、领导风格、个人综合素质等因素对学校的有效发展意义重大。福建师范大学教育学院谌启标教授指出,"校长对学校强有力的领导"是有效学校的重要方面。

改革开放以来,随着学校办学自主权的下放和校长负责制的推行,我国校长队伍的整体素质有了极大的改善。尽管如此,教育改革背景下的学校变革新趋势也对我国校长领导力提出了更多新的挑战和要求。

一、教育改革新趋势对校长领导力的新要求

校长是一所学校的最高领导者。《义务教育学校校长专业标准》指出,校长应该具备以下职责:规划学校发展;营造育人文化;领导课程教学;引领教师成长;优化内部管理;调适外部环境。该标准是校长处理日常学校事务的行为准则,是新形势下校长专业化发展的有力保障。作为一个有着 25 年学校管理经验的校长,在长期的学校管理中,我总结校长的领导力包括:文化建设领导力、课程建构领导力、榜样示范领导力和管理创造领导力。这些领导力相互联结、相互作用,共同助力校长及其团队生命成长、事业提升、生活创造、关系和谐、目标明确,实现个人乃至学校的可持续发展。

面对越来越复杂的教育挑战,校长不能仅仅依赖传统的经验和方法去应对,不能人云亦云、随波逐流,而必须站在事业的高度,在深刻理解国家教育方针和教育规律的基础上,树立明确、清晰而具体的办学目标,在正确教育价值观的指

引下，洞察教育、生活、事业、社会运行规律，结合学校实际，科学整合各种资源，结构化创造一整套有过程、有方法、有逻辑、有意义的理论体系和行为系统，有前瞻性、创造性地引领广大师生向着理想教育的高处不断进发。

二、校长是学校文化建设的第一人

从广义上来讲，文化是一种社会现象，是凝结在物质之中又游离于物质之外的，能够被传承和传播的国家或民族的价值观念、思维方式、生活方式、行为规范、艺术文化、科学技术等，是人类相互之间进行交流的普遍认可的一种能够传承的意识形态，是对客观世界感性上的知识与经验的升华。正如当代著名作家梁晓声所说，文化是"植根于内心的修养，无需提醒的自觉，以约束为前提的自由，为别人着想的善良"。

（一）校长是学校文化建设第一人的哲学思考

学校文化建设是校长研究教育的重要课题。在适合生命成长的教育生态文化里，良好的人际关系构建、充分的信息交流、充足的能量交换给学生的自主创新发展提供了最大可能。学生能够抛开传统课堂教学的束缚，恢复自己的天性，成长自己的灵性，自由、自主、积极、充满创造力地成长。为了每一名学生的生命能够自主、全面、充分、和谐地发展，校长必须用正确的教育价值追求作为学校教育工作的总统领，尊重每一个孩子，相信每一个孩子，发展每一个孩子，成就每一个孩子，用深厚的价值观文化引领学生有效地学习、快乐地生活，向着正确的生命成长方向不断进发。这个生态的营造几乎就是校长领导工作的全部。

1. 高尚的人文精神是校长的管理内核

人文精神代表着校长的追求和修养、胸怀和格局、爱心与责任，代表着校长对国家的热爱、对教育的热爱、对生命的热爱、对学生的热爱、对生活的热爱，是校长生成正确的学习观、知识观、人才观、成绩观、课程观、课堂观、教

师观、学生观、管理观的沃土，没有这种深厚教育精神之沃土来滋养，校长就不可能生长出自己的教育智慧，也就不能培育教育高质量发展之参天大树。一个有思想的校长不仅是学校的行政领导，更是广大教师和学生信赖的学习者、思想者、创造者。校长需要对生活有深沉的感情，对社会有独到的理解，对全校师生有一种发自内心的伟大的热爱，对生命与人生有高远的价值追求，只有这样才能真正成为学校的核心和灵魂，成为广大师生的灵魂牧师、精神导师。

校长的办学思想是由此内核向外创新生发的。因此，校长要用哲学的思维方式不断追问、不断思考教育的真谛，并在学校管理实践中对教育本质不断洞察、反复探索，真正构建起"以人为本"的教育理念，确保学校的教育目标与社会发展、个体成长紧密结合在一起。

2. 优良的品格作风是校长的治理良方

在学校发展的这个大机制体系当中，校长扮演着举足轻重的大家长角色，在学校发展中用心、用力、用情、用志、用生命，结构化思维，体系化创造，阶段化实施，建设学校和谐发展文化，制定学校可持续发展战略，创造目标管理有效过程，创新科学灵活战术，百折不挠地朝着自己的办学目标埋头苦干，带动学校协调、高效运行。这既是一位校长的能力，也是一位校长的担当。

校长的高度就是学校的高度。校长要果敢决策、大步向前、率先垂范、言必信、行必果、果必究。如果校长信念不坚定、没有目标、害怕困难，如何能带领团队成员勤奋创造，推动学校向前发展？如果校长只想着平推工作，应付公事，深不下去，想赢怕输，事情都浮在表面，干部又怎样能够深得下去？教师怎样扎实工作？学生怎样奋发有为？又如何能营造目标高远、积极向上、敬业乐群的学校文化？如果校长身心不在学校，忙于社会应酬，那又如何保持清晰的思路、旺盛的斗志？如果校长不知难而进，遇到困难就发牢骚，那干部和教

师必定也会牢骚满腹，一定也会推卸责任，安于现状，不思进取。如果校长不尊重下属，不尊重教师，教师又怎么可能尊重学生、尊重家长？如果校长没有学习精神，不勤于读书，不善于思考，思维打不开，思维总是在低维度徘徊，又怎么可能让教师和学生勤于学习、积极改变、主动成长？

有什么样的校长，就有什么样的学校！

（二）校长是学校文化建设第一人的实践意义

学校文化是实施素质教育的重要载体和广阔途径，是凝聚教师创造事业的不竭力量，是激发学生生命成长的动力源泉，是培养生命主体能力的主要手段和方法。在我看来，学校文化就是在校长领导下，师生长期实践逐渐形成的相同的价值观和目标追求，相同或相近的思维方式和行为方式，积极向上的舆论氛围，长期沉淀下来的一种集体性格。

学校文化是一所学校所有人精神面貌的集中体现，校长是学校文化的塑造者和传播者，直接影响学校的发展方向和教育质量。校长须通过创新思维建设学校文化，结合校内外一切资源，有计划、有目标地培植一种有利于教师和学生生命成长的生态；要有创新和独特的学校文化观，要始终亲力亲为，营造一种积极向上、爱岗敬业、干事创业的工作文化，积极思考、创新成长的学习文化，热爱生活、创造幸福的生活文化，求同存异、相互尊重、关系和谐的人际关系文化。校长是学校文化建设的旗手，其文化建设领导力体现在逐渐把这种亲手建设起来的文化根植于学校每个师生的内心深处，并形成一种思维方式和行为自觉。

需要注意的是，学校文化建设是为了更好地培养全面发展的人、适应时代要求的人。教育是为了成长每一个孩子的生命而存在，让每一棵松树长成好松树，让每一棵柳树长成好柳树。这才是教育的本意，也是学校的价值。

三、校长是学校课程体系的建构者

课程是实现教育目标的重要载体。学校的课程不仅体现了一所学校的办学水平，也体现了校长的办学思想。校长应当有自己独特的课程思想，能够结合学校现状和发展目标、学生需求和时代特征，领导广大教师开发和优化有自己特色的学校课程体系，满足学生个性化成长需求。

为顺应课程改革，要敢于创新改革课堂学习的方式，把课堂还给学生，把学习过程还给学生，把自主学习、独立思考的权力还给学生。我们的课堂采用分组、自主、合作、探究的大单元整体学习方式，这种学习方式有助于学生独立、自主、整体建构学科体系，洞察学科本质，有助于全面激发学生的主体意识，形成自己的学科思想。

40多年的教育实践和课程研究让我对课程有着最基本的认知："天地间万事万物、一切一切与学生生命成长有关的认知和活动经验的总和都是学生生命成长的课程。"这个认知让我把学生生命成长过程中要学习的课程内容定义为四大类：国家规定的学科教育课程、学校活动课程、学校家庭生活课程、社会实践课程。这样的课程观有一石三鸟之妙：第一，把生活内容纳入课程当中，让学生在生活中学习，在体验中成长，在探究中生成，在合作中创造，把学生学习的生活性、体验性、应用性、主动性和创造性变成了现实；第二，对生活和活动的课程化再造放大了生活和活动在学生生命成长当中的育人价值，学生的课程学习内容更加丰富多彩；第三，学校教师和学生都成为课程的研究者、创造者、享用者，真正从学生的生命成长出发，基于生活创造课程，引领学生体验生活、成长生命。深刻的教育来自学生自己内心深处深刻的体验。

作为校长，在把课程进行生活化再造的基础上，我着重关注课程的灵活性和开放性，鼓励教师、学生不断地进行大胆创新。学生生命成长原本是一个生命的整体完满的发展，包括身体的、生活的、认知的、技能的、情感的、意志的和社会性等多个方面，因此，学生需要的课程也应该是精心设计的、丰富的、充满关爱的，是人人受到重视、公平、正向、积极成长的，是全面而均衡的。纳入这种课程的各类知识、经验应该能够保持相对的稳定和平衡，既能适应学生已有经验，又能面向学生未来生活；既能启迪学生的创新思维，又能解决生活当中的实际问题，为他们未来的发展打下基础。"启于未发，导于未生"，这才是课程应有的意旨。

四、校长是学校管理的领航员

校长是通过领导教师和学生发展来领导学校发展，而不是管理学校发展，这是校长的榜样示范领导力和管理创造领导力。在"271教育"中，我们已经把管理变成了领导——用目标有效地影响和激励教师，有效地引领和激发学生；用文化把师生的意志和精神、精力和体力都汇集到自己领导的追求事业目标的伟大洪流当中；用流程规范着学校所有工作的过程，让人人自动自发承担责任；用文化凝聚起一个团队的强大合力。

校长要首先成为自己生命成长的领导者，为教师提供模仿的榜样，再通过文化营造和持续不断的分权赋能，为教师引领正确方向。校长帮助教师成为他自己生命成长的领导者的过程，就是与教师针对既定的工作目标和流程标准反复互动、反复交流、反复会商、反复分权赋能的过程，这是一个持续的螺旋上升过程，一个生命成长的过程，也是教师在校长全力帮助下，最后真正成为自己的生命主体，主动创造发展的过程。

在领导学校发展的实践中，校长要尊重人、发展人，而不是管控人、使用人、打击人，并在此基础上创造机制、提高效率，和教师们一起创造思维模型和行为模型，不断创造广大干部和教师可遵守的、容易执行的、有强烈目标引领的、全过程达标验收、全校一致运行的有效机制，确保教师教学、学生学习过程的有序和高效。校长

要创造一个学校项目管理运行机制，用目标把所有人都凝聚在这个科学有效的机制中，让团队成员自动自发在团队中共同发力、承担责任、传导力量、鼓舞斗志、实现目标，最终诞生效率、诞生创造！

五、结语

总的来说，校长的办学思想是结构化的，以自己的人文精神为基础，以自己的办学目标为追求，对学校所有工作进行结构化整体思考、体系化科学创造、阶段化分别落实的一套思想体系和方法体系。只要有了独立科学的办学思想，校长就有了无穷的领导学校的力量。

参考文献：

［1］谌启标.美国"有效学校"研究述评［J］.教育研究与实验，2003（01）：34—37.

［2］贾磊.专业化视角下的校长队伍建设及校长自我专业发展策略研究［D］.成都：四川师范大学，2012.

［3］中华人民共和国教育部.教育部关于印发《义务教育学校校长专业标准》的通知［EB/OL］.［2013-02-16］.http://www.moe.gov.cn/srcsite/A10/s7151/201302/t20130216_147899.html.

［4］鲍成中，赵丰平.校长领导风格影响学校文化风貌［J］.福建教育，2013（45）：29—30+39.

［5］鲍成中，赵丰平.开放系统中的校长核心品质［J］.福建教育，2014（41）：33—34+55.

［6］赵丰平.271教育创新与实践［J］.当代教育家，2016（06）：2.

［7］赵丰平.全面育人体系如何创新、怎么落地——来自山东271教育集团教育改革的启示［J］.人民教育，2019（Z3）：82—85.

［8］赵丰平.学校教育哲学［M］.北京：中国石油大学出版社，2022.

基于听评课的中小学校长课程领导力提升策略探析

◎田　冰

摘　要 随着我国基础教育课程改革进入深水区，如何让学校走上内涵发展之路，使学校办学质量得到不断提升，教师专业能力得到不断增强，学生综合能力得到更适切的发展，成为学校工作的核心问题。文章以校长的课程领导力作为解决上述问题的切入点，旨在阐明提升中小学校长课程领导力的快捷、有效途径在于校长深入课堂听评课。

关 键 词 中小学；校长；课程领导力；听评课

作者简介 田冰，河南省郑州市基础教育教学研究室特殊教育教研员。

在我国政治、经济快速转型的当下，我国的基础教育也正经历着深刻的转型性变革。转型变革时代的学校发展主要是一种内涵性的发展，它关注学校持续改革与发展能力的形成与提升[1]，要求学校通过自我规划、以人为本的管理，满足学生全面而富有个性的发展和教师专业成长的需求，实现学校的自主发展、特色发展、内涵发展。实现这一切的关键在于校长卓越的课程领导力。而提升中小学校长课程领导力的途径不一而足，笔者经过长期的实践发现，听评课是中小学校长快速成为课程领导者行之有效的良方。

一、校长听评课的担当

学校作为教育的主要场所，其天然职能就是培养人，这是其存在的根本。中小学校长作为学校的灵魂人物，其核心的工作在于促成学校基本职能的实现——满足国家、社会、民族、家长、学生对优质教育的渴求，实现学生充分、全面、和谐的发展，这是教育的本质。由于教师的专业发展是实现学生发展的基础，学校的发展是学生发展和教师发展的结果，学生和教师的发展又离不开学校的支持，因此，校长不能置身课堂教学之外，而应该站在学校课程掌舵人的角度，既能把握学校发展的全局，又能深入课堂观察体微，切准教师与学生发展的脉搏，发现学校课程建设存在的问题，引导教师探索课程革新的路径，促使学校走上发展人、成就人的道路。这是校长成为学校课程的领导者的不二法门，也是校长在教育转型期不可推卸的责任和使命。

二、校长听评课的宗旨

从校长所肩负的责任和使命来看，在教育转型期，校长的所有工作必然是围绕完成自身所肩负的责任和使命而不懈努力，把主要精力放在课程实施上。校长只有把主要精力放到教学上来，用研究的眼光打量课堂、关注课堂、聚焦课堂，关注教师的教和学生的学，在不断的反思性实践中引领教学，提高课堂教学质量，才是学校特色发展、自主发展和可持续发展的秘方良药。关注教学、关注课堂的最佳方式是听评课，而不是校长亲自授课，毕竟校长的精力有限、时间有限。校长的责任并不是自己上好课，而是促使更多的教师上好课。[2] 这就要求校长要改变过去那种以监督、检查、评估为目的的听评课观念，深度参与课堂教学，不只"听"，还要"评"，"评"是分析、交流、碰撞，是校长将身为课程领导者的教育思想和教育智慧渗透给教师的方法，也是校长为教师教学提供专业支持的手段，更是校长找准学校教育问题实施课堂改革的重要切口。

三、校长听评课的价值

（一）校长听评课是校长本质角色的回归

20 世纪 70 年代以来，各国都把教学领导作为校长的主要职责。美国全国小学校长协会执行主任费朗迪诺（Flandino）认为，校长不能仅管理好学生，管理好教师，管理好各种设备，这种职责已经不再是主要的，"他们现在的主要职责是做好教学领导"[3]。美国学者萨乔万尼（T. J. Sergiovanni）也指出：教育领导的重要性恰恰在于对课程、教学和评价问题的直接关注。

在我国，1991 年 6 月颁布的《全国中小学校长任职条件和岗位要求（试行）》中规定校长的职责是领导和组织教学工作：坚持学校工作以教学为主，遵循教学规律组织教学，建立和完善教学管理制度，搞好教学常规管理，深入教学第一线，正确指导教师进行教学活动，努力提高教学质量。同时，该文件还指出校长要具有听评课、评课及指导教学、教研、课外活动等工作的能力，以及指导教师提高业务水平和改进教学的能力。2017 年 1 月实施的《中小学校领导人员管理暂行办法》第五条规定，中小学校领导人员应当具备的基本条件之一是领导课程教学、引领教师成长。[4]

由此可见，校长代表国家管理学校，提高学校的教育教学质量是法律赋予校长的职责和权力。听评课、评课及指导教学、教研，帮助教师提高教学能力是校长的职责，也是校长应具备的基本能力。学校教学工作的复杂性和精细化，要

求校长在被赋予越来越多的权力之时，也要承担越来越多的责任，尤其是承担学校内涵发展的责任。这些无疑是对校长管理能力、领导能力的极大挑战。校长要应对这些挑战，必须学会扮演好多重角色，把建设学校课程作为本职工作，成为学校课程的领导者。

反观目前我们许多学校的校长却在多重角色中迷失了自己，没有把主要精力放在课堂上。要想成为一个优秀的校长，必须高度关注教学、关注课堂。实践证明，没有领导对质量的重视，组织很难获得理想的质量。[5] 作为校长，重视教学不能只是"脑中想""嘴上说""墙上挂"，而是要走进课堂，用行动说话。大面积提高课堂教学的效率，为学生的健康发展提供更多的发展空间。如果校长不能以教学工作为中心，不断促进教师专业发展，提升教学品质，满足国家、社会、家庭对优质教育的渴求，完成所肩负的责任和使命，那么这个校长不能算是一个优秀的校长。课堂应是校长回归其本质角色之后的出发点，只有经常听评课的校长才有可能成为一个好校长。

（二）校长听评课是自身专业成长的需要

古斯凯（T. R. Guskey）指出：在教育史上，教育工作者的专业发展从来没有像现在这样被关注。每一份教育改革方案和每一份学校改进计划都强调高水平的专业发展的必要性。[6] 社会的发展和教育的进步在要求教师专业发展的同时，也要求校长的专业发展。校长专业发展的重要性丝毫不亚于教师。因为校长的专业水准决定着学校的发展水准和发展方向。校长的专业发展包括专业精神、专业修养、专业知识和专业技能等方面。校长的专业发展首先是专业精神的提升。专业精神是一种强烈的使命感、责任感，是一种立足教育，以自身工作促进学生发展、教师发展、学校发展，实现社会发展的使命追求。[7] 校长的专业精神表现为校长的教育思想和教育信念。只有专业知识和专业技能，而没有专业精神

的校长不能引领教育的发展，也办不出一所真正好的学校。[8]正如苏霍姆林斯基所说，"对学校的领导，首先是教育思想的领导，而后才是行政领导"，而"课，是教育思想的源泉所在"，"课，是教育信念萌发的园地"。可见，听课、评课有助于校长专业精神的提升。

同时，听课、评课是一项专业性很强的工作，校长的听课、评课能力是其专业能力的体现。校长最为重要也最为基本的能力是其指导学校课程编制与课堂教学的能力。[9]在新课程改革逐步走向深入的今天，校长要进得了课堂，会听课、能评课，就需要不断学习课程改革的先进理念和理论，提升自己的专业精神，以新课程的理念引导教师，指导帮助教师，诊断教师教育教学中的问题，提高教师教育教学水平，促进教师专业成长。此外，校长听评课还能让校长更了解教师的日常教学状态，为校长的教育教学管理工作提供真实的一手素材，有助于校长做出更加合理、准确的判断，实施科学决策。同时，这一过程无疑也是校长不断学习、反思、进步和提高的过程，是校长专业成长、专业发展的过程。苏霍姆林斯基说："当我发现教学工作中以前我没有觉察到的某一方面时，当我仔细观察、深入思考而仍旧没能理解其精神实质的时候，我就一连听它五节、七节课，力求找出问题的答案来，这种问题常常使我激动焦急，弄得我坐立不安。"[10]苏霍姆林斯基正是在不断地听课、评析课中探索出了教育教学规律，实现了对教学的领导，对课程的领导，成为享誉中外的教育家。可见，听课、评课是校长的一项基本功，校长听评课的水平是其专业能力的重要标志，是校长的课程领导力的重要组成部分。校长应常听评课，多听评课，在听课和评课中提升自己的专业精神，发展自己的专业能力，提升自身的课程领导力，促进自身的专业发展。这对于校长由经验型向科学型、由事务型向专家研究型转变具有重要意义。

（三）校长听评课能有效促进教师专业发展

教师的专业发展是学生全面发展的保障，是学校内涵发展的关键。学生和学校的发展都依赖于教师的专业发展。没有好的教师就没有好的学校，没有教师的专业发展，学生的全面发展、学校的内涵发展也就无从谈起。作为学校最高行政领导，校长必须抓好教师队伍建设，努力打造一支师德高尚、教学技艺精湛的教师团队，以此提升学校的办学品质，促进学校的可持续发展，实现学校的内涵发展。要促进教师的专业成长，必须落实在帮助其提高课堂教学能力上。因为课堂教学是我国基础教育的主要形式，学生在校的大部分时间都是在课堂上度过的，只有高水平的教学才会有高效课堂、灵动课堂、生命课堂，才会切实减轻学生过重的学习负担，才会有学生健康全面的发展，才会有素质教育的扎实推进。

课堂环境是以共时性和多维性为特征，教师每天基本上要做出上百个重要决定。要使25个或更多的学生同时在认识、情感和心理方面都得以提升，这个任务的复杂性是令人惊叹的。没有任何一项专业工作是在同一时间为这么多客户服务的。[11]因此，要使教师全面地掌握这一复杂的技术，促进其教学水平的提高，需要对教师提供支持和帮助。20世纪70年代，美国的柯加恩（Cogan）和格德罕麦尔（Robert Goldhammer）发起"临床督导"（Clinical Supervision）倡议。"临床督导"强调督导员深入课堂观察教学，与教师一道分析教学，提出改进教学的方法。在美国今天的教学督导中，"临床督导"被视为一种很好的督导方式。[12]这种督导是一种发展性督导，其基本原理源自教学环境自身的复杂性。研究表明，对同一个环境长期的、具体的关注能提高教师的教学能力。乔伊斯（Joyce）和肖尔斯（Sholes）也证明：如果没有重复性的指导，只有15%—20%的教师能够在班级教学中运用那些复杂的教学技巧。通过适当的指导和督导，超过

90%的教师有明显的转变。[13]可见，"临床督导"对于提高教师教学水平，促进教师专业成长具有重要意义。美国中小学校长被广泛认为是"教学的监督员"，在教学督导工作中发挥着重要作用。[14]无疑，这给我国的中小学校长一个重要启示：听评课是校长提高教师课堂教学能力，促进教师专业成长，建设一支政治素质高、业务能力强、爱岗敬业的高水平教师队伍的有效途径。

（四）校长听评课是新课程改革的要求

新课程改革与教学改革密不可分，因为课程的改革必然引起教学方法、教学内容、教学模式等教学方面一系列的变革。这些变革主要通过教师们的创造性劳动在课堂教学中完成。可以说，没有课堂教学层面的改革，就不可能有新课程的真正实施。[15]如何指导教师准确地理解新课程的理念并把新课程的理念内化为自身的教育观、学生观，有效地运用于教学实践之中，使教师成为新课程的有效执行者和积极建设者，是校长的首要任务。校长要完成这一艰巨的任务，必须静下心来办学，潜下心来治校，把自己的主要精力用在教学上、用在课堂上。校长的课程领导力关系到学校的教育教学质量和学校的创新发展，它是校长应有的核心素养。而校长听评课则是实施课程领导力的重要手段，它能够帮助校长更好地了解教师和学生的情况，从而做出更加合理、准确的决策。因此，听课、评课、研究课，无疑是校长最重要的工作。实际上，我国的很多中小学校长不能适应新课程改革的要求，这与他们在成为校长后没有持续关注教学和教学改革有直接的内在联系。[16]

四、结语

教师的专业成长需要教师个人的不懈努力，更需要学校为教师创造发展的机会和条件，提供专业支持和培训，营造和谐的学习氛围，引领

教师专业成长。听评课是校长关注课堂、关注教学的最佳方式；是校长协助教师增长教学智慧，促进教师专业发展的有效途径；是校长完成所肩负的责任和使命，奔向课程领导的必由之路。

参考文献：

［1］顾志跃，李彦荣.我国教育评价的现状、问题与发展对策［J］.人民教育，2007（12）：2—6.

［2］杨雪梅.校长时间管理：质量与效率的维生素［M］.重庆：重庆大学出版社，2006.

［3］赵中建.谁来做教育领导——美国近来关于教育领导问题的讨论［J］.河南教育，2000（09）：20—21.

［4］中国共产党中央委员会组织部.中共中央组织部　教育部关于印发《中小学校领导人员管理暂行办法》的通知［EB/OL］.［2017-01-13］.http://www.moe.gov.cn/jyb_xwfb/s6319/zb_2017n/2017_zb02/17zb02_wj/201701/t20170123_295587.html.

［5］［11］［15］沈玉顺.走向优质教育：教育部中学校长培训中心精品讲座［M］.上海：华东师范大学出版社，2006.

［6］［7］［8］［美］诺兰，［美］胡佛.教师督导与评价：理论与实践的结合［M］.兰英，译.北京：中国轻工业出版社，2007.

［9］顾明远.外国教育督导［M］.北京：人民教育出版社，1993.

［10］褚宏启.中国教育管理评论（第1卷）［M］.北京：教育科学出版社，2003.

［12］［13］陈玉琨.一流学校的建设［M］.上海：华东师范大学出版社，2008.

［14］［苏］苏霍姆林斯基.给教师的建议［M］.杜殿坤，编译.北京：教育科学出版社，1984.

［16］褚宏启，杨海燕，等.走向校长专业化［M］.上海：上海教育出版社，2009.

学校管理新思考

◎张　龙

摘　要　学校管理工作是做好学校教育工作、提高办学效益的有效保证，是保障学校和谐发展和学生健康成长的必要手段。学校管理工作必须以人为本，坚持科学合理原则，契合学生学习和发展需要。本文立足时代背景下学校管理工作的不足，从做新、做好、做精等方面，阐述如何做好学校管理，激发校园活力。

关 键 词　学校管理；校长工作；创新

作者简介　张龙，江苏省靖江市第三中学校长，高级教师。

在教育走进新时代，全面落实立德树人根本任务，坚持"为党育人、为国育才"初心使命，培养更多德智体美劳全面发展的社会主义建设者和接班人的背景下，基础教育阶段学校管理工作的繁重性、复杂性越来越大。学校管理的科学有效有助于整个校园的和谐稳定。

校长是学校各项工作的第一责任人，是学校实现为社会主义办学和可持续发展的灵魂。因此，提高学校管理工作的质量，顺应时代发展趋势，吸收先进的教育管理经验，创新校园管理工作模式，贯彻有利于师生的工作理念，保证全校师生的健康发展，是校长的责任和义务。校长的个人业务能力以及综合素质的高低影响到学校各项具体工作开展的实际效果，影响到一所学校的办学质量。一个优秀的校长想要科学地管理好学校，就要在自己经常性的反思过程中不断丰富自己的管理经验，提升管理能力，改进管理方法。文章将围绕做新、做好、做精三个方面展开论述，为实现学校管理工作的科学高效提供一些参考和经验借鉴。

一、"做新"——创新管理方式

（一）顺应信息技术革命趋势，推动学校管理再上新台阶

20 世纪 90 年代后，计算机技术、互联网管理被广泛应用于我国各个领域，信息技术革命已悄然推进至 3.0 时代，大数据、云计算等也已经被运用到学校管理工作中。因此，学校管理工作面临巨大的变化挑战。学校管理工作要跟上时代的发展需要，要结合现代教育管理理念，借助信息技术更高效地开展学校管理工作。

例如，学校信息发布不再是纸质通知或传话通知，而是直接通过微信、多媒体等电子联系方式在网上发布，这样的发布方便又快捷，不受时空因素制约，避免人力物力资源的大量投入，促进了学校高效运行。又如，在学生的学情、考情分析方面，通过收集有关作业数据和考试数据，运用一定的信息技术和科技手段提高学情分析的精准性，通过不同计算分析方式，既能知晓当前阶段学生学习状态，又能回溯学生过往的学习能力，同时也能对比同一学习阶段的往届生的学习状况。这些信息技术的应用并没有改变传统学校管理的实质，但减轻了许多教学工作压力，能更好地服务于教学和管理工作。

（二）创新机制方法，坚持学校管理与时俱进

以往学校管理在关注学生的同时，容易一味地强调约束学生行为，而忽视其他诸多方面。要想提高学校管理效能，必须转变已有的校园管理

模式，坚持与时代同行，及时更新管理手段和方式，吸收先进的理论知识，更好地开展学校管理工作。

例如，为改变在校学生近视率居高难下的情况，江苏省教育厅发文，要求将课间十分钟还给学生，不允许教师拖堂或提前上课，而且要求学生下课后必须走出教室，进行远眺或适当活动，缓解用眼疲劳，有效预防近视。又如，当下推行的"双减"政策旨在为学生减轻学习负担，让学生收获学习的快乐。校长开展学校管理工作时就要注意到这些政策导向，以减负提质增效为教育管理目标，从学校大局规划上进行考虑，创新地制定出符合这些政策要求的学校管理制度。只有跟上时代步伐，坚持创新学校管理模式，才能保证学校管理稳中有序，促进学校教育教学工作顺利开展。

（三）坚持内部轮岗，促进教育资源合理有序流动

学校管理是一项十分复杂的工作内容，需要校长等学校管理者花费大量的时间和精力。由于不同校长的风格不同，管理的理念不同，在社会总资源相对恒定的情况下，资源流动是做好学校管理工作的另一有效方式。不同学校的校长可以在适当范围内进行合理的流动，这样能够让优质学校的校长交流轮岗到薄弱学校和一般学校，发挥出优质学校的校长的能力与素质，在一定程度上弥补薄弱学校和一般学校的不足，帮助这些学校在管理质态上有新的提升，上新的高度，从而实现优化师资配置和促进教育资源优质均衡发展。

校长交流轮岗是促进素质教育公平的有效手段，体现了教育人为孩子做教育的责任和担当，对学校管理工作来说无疑是一次很好的尝试。同时，校长在学校管理中，为有效激发中层干部工作积极性，也要建立健全并且实施好干部能上能下、能进能出的职务晋升制度。对肯做事、能做事、做成事的教师有选择地进行培养，成熟一个提拔一个，建立干部提拔晋升的正常通道，并且和教育行政主管部门对接，积极向主管部门推荐交流干部，形成中层干部的交流提拔制度，让干部选拔任用有源头活水，切实提高中层干部的工作积极性，让他们工作有获得感、价值感、成就感，看到希望，充满信心和力量。

二、"做好"——提高管理质量

（一）安全为先，强化学生自我保护

确保校园安全自始至终都是学校管理工作的首要目标。校长要将保障安全摆在重要位置，守好安全底线，强调学生安全意识的培养，重视基础设施安全的建设，做好事前安全防控、事中安全处置和事后安全的复盘总结，将因安全隐患导致的损失控制在最低限度。

例如，通过课堂教育以及专题讲座等活动来提升全体师生的安全意识，帮助师生知晓基本安全知识；制定实际生活中可对照的详细的安全保障措施，定期开展安全演练，通过教师现场参与、亲自演示等方式，加强对学生的指导，巩固和增强学生自我保护的意识；做好专人专管，无论是前期安全讲座组织还是处置安全事故，保证安全工作人员到位、措施到位；定期开展安全检查，坚持每月一大检，每周一中检，每天一小检，时时刻刻关注好、管理好学校事关安全的重点区域、重点部位、重点对象，特别是食堂、实验室、危化品仓库、门卫等，管理好水电气、室内外器械设备、楼道走廊、课间课上等重点区域和重点时段，及时查找安全问题，排除安全隐患。只有实现安全上的闭环管理，才能真正做到校园安全，收获好的工作效果。

（二）德育为本，打造办学特色

初中阶段是目前义务教育的最后阶段，也是一个人品格养成的关键阶段。因此，学校要坚持做好德育教育，使学生形成正确的价值观。学校

德育管理包括学生的思想品德教育、纪律教育、行为习惯养成教育等。

德育管理工作要依据学生的身心发展规律，由浅入深、循序渐进。德育教育依赖一定形式的活动，可以开展一些丰富、有趣、有益学生健康成长的文化、实践活动，帮助学生认识德育的重要性，养成学生的公民意识、社会责任感和创新精神。此外，德育管理工作作为学校的办学方向和办学特色，不仅仅是针对学生，还包括教师，教师的道德状况直接影响学生的德育效果。在学校管理工作中，要大力加强教师职业道德教育，塑造一支具有较高思想政治素质和业务素质的教师队伍，从源头角度提高师生道德素养，提升学校的整体素质。

（三）聚焦教学，保证学业教育质量

教学工作是学校管理的日常工作，同时也是中心工作。教学管理工作的主要内容是引导教师学习运用先进教学理论、手段、技术，实现教师对学生的文化知识传授，使学生获得科学文化知识，帮助学生顺利毕业和升学。

例如，组织常规教学教研活动，促进教师交流，提高教学水平，更好地服务学生知识内容学习。同时，为保证学生学习符合时代发展要求与教育目标，学校制定班主任制度、教师日常工作制度、学期规划等配套的教学管理规范，均是对教学过程各要素加以统筹，使之有效运行、提高效能的重要举措。另外，为了提高教师的工作积极性和学生的学习积极性，还要适当地结合检查、评比，通过考核加奖励的方式释放教学管理的活力，通过学期总结会或定期的激励大会，保证教师全身心地投入教学，学生乐于参加学习活动，最终提升教学质量。

（四）兼顾后勤，做好后勤服务保障

校长在学校管理中要树立"人人都是服务者"的理念，树立"大服务"观念，确立平等思想，谋好前台教育和后勤服务的关系，共建温馨校园、幸福校园。只有用这种观念去指导学校各项工作，特别是后勤工作，才能保障学校后勤工作有效、高效运转。

后勤管理内容复杂，既包括教学后勤，如教学器材、教学资料的购买使用，也包括生活后勤，如学校食堂运作管理、校园设施设备的维护管理，还有学校运转物资的购买发放、教职员工的福利待遇等等。后勤管理细碎到校园生活工作的各个细节处，只有把后勤管理做到精细细致、未雨绸缪，才能保证学校教学育人工作的顺利开展。此外，后勤管理工作既有对物的管理，也包括对人的管理。后勤工作人员不仅仅是负责卫生保洁、食堂餐饮、校园安保维修等某个具体工作的个体，他们和一线教师一样，也是一群肩负大爱和奉献精神的集合体。他们的付出很少有机会被学生或其他人认识到，校园管理中要想体现出温度，便要多关注后勤员工的状态，认可他们的付出，提高后勤人员的成就感、幸福感和归属感，促进后勤工作价值的实现。

三、"做精"——确保管理长效

（一）以身作则，强化带头作用

作为一名校长，一言一行代表的不仅仅是自己，更是学校的形象。在具体的学校管理过程中，校长应注意自身形象，对学校中的大小工作都要做到以身作则，成为学生、教师的典范。校长作为学校管理活动的组织者、实施者，必须坚持依法依规办学，自觉遵守国家的法律法规和学校的制度规范，积极参与到促进各项制度落实、促进学校发展和进步的活动中，引导师生参与美好校园的建设。

比如，校长在日常巡查校园过程中看到路上的垃圾、纸屑，要有主动维护环境卫生的意识，通过自行打扫卫生、捡拾垃圾等行为，带动学生爱护环境。校长也要不断地加强自身业务学习，提高理论修养，并多付诸应用实践或实践思

考，用实际行动来推进学校各项工作高效且有效地运行。

（二）交流合作，增强团队意识

在学校管理工作中，虽然校长是主要的组织者和实施者，但若想真正做好学校管理工作，不能仅靠校长一个人，而是要激发全校师生的积极性和主动性，建立良好的学校管理秩序，促使各个环节都能够平顺地展开工作。这个发挥多主体能动性的过程，能让管理从上对下的强制要求变为师生的自我约束，实现人人都是校园的管理者、建设者。校长要善于同教师交流，发挥出团队合作的最大价值，增强团队的凝聚力。还有，学校管理团队作为校长的得力助手，校长也要注意处理好与班子成员的关系，做好分工合作，发挥出每一个领导的优势，让他们直接参与学校管理工作，协助发现并及时纠正工作中的缺漏。校长还要善于并及时听取其他领导的意见，通过协商做出最佳的决定，帮助学校朝着更加健康的方向发展，增强学校整体的凝聚力和战斗力，上下拧成一股绳，共同为学校发展做出自己的贡献。

（三）尊重家长，融合多方智慧

家长有不同的学历背景、不同的人生经历，从事着不同的工作，他们的认知阅历能在引导学生、辅助学校教育方面发挥出很大的作用。为了发挥家长的特长和作用，学校要提升家长的教育配合能力和参与学生教育活动的专业技能，要以家长会、师生家长见面会为契机，开展家校合作，融合家长的智慧，更新学校管理观念，提升学校管理工作的高度。在这个过程中，一方面，家长可以了解孩子的心理和情感动态，及时发现教育孩子过程中存在的问题，调整与孩子沟通的方式，缓和紧张的家庭氛围，促进家庭和谐；另一方面，家长参与学校管理活动，也更能理解学校的教育重心，理解学校教育的困难，深刻体会到学校的办学特色、管理理念，也会更支持、了解和尊重学校工作，促成互助和谐的家校关系，促进学生健康成长。

教育还要融合多方力量，吸纳多方智慧，形成家庭、学校、社会、网络、政府、司法等"六位一体"的教育新格局。因此，校长在学校教育管理中，要有开门办学校的理念，广泛听取社会的声音，广言纳谏，发挥多方力量，听取多方合理化意见建议，并将其运用到学校管理过程的方方面面，提高管理的针对性和实效性。

四、结语

学校管理工作是做好学校教育工作、提高办学效益的有效保证，是保障学校和谐发展和学生健康成长的必要手段。作为一校之长，校长有责任、有义务提高学校管理工作的有效性与合理性，顺应时代的发展趋势，吸收先进的教育管理经验，创新校园管理工作模式：要坚持与时俱进，应用先进信息技术，尝试校长交流轮岗等措施，以创新学校管理工作机制；要坚持安全为先，德育为本，聚焦教学，兼顾后勤，以保证学校管理工作质量，打造办学特色；要坚持以身作则，打造高效团队，融合多方智慧来提高主体参与的积极性，确保管理的科学化、常态化、长效化。

参考文献：

[1] 王移兴.基于以人为本理念的小学学校管理[J].西部素质教育，2020，06（02）：251—252.

[2] 安庆林，曹君.小学校长如何做好学校管理工作[J].西部素质教育，2017，03（24）：117.

[3] 张继安.以名校管理经验，提升学校管理成效[J].华夏教师，2017（13）：16—17.

[4] 艾热提·尤力瓦斯.浅谈如何加强小学学校管理[J].赤子（上中旬），2015（08）：151.

[5] 如先古丽·吐尔逊.小学学校管理工作的开展浅析[J].赤子（上中旬），2015（14）：123.

打造高效课堂：基于长三角名校长培训的反思和梳理

宋端凯

摘　要 打造优质高效课堂教学，提升课堂教学的有效性，有助于让学生在轻松、愉快的学习气氛中自主探究、合作学习。笔者基于自己在长三角名校长培训中的所得所思，总结了几所名校的教学改革实践成果和经验，阐述了高效课堂建构对于学校高质量发展的促进作用。

关键词 教学方式；高效课堂；高质量发展；课改名校

作者简介 宋端凯，江苏省邳州市英华路实验学校校长，高级教师。

高品质学校是指一所学校在办学过程中所呈现出的较高水平的教育思想、教育模式、教育方法，形成了自己的教学特色和办学风格，具有显著的榜样和引领作用，代表着教育教学改革发展的方向和目标。江苏省教育厅"双减"办主任孙其华认为，从"双减"视角看，高品质基础教育学校包括学生学业负担轻、回家做作业时间少、校内应教尽教、学足学好水平高等方面，其核心还是指向高效课堂教学。

一、教学方式最关情——相关概念浅释

高效课堂是指通过教师的引领和全体学生主动而积极的思维过程，在单位时间内高效率、高质量地完成教学任务，促进学生获得高效发展的教学活动。

高效课堂的建构离不开课堂教学的优化。课堂教学研究可以分为三个层面：排在"上位"的课堂教学研究是宏观层面，包含教学思想、教学理念、教学立场等，如孔子的"有教无类""因材施教""学思结合"，陶行知的"生活即教育""社会即学校""教学做合一"等。"中位"的课堂教学研究是教学方式、教学策略等，如泰兴市洋思中学的"先学后教，当堂训练"。"下位"的课堂教学研究是微观层面，主要是教学方法、教学手段，如讲授法、谈话法、讨论法等。从宏观到微观是自上而下的影响，反过来则是自下而上的体现。

课堂教学上、中、下位的研究具有不同意义，对中小学教学实践而言，排在中位的教学方式尤为重要。课堂教学研究只要牢牢抓住教学方式这一核心要素，许多问题就能迎刃而解。

二、千树万树梨花开——教学方式梳理

笔者通过参加长三角名校长培训，亲历了上海市进才中学、杭州市采荷实验学校等名校的跟岗锻炼，总结了不少学校打造高效课堂、推动教育高质量发展的成功案例和宝贵经验。

（一）徐州"学讲计划"

"学讲计划"的精神在20世纪30年代省立徐州中学《教学通则》中已有所体现："教学以自动主义为原则，教师居于辅导地位，学生自己能习得之材料，务使有自己学习之机会。各科教

学以研究问题为出发点，指示适当参考资料，培植研究兴趣与精神。"在此基础上，2014 年初，一个被称为"学讲计划"的课改工程开始覆盖全市所有中小学课堂。

"学讲方式"是以学生自主学习为主要学习方式，以合作学习作为主要教学组织形式，以"学进去""讲出来"作为学生学习方式导向和以学习目标达成为基本要求的课堂教学方式。作为教学方式，"学进去"是指通过自主学、合作学、质疑学等学习方式，调动学的积极性，强调的是"学进去"的结果；"讲出来"是指通过同伴互助的"做、讲、练、教"方式，用所学的知识帮助同伴解疑释难、解决问题，强调的是在"讲出来""教别人"的过程中，达成复习、强化所学知识，发展自身综合素质的结果。"学讲方式"的课堂教学基本环节一般为"自主先学、小组讨论、交流展示、质疑拓展、检测反馈、小结反思"六步。教师可以根据不同学段、学科、课型需求自主变通，组合形成教学流程。

（二）杜郎口中学——"三三六"自主学习模式

杜郎口中学位于山东省聊城市茌平区（2019年撤县设区）杜郎口镇，原是一所远近闻名的薄弱学校。几乎每班都有一半以上学生跟不上教学进度，厌学思想非常严重，辍学现象时有发生。教师普遍情绪浮动，工作很不安心，教学秩序混乱。区教育局已经将其纳入撤并学校行列。

校长崔其升在这样的背景下走马上任。他在听课和调研中发现学校教学过程中存在的主要问题是：课堂是教师的"独角戏"，教师口讲，手板书，学生耳听，手记录；教师目标不明地教书，学生消极被动地学习。问题成因找到，对策应运而生。从 1999 年开始，杜郎口中学教改对策出台，最后逐步形成"三三六"自主学习教学模式，即课堂自主学习三特点：立体式、大容量、快节奏；课堂自主学习三模块：预习、展示、反馈；课堂展示六环节：预习交流、明确目标、分组合

作、展现提升、穿插巩固、达标测评。

"三三六"自主学习模式以学生在课堂上的自主参与为特色，课堂的绝大部分时间留给学生，教师仅用极少的时间进行"点拨"，充分引导学生，营造以学生自学为主体的课堂。学校为此制定了三条量化指标：一是课堂气氛要热烈、和谐、民主。学生敢问、敢说、敢爬黑板、敢下桌讨论，形成一种争先恐后、紧张活泼，读、说、议、评、写贯穿始终的课堂学习环境。二是课堂形式要多样。采取各种各样的学习方法调动学生的积极性，男女生竞赛、曲艺节目、讨论辨析、擂台比武等，都可以兼容并包地用于课堂。三是学生参与人数多、密度大，力争人人有份。这是课堂教学改革成功与否的关键。学校通过比例量化考评成绩，以参与人数除以班级人数的比例高低衡量教师教学成绩的优劣。

此后，杜郎口中学的教育教学质量稳步提升，逐步占据全县初中"头榜"的位置。《中国教师报》的系列深度报道《重读杜郎口读什么》《三访杜郎口中学》，《中国教育报》的长篇报道《去哪里寻找我们的理想课堂？——山东省茌平县杜郎口中学的"课堂革命"》，让全国教育界知晓了杜郎口中学。

（三）洋思中学——先学后教，当堂训练

洋思中学原来位于江苏省泰兴市天星乡洋思村，2005 年搬迁至泰兴市新区曾涛路。洋思中学的发展大致经历了这样几个阶段：农村初中，濒临倒闭；苦苦思索，寻求突破；形成模式，影响全国；洋思进城，扩大规模；不准跨区招生，回归正常办学。

经过多年探索，洋思中学形成了"先学后教，当堂训练"的课堂教学结构范式，课堂上教师讲课时间仅仅几分钟，课堂教学的过程成为学生在教师引导下自学的过程，从而有效地实施了素质教育，减轻了学生过重的课业负担。这种课堂结构的实质是全过程学生自学，包括板书课

题、出示目标、自学指导三个辅助环节和先学、后教、当堂训练三个主要环节。

学校的管理理念是管理和教学都要做到"三清"。管理的"三清"是天天清：每天一张考核清单；周周清：每周一次汇总公示；月月清：每月综合考核评比。教学的"三清"是堂堂清：追求每一节课堂教学目标达成度的最大化，不把这一节课的问题留到下一节课；天天清：今日事今日毕，不把今天的问题留到明天；周周清：不把这周的任务拖到下周，强调的是随时随地解决问题。

现任中国教育学会副会长唐江澎说："洋思是基础教育的圣殿，基础教育，没听说过洋思，就不算一个真正的教育者，没到过洋思，是一种终身的遗憾。"多年来，省内外有近二十万名教育工作者前往洋思中学考察，学校教师赴省内外一百多个县、市介绍经验、上观摩课，形成一道亮丽的风景线。

（四）后"茶馆式"教学——读、议、练、讲

上海市静安区教育学院附属学校（以下简称"静安附校"）是一所九年一贯制学校。学校大力倡导后"茶馆式"教学，作业量少于上海平均值30%，睡眠时间高于上海平均值30%，近视率低于上海平均值近20%，用26年时间打造出一所走向"轻负担、高质量"的优质学校。

20世纪80年代，上海教育家段力佩先生提出"读读、议议、练练、讲讲"的"茶馆式"教学，即"变教师的讲堂为学生的学堂"，在全国产生重大影响，为许多师范大学学者肯定。然而，"读读、议议、练练、讲讲"这样一种教学方法很难概括所有学科、学段、课型的教学。只有继承才能更快地发展，只有发展才能使优秀的教学方式具有更强的生命力。静安附校结合新课程理念，以"茶馆式"教学为基础，把这种发展后的"茶馆式"教学称为"后'茶馆式'教学"。

后"茶馆式"教学研究的起点是课堂教学中的四个突出问题：一是教师讲得太多但并没有认

识到自己的不足，常把自己的讲解作为学生学习的唯一途径；二是暴露学生学习中的问题不够，解决更少；三是许多教师不明白自己每个教学行为的价值取向究竟何在，为什么提问，为什么小组讨论等，常常带有盲目性；四是教师没有正视学生的差异，即使有关注，也只是在学业成绩上，似乎除了布置大量练习和补课之外没有其他办法。

面对课堂教学中产生的问题，静安附校从三个"维度"寻找研究方向：其一，价值维度——新课程对课堂教学的要求；其二，空间维度——上海乃至全国好的教学方式、方法；其三，时间维度——回溯过去，审视现在。他们认为，全国课堂教学研究的沿革是这样的：第一阶段是段力佩先生的"变教师的讲堂为学生的学堂"，即"读读、议议、练练、讲讲"八字教学法；第二阶段是"先学后教，当堂训练""预习展示，反馈达标""导学案""翻转课堂"等教学方式；第三阶段就是他们的后"茶馆式"教学。

后"茶馆式"教学"后"在何处？即"茶馆式"教学的发展在哪里？主要有两个方面：一是从"书中学"一种方式，到"书中学""做中学"两种方式并举——教学方式更加完善；二是从"读读"开始，到"读、议、练、讲"等多种方法选择——教学方法更加灵活。2020年，教育部汇集两届全国基础教育教学成果奖推向全国，要求31个省（区、市）教育厅选择期望推广的成果，后"茶馆式"教学为推荐较多的教学成果之一。

除了以上几种教学方式，还有很多中小学教改很有特色，如南京市东庐中学原校长陈康金主导的讲学稿，江苏"三情课堂"——李吉林情境课堂、孙双金情智课堂、于永正情趣课堂，以及曾经在各省市风靡一时的简约课堂、激情课堂、智慧课堂、生命课堂、诗意课堂、青春课堂、五环教学法、六步教学法等，可谓"乱花渐欲迷人眼"。综观以上教改，或是区域推动，或是学校主导，大多数是从构建高效课堂的教学方式入

手，其重要性可见一斑。

三、他山之石可以攻玉——总结、归纳、反思

（一）反思一：从这些教学方式中学习什么？

归根结底，我们学洋思中学、学杜郎口中学，具体是要学什么？不是学具体模式，而是学习他们实事求是的思想方法、勇于改革的魄力和勇气，学习他们调动学生学习积极性、还课堂于学生的思想，学习他们真正将"学生主体、教师主导"落到实处的做法。教学改革的目的应该是尽可能为每个学生提供合适的教育。最好的教师应当将学生作为学习主体，启发诱导，因材施教，而不是填鸭、灌输。课改的真正动力来自教师的内心需要。同样，课改只有具备了内生性的条件，才有可能成功。从这个层面来说，是主动课改还是被动课改，很大程度上决定了课堂的成与败。

（二）反思二：现在还能畅讲吗？

美国教育家戴安娜·拉维奇（Diane Ravith）说："在教育中没有捷径，没有乌托邦，没有毕其功于一役的终极武器，没有神话也没有童话。学校的成功很难像生产线一样移植。"过分推崇教学模式，或不加理解地消化和改进而套用现成的教学模式，容易使课堂变成机械化流程，让教师没有了独立思考，也会使教师无所适从。

所以，我们的答案是可以畅讲，但是不能霸占课堂全部话语权，还是要采用启发式，杜绝满堂灌！还是要以学生为主体，以教师为主导，将课堂让位于学生，引导学生独立思考！这是我们教育人几十年来一直苦苦追寻的目标。

（三）反思三：如何建设高效课堂？

我的理解是：教师准备充分、深入浅出；教师讲解精练，重在主导；学生精神饱满，全员参与；学生讨论热烈，自主生成；课堂容量较大，目标达成；几处高潮亮点，点睛之笔；作业当堂完成，适度训练；学生负担较轻，"双减"落地。

（四）反思四：如何建设高品质学校？

建设高品质学校的路径有课程创新、课堂创新、教法创新、理念创新、德育创新、文化创新、管理创新等，最为关键的是以对课程、课堂、教法的理解、创新为突破口，逐步实现以高效课堂建设引领高品质学校发展目标。轻负担、高质量，学生成绩提升，身心健康，这样的学校还能不是高品质学校吗？

（五）反思五：我们做了哪些努力？

在上述理念指引下，静安附校积极开展各种主题研学活动，引导学生铸牢中华民族共同体意识；举办诗词大会、经典诵读比赛，引领学生继承和发扬中华优秀传统文化；举行入学仪式、青春仪式等活动，擦亮学生成长中每一个重要日子；开展国旗下主题演讲、专题讲座，积极践行社会主义核心价值观；开展足球、合唱、轮滑、器乐等丰富多彩的社团活动，培养"出彩少年"，打造"七彩校园"……一直以来，学校坚持为学生全面发展提供科学有效的育人环境，构建"五育"融合体系，探索集知识传授、价值塑造和能力培养于一体的立德树人新路径，培养全面发展的学生，不断推进高品质学校建设。

四、结语

高山仰止，景行行止。虽不能至，心向往之。我们坚信：路虽远，行则将至。争创高品质学校是静安附校一直追求的目标，我们一定会将此次培训的收获付诸行动，优化教学方式，打造高效课堂，形成特色教学模式，引领学校朝着更高质量的目标不断迈进！

参考文献：

［1］中华人民共和国教育部.教育部关于深化基础教育课程改革进一步推进素质教育的意见［EB/OL］.［2010-06-01］. http://www.moe.gov.cn/srcsite/A26/s7054/201006/t20100601_92800.html.

［2］张人利.后"茶馆式"教学［M］.上海：上海教育出版社，2012.

铸造百年名校品牌 书写立德树人答卷

——建湖县上冈小学打造精细化管理新样态

◎董 军

摘 要 江苏省盐城市建湖县上冈镇中心小学教育集团在实施精细化管理提升育人情境的教育实践中，构建机制保障、联动评价、专业自主、特色品牌立体化管理模式，铺陈一体化高质量发展生态愿景，有效实现管理张弛有度，不断拓展人文情怀外延，合力提升学生核心素养。

关 键 词 学校建设；精细管理；育人模式；高质量发展

作者简介 董军，江苏省盐城市建湖县上冈镇中心小学教育集团党总支书记、校长，高级教师。

盐阜大地，红色热土，孕育了一所创办于1903年的百年老校——建湖县上冈镇中心小学（史称"上冈小学"），迄今已走过121个年头。学校现有兴冈、复兴两个校区，87个班级，4333名学生，276名教职工。近年来，学校实施"一体两翼、双轮驱动、扩容提质"战略，在"向上生长、立冈铸魂"理念的引领下，弘扬"规矩绘方圆"的校训精神，办有温度的学校，做有故事的教育，育有情怀的学生，以"说到做到""做就做好"为价值追求，架构"一主多元"治理体系，驰而不息、久久为功，激发学校内生动力，打造了精细化管理的新样态。

一、坚持学生为本，聚焦素养提升"磁力场"

（一）增强德育活力

学校始终坚持以"教育就是培养良好的习惯"为指导思想，积极开辟学生养成教育的崭新途径，建立了"自我荐评—班级互评—家校联评—社区点评"的评价体系。

充分利用《小学生日常行为规范》引导学生行为，定期进行"文明队员""优秀班干"的评比，树立先进，培植典型；每周进行安全"两操"、卫生流动红旗的循环和"星级班级"的评比，激励学生成为守护文明的小天使，形成了学生阳光、正直、奋发向上的精神气质；通过"微信公众号""教学开放周"等方式及时与家长交流，使家长有的放矢地督促学生养成良好的行为习惯；以"文明之星"评选活动为载体，让评价的触角伸向社会。

（二）丰富阅读实践

一是大力推进"全科阅读"。开发"对话经典""梦里书香"等全科阅读校本课程。每天早晨、中午安排30分钟阅读时间，引导学生掌握阅读方法，能读会说、善读乐写、读用并举。以"百星讲坛"为载体，以学生必读和选读书目为资源，通过班级晨读、晚读"阅读小明星"轮流讲，学校广播、电视月度"校园阅读十星"天天讲，每天5分钟的"百星讲坛"，让学生讲人物故事，讲主要事件，讲阅读方法，讲阅读感悟，使阅读真正融入学生的精神世界。

二是开展读书活动。开展广播操前班级"诵读接力"等多姿多彩的读书活动，放大"五会一市一节"读书活动的品牌效应，将阅读与考评对接。定期开展"书香班级""悦读之星"评比活动；举行"阅读伴我成长"好书推介会，在好书新书的推荐、阅读方法的介绍、读书心得的交流、现场师生互动等环节为学生爱上阅读支招。

（三）实施"2+1"工程

做实"双减"文章，精心构建社团活动体系。为促进学生两项以上运动技能和一项艺术特长在普及中提高，形成了"一团二队、三球开花、四大方阵、五乐齐鸣"的社团活动品牌（一团二队：百灵鸟合唱团、雏鹰舞蹈队、墨香书画队；三球开花：排球、篮球、足球；四大方阵：交警手语、海军旗语、军体拳、武术操；五乐齐鸣：笛子、古筝、琵琶、小提琴、电子琴）。

二、勇立课改潮头，绘制教学工作"行进图"

（一）聚力课题研究

完善学校教科研工作网络，积极开展课题研究，提高教师专业技能。定期召开会议，审视研究过程，反思研究得失，交流研究心得，让全体教师进一步明确课题研究重点，厘清研究思路与方向。目前，学校教师申报的"'互联网+'背景下的家校共育模式探索""落实'双减'，提高作业设计质量"等十多项课题被市、县教育主管部门批准立项；盐城市教育局招标的重大课题"农村小学有效教学实施路径研究"成功结题。

（二）名师引领辐射

做实做好"走出去，请进来"两篇文章，邀请市内外知名教育教学专家来校讲学，鼓励教师做好教学工作的同时投身教研，抓课堂、抓研究、抓规划、抓提升。除了专家引领之外，学校的名师团队尽心尽力为青年教师做好示范引领。学校依托"名师工作室"，通过专题讲座、送教活动、集体备课、个别辅导，充分发挥名师辐射引领作用，拓宽辐射广度，深化指导深度，将名师指导作用最大化。

三、引领专业成长，拓宽教师发展"新通道"

（一）强化责任担当

弘扬"责任担当"教职工大会模式，增设"周前会微演讲"板块，让教职员工轮流登台，讲好自己的"教育微故事"。举办"中层干部管理论坛"，倡导"人人讲奉献，个个扛责任"，激励管理人员不断增强履责动力。

开辟"党员示范岗"，发挥党员在教学改革中的模范带头作用，形成全体教师敬业乐教、关爱学生的良好育人氛围，凝聚学校工作的正能量。开拓"多元途径"，利用会议组织观看《最美乡村教师》《感动中国人物》等视频，集中学习江苏省教育厅下发的《教师师德失范行为处理实施细则》和市、县教育局下发的《关于在职教师从事有偿家教的处理决定》，全员签订《拒绝有偿家教责任书》，学校管理人员常态化进行有偿家教专项检查，并进行写实性记载。

（二）引领专业成长

规划引领搭建教师发展"远程平台"。学校修订完善了《教师个人专业发展五年规划》，将完成情况纳入年终绩效考核。

搭建教师成长项目"推动平台"。学校依托教育联盟"联建论坛""联动体验""联片研训"活动阵地，搭建教师专业成长广阔平台，让教师在各级活动中与名师互动交流，提高教研活动的效率。

课题研究搭建教师内涵发展"自动平台"。学校推行"同期声"教学反思，以单元教学为主题，以"关键词"为内核，以"菜单式"结构为板块，围绕"教学亮点、教学困惑、教学设想"三个方面，有的放矢地总结课堂教学的得失，探寻聚焦重点、突破难点、化解疑点的路径，为今后的教学沉淀与思考提供借鉴。

（三）践行"学思融通"

学校围绕"以学激思、促学拓思、学思融通"主题，进行了多项实践活动。

一是开展"星期三，请走进我的课堂"主题教学实践开放活动，以学校"四维四标"真学达标课堂范式研究为引擎，校长正常进行周课堂点评，听课教师带着任务参加研讨，形成了"建模在备课、建树在教学、建功在课堂"的自觉追求。

二是开展骨干教师领航课、新入职教师试航课、定级教师启航课、综合学科教师续航课和年级组教师远航课等"五课"活动，考量教师在让学引思背景下小组合作学习活动的开展情况，引领"雁阵式"教研组步入专业成长的"快车道"。

三是聚焦"双减"和"改薄提优"，认真落实《建湖县小学"双减"和"改薄提优"工作方案》，平时校长、主任蹲点到年级、监管到学科，强化质量跟踪，做到"每日一巡、每周一会、每月一研"，推动学科质量提升落地见效。

四、丰富活动载体，调和特色建设"三原色"

（一）擦亮警校品牌

充分发挥警校文化的浸润、感染和熏陶作用，擦亮少年警校特色品牌。以挑战自我、锻炼刚毅、磨炼意志、激发潜能、学会合作等为主要内容，精心打造以体验警营、生活养成、素质拓展、自然课堂、红色教育为主题的警校特色。

遵循"物质文化再升级、制度文化再凝练、精神文化再升华"的总体思路，按照"警在画中、警在文中、警在园中"的目标，打造融警营文化、行知文化为一体的校园文化特色：融普法教育于养成教育中，运用课堂主渠道进行"知"的教育；开展有益的班队活动，落实"行"的要求；通过规范养成篇、文明礼仪篇、砺志梦想篇、读书启智篇、科普创新篇和艺术美育篇六个篇章，全面展示警营文化独特魅力以及行知文化的丰富内涵，使多姿多彩的文化成为校园的看点、教育的沸点。

（二）弘扬非遗淮剧

全面实施素质教育，坚持文化知识学习与思想品德修养的和谐统一，促进学生全面健康发展。在文化和艺术的双重浸润下，以江苏省淮剧团"淮剧艺术传承实践基地"为依托，充分利用校本教材《淮剧小票友》和《唱响淮剧》，不断开发和丰富淮剧课程资源，开设戏曲学习课程，将戏曲文化融入学校艺术课堂教学和活动之中。根据学生年龄和认知特点，确定邂逅淮剧、走进淮剧和唱响淮剧三个层次，按年级由低到高分为认识淮剧名家、了解淮剧行当、绘制淮剧脸谱、设计淮剧海报、演唱淮剧选段和饰演淮剧小戏六大系列。

建立了一支音乐专职教师素质优良、兼职教师相对稳定、地方票友有益补充、专业剧团联合共建淮艺教育的保障队伍，培塑了"看得见氛围、听得到歌声、留得住乡愁、带得走素养"的淮艺教育特色。2018 年在上海市戏剧家协会、江苏省戏剧家协会等部门主办的上海（浦东）淮音艺术节大赛中，学校刘海诺同学参赛曲目《看长江》荣获表演一等奖。原创淮剧《陈毅托子》在建湖县第 19 届"世纪之星"文艺比赛中荣获一等奖。2020 年，学校以优异成绩获评第六批江苏省中小学艺术教育特色学校。

五、探寻最佳路径，下好后勤服务"一盘棋"

（一）优化延时服务

以乡村学校少年宫为依托，推行普惠性延时服务，切实减轻学生过重的培训负担和家庭经济负担，破解"晚学之后缺监管、功课辅导无着落"等困扰家长的难题。延时服务通过开展自主阅读、功课释疑、心灵驿站等社团特色活动，突出"时间、课程、场所、师资、安全、考评"六大保障，为广大留守儿童搭建了快乐成长的大本营。

（二）践行就餐文明

结合"八礼四仪"活动主题，对学生就餐进行文明教育，倡导"光盘"行动，增强文明节俭意识。学生餐前集体吟唱《就餐礼仪歌》，添饭举左手、添菜、添汤举右手，每周评选出文明餐桌，现场予以表扬；实施"明厨亮灶"工程，定期开展开门评议食堂服务，邀请部分家长与学生一起就餐、共同评餐，进一步彰显后勤工作"安全第一、卫生第一、服务第一"的理念。

（三）实现精准帮扶

教师与贫困、待进学生结对帮扶，激发了他们积极战胜困难的勇气，助力大批留守儿童享有公平有质量的教育。学校资助工作按照"精准化定员、规范化操作、人文化关怀"的要求，始终坚持"远离关系资助、不搞人情资助、拒绝后门资助"的原则，严格执行"班级、级部、学校"三级评审公示制度，做到符合条件的一个不落，不符合条件的一个不增。学校资助工作连续三年受到了县教育局的表彰奖励。

六、健全长效机制，锻造精细管理"软实力"

（一）精细制度管理

坚持全面科学的质量观，加强制度建设，修改完善了《学校章程》《教师绩效工资考核方案》《教师职称评聘工作方案》等操作性强的考评细则，强化制度执行的过程意识、评价意识和反馈意识，形成制度执行的精细链条，实现用制度规范秩序，用考核维护秩序，在优良秩序中细化工作目标、具化工作落实、强化工作措施。

（二）突出动态考核

紧紧围绕市县教学教研工作意见总体要求，抓实教师专业发展工程，职能科室在质量提升上做"好文章"，在活动内涵上下"硬功夫"，实行校区教学工作视导制、管理人员值周制、课堂教学点评制、教学常规责任制、绩效考核量化制，加大了过程管理和质量监控力度。中层以上干部"五认真"采用定期展评，自觉为教师工作放好样子、做好表率。

（三）树立路队标杆

按照"排好队、走好路、举好旗、唱好歌"的统一要求，放学时段要求各班级做到"门前按序列队、楼梯停顿整队、操场班干集队、教师双人送队、保安监护领队"，确保放学时路队秩序和交通安全；"一人摆臂走，两人前后走，三人成队走"，在轻声慢步中为学校形象代言；"唱着校歌上学来，高唱红歌散学去"充分展示了冈小学子意气风发、积极向上的精神风貌。

（四）织牢安全网络

成立学校安全工作领导小组，校长为第一责任人，层层签订安全责任状，形成"一张网络护平安、一个平台守平安、一套预案保平安"的安全工作长效机制。"警官大讲堂"每月举行一次主题安全知识讲座；学校每月开展一次安全主题演讲；利用节假日，组织学生深入社区进行安全知识宣讲；定期开展消防和应急逃生疏散演练，提高学生自救自护和应对紧急突发事件的处置能力。联合公安、交通运输部门整治学生乘坐"三无"车辆，中层以上干部在重点时段、重点路段对学生乘坐的机动车辆进行逐一摸底排查，坚决取缔"黑车"营运学生上学，合力营造安全工作齐抓共管的良好局面。

七、结语

在党的二十大精神的指引下，学校紧紧围绕立德树人的崇高使命，用辛勤的汗水书写高质量发展的优秀答卷。学校先后荣获"全国普法教育先进单位""全国陶行知实验学校""江苏省平安校园""江苏省绿色学校""江苏省陶行知研究会实验学校""江苏省中小学艺术教育特色学校""盐城市教育工作先进集体"等 20 多项荣誉。

参考文献：

［1］徐明.习惯育化，铸造学校育人品牌［J］.教育，2015（10）：43.

［2］苏锦绣.创新育人，彰显百年名校风采［J］.教育，2015（10）：68.

让每一个生命都享受幸福
——基于一所农村小学的校本实践与探索

◎任路路

摘　要 为推进"双减"政策、新课程改革的校本化实践与落实，积极构建农村小学校园生活新样态，笔者所在学校边学习边实践，在德智体美劳全面发展的"五育"并举理念下，将国家课程、地方课程与学校的特色发展有机融合，积极开展至善教育的校本实践探索，用至善教育中的真、善、美，启迪师生智慧，引领师生成长，凸显办学特色。

关键词 农村小学；校本实践；至善教育；活动场域；核心素养

作者简介 任路路，江苏省宿迁市宿豫区大兴中心小学校长，一级教师。

教育的本质是使受教育者"明明德"。《义务教育课程方案和课程标准（2022年版）》指出，坚持全面发展，育人为本，确保"五育"并举，促进学生健康、全面发展。"至善"就是通过"明明德"，使受教育者达到心灵的净化、道德的升华、人格的完善，成为一个全面发展之人。

一、至善于"求"，行以致远伴童行

大兴中心小学是一所办学条件不断优化、办学品位不断提升、教育内涵不断延展的农村小学。近年来，学校结合办学积淀，在校训"止于至善"核心理念的基础上提炼出了至善教育办学主张，致力于建设"至善"校园。同时，"双减"背景下，学校以至善特色文化建设为核心，积极构建至善课程体系，以文化传承和文化发展落实"双减"政策，丰富校园文化生活。

二、至善于"雅"，文以化人润童心

有温度、有故事的学校方能培育出至善学生，成就善雅教师。学校围绕"止于至善"之校训，确立学校文化主张，提炼出以"一训三风"为核心的精神文化，设计系列文化标识，研制校园卡通形象，创意校园文化布置，营造温馨学习生活环境。

根据不同楼宇承担的教育功能，学校将教学楼分别命名为"至真楼""至善楼"，取之"学习以求真，为人以向善"；将功能楼命名为"至美楼""至诚楼"，取之"学艺以尚美，做事以求诚"，让每一处场景都体现"至善"元素。学校还建成"一廊一亭一园两馆三院"至善主题文化场所；建设至善书吧、至善秀场，展示学校至善教育特色文化的成果及师生作品；建成"孩子们的田野"，指导学生开展劳动实践活动；把楼道的多余空间改建成主题"小书吧"，让孩子们拥有一个交流、分享的小驿站，让每一个场馆都彰显"至善"品质。根据"至善"文化的基本精神和培养目标，学校组织学生提炼班级精神，设计班级文化环境，班班开辟"至善之星""我们的榜样""阅读擂台榜""红领巾争章"等特色阵地，让每一个班级都呈现"至善"基因，培养学生的良好习惯和人格品质。

三、至善于"美"，学以树人启童智

在新课程和"双减"推进实施过程中，学校依托教研组、备课组的引领、示范和服务功能，组织全体教师深入学习新课标，积极开展以"研学新课标，锻造新课堂"为主题的教学研究活动。学校行政领导蹲点备课组，全程参与集体备课活动，每周集体备课有专人检查，还将备课情况进行全校通报，以此狠抓学科集体备课质量。学科教师人手一份新课标，通过"教干引领课""名师示范课""骨干研讨课""新秀过关课"等课堂研讨活动，全力打造"学本"课堂教学模式。根据办学特色，学校以学本课堂为依托，开展"至善至美"至善课程实践研究，运用多种方式，在校园生活、课间活动、课堂教学等多层面，用"至善"滋养儿童精神，分年段建设"至善至美"课程框架和"至善至美"课程目标，形成至善文化理念下的教学观、教师观、学生观、课程观和活动观。

（一）在作业设计上提质

教务处分学科从作业的设计、布置、批改、效果反馈等方面出台标准。首先，明确作业时长、设置作业公示栏，一月一晾晒优秀作业。其次，提升作业设计质量，尝试优化校本作业设计的实践探索：主要是指发挥团队智慧，共同设计有质量的作业。通过同一年级同一学科的教师作业集备，精心选题，建构作业设计的模板。最后，探索"免作业"模式，教师可根据实际需求自主制定。"免作业"不是简单地免去作业，而是把"免作业卡"作为一种手段，通过"争卡""积卡""兑卡"系列活动来教育学生从习惯养成入手，做一名善于学习、学会学习的优秀小学生。

（二）在课后服务上提优

探索实施"作业辅导+体育锻炼+一班一品+特色社团"的课后服务实施路径。在完成每天校内作业和体育锻炼的基础上，学校以课程统筹保障课后服务的可选择性、贯通性、综合性和实践性。一班一品是依托学校教师的特长，开展儿童画、书法、经典诵读等活动；特色社团是依托学校的传统项目和比赛项目而开设的，如足球、田径、科技等。每周5天有3天时间进行静态托管，1天进行特色社团活动，1天进行一班一品主题活动。

健全课后服务绩效考核机制。学校每天安排教干对参与课后服务的教师的到岗、服务质量、安全管理等情况随时进行督查，将参与课后服务工作量、成效等情况纳入教师专项工作考核，切实提高教师参与课后服务工作的积极性。

（三）在阅读上增益

学校将阅读作为撬动学生核心素养发展的第一杠杆，建设书香校园。学校因地制宜地改造了一些阅读空间，如主题学习馆、转角阅读吧等，优化了阅读环境；在校园内布置国学经典图文，随处可见的景观石以及各个长廊都镌刻着富有书香气息的文字，多层面、广角度展现学校传统文化教育成果；将图书室的图书再分配到各班书柜，班级书柜的图书每半学期更换一次，这样图书室就成为中转站，每个教室都成为阅览室。学校以抓实阅读指导课为突破口，助力师生阅读素养的提升：每周开设一节阅读指导课，把阅读作为提升语文素养的重要途径；每学期都举行指导课研讨活动，本学期邀请城区到校支教教师开设阅读指导示范课、讲座，指导整本书阅读教学工作，培养学生的阅读习惯和阅读能力，让农村孩子也一点一点地爱上阅读。

学校将我国传统节日和德育有机融合，开展"歌颂祖国""诵读经典""畅享人生""我的阅读故事""阅读分享会""家庭亲子阅读"等主题阅读活动。如教师层面的"四个一"活动：每周一次周前会集中阅读展示，每月一次读书故事分享，每月一场青年教师读书交流，每学期一次"最美阅读教师"评选。在学生层面则举办阅读

播台、阅读节系列活动等。学校以评比"阅读天使""书香家庭""书香教师"为激励措施，优化读书过程，让每个人都能努力在阅读中成为最好的自己。

四、至善于"行"，礼以育人护童真

教育的根本目标在于育人，而课程是实现这一目标的重要载体。

（一）丰富德育课程体系，创建至善德育特色课程

学校构建"一米线文明"课程、常规自主课程、爱心互助课程、家校互动课程、成长仪式课程等；分年级确立教育目标、达成方式，培养至善学生；坚持德育活动节日化、主题化；依托重要时间节点和重大纪念日，持续深化"我的中国梦""红领巾向未来"主题教育活动；组织"网上祭英烈""童心向党""向国旗敬礼""我们的建队日"等主题活动，以红领巾研学推动传统文化育人。

学校深化"八礼"主题教育活动，推进月习一礼；每个月一个主题，出好黑板报，并且在晨会、一日评中加强教育。同时创新升旗仪式形式，丰富升旗仪式内容；按照学期初制定的升旗仪式安排表，由获得流动红旗的班级班主任代表做国旗下讲话，值周教干做总结；举行"一日一评、一年七专题"班集体评比和"我是至善娃，我为学校代言"争章活动，让学生在多元评价中向善成长。

（二）创设多彩社团活动，开展常态化劳动教育活动

学校开设足球、机器人、3D打印、合唱等16个校级社团，儿童画、阅读、书法、象棋等47个班级社团，每个学生都有自己的社团课程，都能享受快乐有意义的延时时光。

学校充分利用校园西面近50亩的土地，建设学校综合劳动实践基地——"至善农场"。一部分是劳动教育示范田，通过学校教师示范种植，给学生提供认识植物、了解劳动的场所。另一部分8亩左右为学生综合试验田，共划分6大块，由年级组组织学生研讨种植方案，将种植任务列入学生劳动实践中，并制定劳动轮值表，有序地组织学生栽种农作物、轮流照顾，这样可以让学生在与泥土、种子、劳动工具的亲密接触中普及种植知识，全程感受植物生长的乐趣，体验劳动的辛苦与快乐。根据年级制定不同的劳动技能目标，如端午节举行"浓情端午'粽'传文化"包粽子比赛活动；建队日举行"队旗飘扬梦想，劳动创造未来"全校劳动技能比赛；开展以"清洁环境美化校园"为主题的党日活动，让师生体会劳动的艰辛，收获劳动的快乐……推出"我是小帮厨""我是清洁工""我是垃圾分类监督员""我是校园美化师"等系列岗位，让学生转换角色定位，在沉浸式体验中了解每份劳动的意义和价值。

五、至善于"真"，师以匠心守童趣

学校通过实施"五大工程"，着力塑造"善雅教师"的教师形象，即实施"青年教师入轨工程""骨干教师提升工程""名师名家引领工程""读书夯基工程""课题研究工程"。同时以校本培训及研究为载体，通过各类活动为教师搭建展示平台，推出学校优秀教师，提升教师知名度，让教师体验成功，感受幸福。

（一）实施"青蓝工程"助力

学期初，学校为年轻教师、薄弱教师找师傅，启动实施"青蓝工程"；期中组织"青蓝工程"中期阶段成果汇报；学期末，由教务处牵头组织学期验收。通过"青蓝工程""名师培养工程"等平台，让新教师在师傅们的"传""帮""带"下，不断提高业务能力，尽快成为学校教育教学的骨干力量。校领导、中层干部、教研组经常进班听课指导，交流座谈，促使

他们在思想和业务上稳步成长。

（二）开设青研班聚力

根据学校实际情况，成立了 35 周岁以下的青年教师研修班，利用本校的名师资源，带动青年教师成长；开展了以"引领·成长"为主题的系列活动，如青年教师素养大赛（包括朗读、硬笔、才艺等）、读书分享会等活动。每次研修活动，学校都把本校的一些名师、骨干教师请过来，为学员们现身说法，把好经验、好方法介绍出来。

（三）开展教师素养大赛合力

学校扎实开展优化季暨青年教师素养大赛。教师课堂教学大赛、活动单导学案设计评比、青年教师才艺展示、教师三字一话竞赛等活动的有效开展，助推了课堂教学。老教师们沉稳、干练，在课堂中驾轻就熟、游刃有余，展现了丰富的教学经验。青年教师教学设计新颖，认真学习使用活动单导学案，课堂气氛活跃，体现了高超的教学技艺。最让人欣喜的是新进的几位教师，她们在生动有趣的教学中展示了扎实的基本功，完全改变了我们对新教师的传统印象。同时，学校还积极探索组建班主任成长联盟，开展校级班主任素养大赛、基本功评选、最美班主任评选等活动，聚集众人智慧，模拟德育情境，破解德育难题，提升班主任处理问题的能力，以团队力量支持班主任参加市区班主任基本功大赛。

（四）开展阅读工程借力

学校制定了《大阅读工作实施方案》，完善了阅读工作评比细则和奖励办法，成立了以校长为组长，教导处、年级组和语文教师为成员的工作领导小组，落实师生大阅读工作。要求学生做到的，教师应先做到，我们通过举行教师朗读比赛，检验教师暑假阅读情况，接着以教育局推荐的教育专著为抓手，夯实教师阅读常态；通过举行教师读书分享会、学习笔记评比、书香教师评

比、好书推荐、教师读书沙龙研讨等活动来激发教师的阅读兴趣。

（五）人文关怀暖心给力

学校开展"党员示范班"活动，增强党员的党性观念及服务意识；开展"善雅教师"月度评选；举行老教师退休欢送会；实行弹性上下班，对积极参与课后延时服务且孩子幼小的教师，经本人申请，学校可给予每月一定次数的弹性作息，对当年家中孩子处于初、高中毕业年级的教师，可以享受每月一定次数的弹性作息；对身患重大疾病、仍在治疗期的教师，在课务调整安排、上下班时间上给予适当照顾。

六、结语

面对"双减"背景下的学校教育，其探索的最佳路径，应从深层次上挖掘教育的内涵，要考虑学生的终身发展。我们将立足学校实际，以课程建设为依托，突出内涵发展，形成学校课堂教学印象；完善德育内容，构建"至善德育"活动场域，形成"至善德育"品牌；搭建教师专业发展平台，完善教师发展、名师骨干培养机制，打造一支德才兼备的教师团队。

参考文献：

［1］中华人民共和国教育部.义务教育课程方案（2022 年版）［M］.北京：北京师范大学出版社，2022.

［2］胡庆芳."双减"背景下作业设计的问题分析及标准建构［J］.基础教育课程，2021（24）：4—8.

［3］向师仲，张爱玲.学校管理中的理念更新与实践探索——评《学校管理理论与实务》［J］.中国教育学刊，2017（03）：140.

［4］尧新瑜，朱银萍.自我发展力：教师专业成长的内核动力［J］.教育发展研究，2015，35（Z2）：113—116.

立德树人视域下义务教育学校党建工作研究

◎薛建成

摘　要　立德树人是学校教育的根本任务，也是学校党支部的重要职责。在"双减"背景下，将品牌理念引入义务教育阶段学校党建工作，充分发挥学校党组织的战斗堡垒作用，推动学校在工作机制、队伍建设、教育阵地等方面的深度融合，以党建工作与业务工作的深度融合推进学校高质量发展；以党建工作引领学校中心工作，强师风、育学生、助成长；以实施"五心三讲五带动"党建育人体系为依托，落实义务教育阶段学校立德树人根本任务，以品牌管理为路径，探索"双减"背景下，义务教育学校党建工作品牌化路径。

关键词　立德树人；义务教育；城镇；党建

作者简介　薛建成，江苏省宿迁市沭阳县实验小学校长。

义务教育学校肩负着培养新时代中国特色社会主义建设者和接班人、落实立德树人根本任务的重任。义务教育学校党支部是落实党的路线方针政策、为党育人任务的战斗堡垒，是为党育人的第一基地。党建工作是学校中心工作的重要支撑力量和引领，也是学校在"双减"背景下转型发展的不竭动力。如何在立德树人视域下，以品牌管理为路径，拓宽学校党支部的工作渠道，激活党员教师内生动力，通过党建工作引领学校中心工作，推进立德树人工作，是"双减"背景下义务教育学校党建工作面临的重大课题。

一、党建引领工作融合，建强育人堡垒

在纵深推行"双减"政策背景下，全面落实党建领航使命，充分发挥党组织战斗堡垒作用和党员先锋模范作用，推进党建工作与学校业务工作深度融合，以学校党建工作与中心工作深度融合的品牌化建设为路径，努力办好老百姓家门口的优质学校，实现义务教育学校教育高质量发展的关键一环。

（一）工作机制融合，夯实党建"主心骨"

围绕"培养什么人、怎样培养人、为谁培养人"这一根本问题，学校党支部要以巡察反馈问题整改为契机，以制度建设为抓手，按照"集体领导、民主集中、个别酝酿、会议决定"的要求，制定党政联席办公会议、党支部议事决策等监督工作、沟通协调制度，对学校"十四五"发展规划、教育教学质量奖惩、年终目标绩效考核等重大事项及涉及教职工切身利益的评职晋级、评优选模等重要事项进行集体研究裁定；健全党组织对学校工作全面领导、校长对学校行政工作全面负责的组织体系，保证"党组织领导的校长负责制"功能的有效发挥，形成团结协作、求真务实的良好风气。

学校立足党支部"抓班子、带队伍、强管理"的主要任务，落实"双进入"机制，实行党支部与行政架构成员双向互动、交叉任职，建立健全党建工作责任制，做到每个领导班子成员根据集体的决定和分工，自觉履行职责，各司其职，各尽其责，防止互相推诿。为建立健全教职

工参与民主管理和监督的工作机制，学校党支部及时举行管理干部述职述廉测评会，晒实绩、谈问题、谋整改，进一步激发班子成员工作激情，调动工作积极性，强化民主监督，确保党支部班子成员在工作中带好头、走在前、做表率，为立德树人打好坚实的组织基础。

（二）队伍建设融合，锻造担当作为"生力军"

学校党支部要注重发挥领导作用、战斗堡垒作用和党员教师示范带动作用，建立党支部抓支部、支部管党员、党员带群众的"一抓一管一带"机制，全面加强队伍建设。坚持中心组专题学习、中层干部会会前微党课、教师大会会前学法，持之以恒地开展党性教育活动，不断增强"四个意识"、坚定"四个自信"、做到"两个维护"。创新"党史学习教育""三会一课"形式，组织党员到革命传统教育基地接受教育，班子成员信念坚定，对党忠诚，让"红旗"更红。要积极推行"把骨干教师培养成党员，把党员教师培养成教学管理骨干"的"双培养"机制，广泛开展"铸师魂、强师能，争做新时代'四有'好老师"师德师风主题教育，评选"师德标兵""优秀班主任""优秀教师""学科带头人"，强化党员教师的责任意识、带头意识，整体提升教师队伍的政治素质和业务能力，广大教职工胸怀大爱，忘我奉献，让"红烛"更红。要开展"寻红军足迹""讲革命故事""唱爱国歌曲""诵经典诗文"等丰富多彩的少先队活动，赓续精神血脉，根植红色基因，擦亮生命底色，让学生扣好人生第一粒扣子，让少先队员立己达人、自育自强，让"红领巾"更艳，为立德树人打好坚实的人才基础。

（三）教育阵地融合，唱响立德树人"共进曲"

学校党支部要以党建为统领，落实立德树人根本任务，探索创新党建文化与校园文化"一体化"构建，着力营造特色校园文化，建成校园德育文化墙、"五旗一徽"文化厅、"廉洁教育"文化堂、"模范名人"文化柱，用身边的人和事教育影响全校师生，传承优秀文化和优良传统，弘扬社会主义核心价值观，宣传学校办学理念，推进学校党建文化引领校园文化同频共振。夯实学校教育主阵地，探索文化育人、课程育人、活动育人、实践育人、管理育人、协同育人新路径，构建全员育人、全过程育人、全方位育人的"三全育人"德育体系。学校党支部也要和友邻单位党组织与辖区所在地开展文明城市创建、安全知识宣传、校园周边环境综合治理、志愿服务等活动，引领社区不断推动现代化治理。通过教师大走访、家长接待日等活动，形成校园开放、课程开放、评价开放办学新格局，构建学生、学校、家庭、社会"四位一体"德育模式。

二、党建引领"五心"守正，创新育人举措

（一）以党建工作"正心"，领航育人方向

学校要精心绘制"十四五"期间发展蓝图，制订学习型党支部、担当型党支部、创新型党支部工作方案；创建人文学校、活力学校、创新学校、幸福学校；抓德育推动、名师带动、经典传动、体艺促动、资源互动"五促联动"；广泛号召学校教师党员争做"六个先锋"，努力成为学生成长的引路人、民族复兴的筑梦人。

（二）以党建工作"聚心"，筑牢育人堡垒

建设"学习型"党支部。学校用心打造学习型班子，建设学习型党支部，培育学习型党员，争做学习型教师，在良好氛围中凝聚人心。

建设"担当型"党支部。学校精心打造了一支"潜心谋事、精心干事、真心成事、和谐共事"的支委队伍和"素质过硬、作风扎实、形象正派"的党员队伍，形成"学校、科室、年级、班级"四级互动格局，"家庭、学校、政府、社区"四位联系制度，"党团线、政教线、教学线"三线联动机制。

建设"创新型"党支部。学校聚焦"带"字

帮助非党员教师及时准确了解党的方针政策，聚焦"导"字邀请各级人大代表以及校外知名专家为师生辅导，聚焦"促"字开展理论研讨、读书会等学习促进活动，聚焦"助"字搭建书记讲党课、党员讲坛等学习平台，筑起坚强的育人堡垒。

（三）以党建工作"强心"，汇集育人动力

在"特色文化"上发力，打造"价值文化、环境文化、管理文化、教师文化、学生文化"五个维度的党建文化。整合"同心圆梦"爱国统战文化，形成立德树人的大文化场。

在"品牌建设"上着力，整体建构学校立足当地，能够让学生"融心、融智、融身、融境"四维融合课程体系，培育"德身心、德社会、德未来"的德育少年。

在"宣传教育"上用力，成立宣传工作领导小组，明确宣传工作指导思想、工作原则、年度计划，抓住"组织建设年""德育建设推进年"等重要活动和节点，展示支部形象，接受师生和群众意见。

（四）以党建工作"暖心"，强化育人保障

增强获得感。深入开展党史学习教育等，坚决落实"双减"政策、"五项管理"工作要求，通过"书记接待日"等形式，办实事、解难题，增强师生家长的获得感。

强化归属感。完善教师培养体系，制定教师专业发展规划，对新入职教师、中青年骨干教师、名师等进行分层培养，不断增强教师认同感和归属感。

提升幸福感。开展党员"政治生日"主题党日、"有事找党组织"谈心谈话活动、"教职工关爱"活动等，班子成员倾听教职工心声，主动慰问困难同志，让师生员工切身感受到党的关怀和稳稳的幸福。

（五）以党建工作"净心"，优化育人环境

践行高尚师德。书记、校长带领全体教师进行师德师风宣誓，开展争做"四有"好老师主题活动，杜绝违规补课，严格师德考核，签订承诺书，在坚定理想信念中净化思想灵魂。

加强党性锻炼。常态化开展"以案四说""以案四改"警示教育，学习党纪法规，观看警示教育影视片，永葆共产党人的昂扬锐气、浩然正气。

加强廉政文化建设。把廉政教育与社会公德教育、家庭美德教育、职业道德教育结合起来，营造风清气正、干事创业的干净育人环境。

立德树人视域下义务教育学校党建"五心"工作模式，同样能将党建工作与学校中心工作结合，领航育人方向、筑牢育人堡垒、汇集育人动力、强化育人保障、优化育人环境，为义务教育学校党建立德树人工作提供品牌化路径。

三、党建引领"三讲三提"，提高育人质量

亮岗履责，率先垂范。在"双减"背景下，义务教育学校党支部更应该不断进行"减负提质增效"的探索研究，多方位、多渠道拓宽学生的社会实践平台，在美育、体育、书法、科技等方面，致力于培养一批年轻的教师，平常注重对学生的训练和指导，充分激发广大学生爱美、爱运动、爱科学的热情，促进学校素质教育再上新台阶，再现新风采。鉴于此，党支部引领学校工作，开展"三讲三提"活动，能从多方面发挥德育功能，提高学校育人质量。

（一）党建工作讲政治，提升教师育人意识

讲政治是每个党员的立身之本。学校党支部要注重对党员教师的政治素质培养，在"学"中筑牢思想根基，在"做"中彰显党员本色。

1. 抓牢学习讲政治

学校党支部要把党员学习作为常态化工作来抓，定期制订党员学习计划，集中为党员征订《习近平总书记系列重要讲话读本》等学习书籍，始终坚持把学习习近平总书记重要讲话精神作为

加强党建工作的首要任务，从而带动全体教职工把政治理论学习摆在突出地位，用心学、反复学，不断提升广大教师的政治意识和思想境界。

2. 抓牢班子讲政治

讲政治、守规矩，才能有担当。要经常研究谋划学校党建和教育教学工作，发现和解决存在的问题。按时组织召开组织生活会，开展批评与自我批评，加强班子成员的团结协作意识，不断增强班子凝聚力、战斗力。每月党员要轮流讲优秀党员故事，既学习全国知名党员的光辉事迹，也学习身边普通教师的好做法、好经验，学先进，找差距，时刻提醒自己不忘初心使命，激发党员的看齐意识。

3. 抓牢信念讲政治

坚定理想信念是思想上的返璞归真，也是党性上的固本培元。学校党支部要持续开展"三心"教育活动，夯实新时代教师责任担当，打造风清气正的教师专业发展共同体。"我的初心在哪里"师德座谈会，通过"国旗下教师宣言"仪式，激发教师为学生终身发展服务的初心；同时，引领教师用恒心把"初心"融入日常，用决心把"初心"落到实处；建立"师者初心"微信公众号，每天推送教师文章，凝心聚力，争做"四有"好老师，不断夯实思想根基，提升教师立德树人意识。

（二）党建工作讲业务，提升教师育人素养

学校党支部要探索推行教师培养工程，铺就教师专业成长的"快车道"。

1. 多条路径提素养

首先，注重从教师学识魅力——做有知识润泽力的教师，人格魅力——做有人格感召力的教师，言行魅力——做有言行穿透力的教师，科研魅力——做有研究影响力的教师四个方面提高教师育人素养，促进教师专业化成长，实现教育的跨越式发展。其次，通过分类指导、分层培养、分阶段推进等方式，剖析教师自身亮点，进行优

势归类，为每一类教师量身打造适合自己的成长策略，形成自己的风格。最后，提供教师成功放飞的机会，因人而异搭建教师展示平台，检验成长实效。

2. 两项举措强本领

一是目标带动。学期初组织开展"工作愿望"教师恳谈会，了解教师在专业发展方面的困惑、需求，通过鼓动、交流，使教师有目标、有规划，踏踏实实地学习、备课、上课，发掘适合自己的教学方法，积极撰写有价值的教研论文。

二是教研导航。定期开展"每周公开课"活动，以磨课、讲课、听课为抓手，加大教师课堂教学研究。同时，与相关专家联谊，邀请专家"进课堂"，提高校本研修水平，提升教师专业素养。

3. 三大工程助成长

一是读书工程。定期开展"1＋1"教师阅读行动，即"同学科同读一本书＋自选一本'红色'书"，通过阅读群、聊书会、读书故事会等形式，丰富阅读内容和形式，使教师开阔视野、吸收营养、滋润精神。

二是"一培一"工程。充分发挥党员名师、党员骨干教师的示范引领作用，开展党员教师与青年教师"结对子"活动，通过党员示范课、骨干引路课、组内推荐课、教师过关课、每学期比赛课，有效提升教师教学能力。

三是"青蓝工程"。每学期集中举办"青蓝杯"（朗读、书写、即兴写作、课堂教学）大赛，以赛促提，提高教师基本功；开展"每日公开课"活动，教师进行自我展示，践行理论成果。同时，注重把骨干教师培养成党员、把党员教师培养成教学骨干、把党员教学骨干培养成班子成员，实现了100%的党员教师是校级及以上骨干教师、100%的党员教师讲示范课的目标。

（三）学校工作讲奉献，提升党员教师党性

学校党支部要始终坚持把发挥党员先锋模范

作用摆在第一位，突出抓好各项制度落实和活动开展。党员教师要讲党性，充分做好其他教师思想工作，保证党的路线、方针、政策和学校的政令畅通执行，协助落实教育教学和学校各项工作，发挥好桥梁纽带作用。及时了解学校的好人好事，针对学校教职工出现的问题及时开展谈心、家访等活动。党员教师努力把学校建成一个互相关心、互相帮助、团结协作的集体，积极营造和谐向上的氛围。学校党支部要设立"党员先锋岗"，在全体党员办公室工作台面放置特制的党员岗位标志牌，激发党员的荣誉感、责任感和使命感，时刻不忘一名共产党员的责任和担当。另外，党员教师要接受群众的监督，促进自律进取，形成潜在的鞭策，为学校高质量发展做出贡献。同时，为充分发挥青年党员教师的作用，学校要成立青年教师文明岗，由优秀的青年党员教师组成，要求他们在加强校园文明建设，提高广大学生的文明素质和自我管理意识，努力革除校园陋习，创造文明和谐的校园环境方面做出突出成绩。青年党员教师文明岗通过开展志愿服务活动，走进社区、走进家庭，走进需要帮助的每位师生，帮扶助困，成为校内一道亮丽风景线。在疫情期间，学校要求青年党员教师文明岗成员为学生开展线上社团（书法、舞蹈、居家健身）辅导活动，丰富学生的疫情居家生活，得到了学生和家长的高度认可。

四、结语

党建引领立德树人，以爱育苗培根铸魂。立德树人是教育的根本任务。"德"，是教师师德，是学生美德。义务教育学校应在立德树人视域下，多措并举，用党的理论、传统文化和红色故事武装教师、教育学生，塑造有德之师，培育美德之人；以塑造恭、勤、真、善、美的"五育"并举少年为育人目标，构建党建工作品牌化育人体系，以党建为引领，以活动为抓手，在教育第一线，以党员教师为模范，鼓励党员教师主动亮身份、亮承诺、亮职责，争当教书育人先锋，培根铸魂，启智润心，实现"双减"背景下义务教育学校的跨越转型和内涵发展。

参考文献：

［1］田利红."立德树人"导向下秘书实务课程思政教学改革与探索［J］.秘书之友，2021（11）：27—31.

［2］张东霞，高建静，姚瑞娟，等."立德树人"理念下《工程化学》课程思政教学探索与实践［J］.轻工科技，2021（12）：148—149.

［3］于生妍.让高校"大思政"护航"立德树人"［J］.青海党的生活，2017（03）：16—17.

［4］河南财经政法大学党委.河南财经政法大学：落实立德树人根本任务，谱写思政课程精彩华章［J］.河南教育（高教），2019（10）：35—37.

［5］刘德敬.立德树人之关键：党建与教育教学有机融合［J］.河南教育（基教版），2021（06）：9—10.

［6］季俊昌.让党旗在立德树人岗位上高高飘扬——东营市东营区黄河中学党建工作聚焦［J］.山东教育，2021（Z6）：8—11.

"和融教育"理念下新市民儿童学校课程教学变革 *

◎史　赟

摘　　要　溧阳市清安小学基于校情和新市民儿童发展的需求，创新课程改革，打造"和融课堂"，从"和融课堂"转型变革、支持"和融课堂"建设的管理方式变革、"和融课堂"多层空间场域建构、支持教学变革的评价改革等方面建构基于学校校本表达的课程教学改革主张和教学新范式。

关 键 词　课程改革；和融课堂；教学变革

作者简介　史赟，江苏省常州市溧阳市清安小学副校长。

地处溧阳城西郊的清安小学是一所创办近百年的学校，以"和融教育"回应新市民儿童的特质与需求。"和"是目标，彰显着中国哲学的民族气质，是教育的最佳境界和终极状态；"融"是方式，集合融心、融智、融行，使教育各要素呈现和谐相处、多向联动、融会贯通的态势。学校着眼于学生核心素养的融合发展，整合架构了新的学校课程，积极落实教学变革，对常规课堂优化与补充，在探索中回归教育本质，对教改动态的关注度和理解力不断提升。

一、创新课程改革，回应使命需求

学校基于"和融教育"理念，科学剖析新市民儿童发展现状需求、聚焦特质，优化重构了符合校情、体现时代要求、遵循教育规律、促进学生发展的"小行者"课程体系，在省教育科学规划办公室等专家的指导下，进行多轮论证，最终确定了学科课程、拓展课程、特色课程三大课程系统，引领学生在正行（德）、善行（智）、健行

（体）、美行（美）、勤行（劳）的"五育"并举、融合成长之路上，最终成为"健康、乐学、茂盛、向上"的远行少年。

二、探索"和融课堂"，实施教学变革

"和融课堂"源自当前教育教学改革的需要。学校在开展"小行者"课程、落实"双新"的实践过程中，聚焦痛点和难点，进行实践性反思，探索以无边界学习为主要特征的"和融课堂"。

（一）无边界教育理念下的"和融课堂"转型变革

1. 明晰"和融课堂"特质

"和融课堂"是对常规课堂的优化与补充。它以无边界教育理念重构教学关系，打破了教学各要素固有的边框束缚，消弭了课程内容、教学对象、教学团队、教学场域等固定单一的模式及边界，强化了与生活、社会、未来的融通，实现了课堂的深度学习。

2. 建构"和融课堂"教学类型的模式

课堂教学破除常规的分学科课程体系与核

---

*　本文系江苏省教育科学"十四五"规划 2021 年度课题"和融教育理念下新市民儿童学校'小行者课程'开发研究"（批准号：D/2021/02/178）的研究成果暨常州市基础教育学校品质提升建设项目的研究成果。

心素养培养上的矛盾，通过"大概念+""学科+""教室+"等模式建构，培养学生成为全面发展的人。

（1）"大概念+"开展学段间的纵向统整，形成纵向融合课堂。

以单元为导向凝练大概念，关注"学段与学段的关联""单元与单元的关联""单元与学科的关联""单元与跨学科的关联""单元与现实世界的关联"，通过整合教学内容并突破教材的桎梏，帮助学生在建构大概念体系的基础之上发展核心素养。设计学习目标时需要协同考虑学科的逻辑和思维的进阶，做到有连续、有进阶，促进年段之间的融合。如"中华传统文化我传承"，语文学科关注"学段与学段的关联"，通过挖掘不同的小古文诗词课程资源，从低、中、高年级设定不同的、相关联的、循序渐进的目标，通过递进式纵向学习认识中华汉字，读通读懂，再到领悟道理，感受文化，产生民族自豪感。英语学科通过"单元与跨学科的关联"，可融合音乐吟唱英语版中华节日诗歌，融合劳动体验沏茶四步骤并介绍茶文化，融合语文对比中西方生日习俗、服饰发明差异，阅读经典故事感知文化多样性，感悟优秀文化内涵，坚定文化自信。

（2）"学科+"开展学科间横向统整，形成横向融合课堂。

聚焦新市民儿童核心素养发展的主题式学习，让关联和融合成为课堂实施的样态。以主题为单位，进行跨学科整合融通，以多学科、超学科等形式对内容进行"学科单元"课程整合，合理调整、重组，开发同题材的资源，从而拓展与深化，融合渗透，引领学生从学科角度进行全面、系统、深入的探究。

（3）"教室+"开展融通素养的综合统整，形成立体融合课堂。

以"整个世界都是教室"为理念，突破学科边界、人际边界、领域边界，将学习还原到生活情景中，聚焦新市民儿童的差异资源和成长需求，因地制宜地开发文化自信、社会责任、卫生健康、安全自护、理想信念等课程，使得课堂更具有灵活性，让学习教室向四面八方打开，引导学生从书本走向生活、大自然，使学生综合运用知识的能力得到提高，融合提升核心素养。如结合道德与法治课程内容到溧阳市法院参观，学习法律法规，并且模拟开庭；结合劳动课程内容在学校种植园进行田园课程的劳动实践；学完科学课中的养蚕知识后去蚕桑博物馆进行行走学习，了解"蚕乡习俗""蚕桑人物""丝绸之路历史"等多项知识，领略蚕桑文化的魅力，锻炼劳动能力、观察力和创造力。

3. 建构"和融课堂"多维学习方式

变革传统的学习方式，根据不同类型的教学建构多种形态的学生学习方式，组成丰富的适应学生发展的学习方式。"大概念+"模式可采用主题式、自主式、合作式、单元式等学习方式；"学科+"模式可采用主题式、单元式、混合式、合作式、单元式等；"教室+"模式可选择田园式、游学式、自媒体式等。如劳动课可采用"教室+"模式，师生们来到美丽的礼诗圩进行游学，开展以"团城少年心向党，争做劳动大'藕'像"为主题的劳动实践活动：首先学习"一粒莲子"的故事；然后在基地老师的协助下入荷塘寻藕挖藕，体验农耕劳作；最后用采得的莲藕来为家人烹制一道道精美的菜肴，制作短视频分享劳动的体验。通过学习，学生掌握了劳动的技能和技巧，培养了"勤奋斗、会创新、爱奉献"的劳动精神，并立志做全面发展的新时代好少年。

4. 建构"和融课堂"教学新范式

基于无边界学习理念，学校体系建构"融入、融通、融和"的教学新范式，提炼出一般流程并运用。首先是融入，共享资源。聚焦主题，将学科资源、跨学科资源、校社家资源、地域资源等各要素相互渗透、相互交融而整合，关联、交叉各要素学习。其次是融通，共建学习共同体。通过师生学习共同体、混龄式学习共同体、个别学习共同体，开展无边界学习。同时变革学习方式进行合作交流、启发、互助、补充和分享，理解新知识，习得新发现。最后达到融合，共学共进。在前两者之上迁移运用、升华、凝聚、生长，有效育人。

（二）支持"和融课堂"建设的管理方式变革

1. 融合育人团队

创建"童行教育联盟"，开展助教式或团队式教学。学校以家庭教育为基础，以学校教育为主导，以社会教育为平台和依托，统整校内外各类资源，搭建科学组织架构，共同指向新市民儿童品格发展，具体包含导师联盟、阵地联盟、家长联盟。

学校组建导师联盟，即"教师＋团队"，融合溧城街道公益训练营等优秀人力资源，对拓展课程给予优质师资补给，培养学生的兴趣和特长，具体包括健康运动类、科技创造类、艺术类、礼仪类、劳动类、文化传承类、心灵类导师。

融合阵地联盟如党建馆、博物馆、新时代文明实践所、社区、劳动基地等多个社会实践阵地学习特色课程，侧重涵育新市民儿童的综合素养。如带领学生参观法院、溧阳市人民法院少年庭庭长蒋园圆对同学们的法庭模拟审判进行详细的现场指导、缪静等法官来校参与法课堂微课教学，增强了学生的法治意识；去市城北消防队学习参观，消防队员们进行防火灭火指导，提升学生的自救互救能力；国网溧阳市供电公司"电小能"志愿服务队开展"安全用电手牵手"的宣讲公开课，强化学生自我防范、安全自护的能力；联合溧阳市无偿献血服务志愿者协会，帮助学生成立"小行者志愿团队"，到图书馆、社区、垃圾分类中心进行公益劳动和志愿宣讲，增强学生的社会责任意识；与中央民族大学携手，为学校少数民族学生带来"筑梦中华手牵手，民族团结润童心"文化交融课程，深化民族团结进步教育；人民医院口腔科医生来校上生动的牙齿保健课，树立学生爱护牙齿从小做起等卫生保健意识。

家长联盟即构建家长学校课程，融合优秀家长资源，开展助教式教学，协同育人。如邀请有一技之长的家长来校"蒲公英"社团进行授课；邀请志愿者家长参与"阅读燎原"课程的亲子共读活动；少数民族家长和孩子们一起制作月饼、品尝月饼，协同赋能，合力致远。

2. 融合教学时空

通过学习时空的变换组合为每个学生构建属于自己的生长性课表："大概念＋"每一学期选两周进行，前半学期和后半学期各一周，每周2课时；"学科＋"主要是分散到日常的教学中进行，每星期2课时；"教室＋"则在主题教学中进行，每月2—3个半天。

3. 融合教研方式

建立"和融"教研共同体，打破学段、学科的藩篱，创新教研形式，通过混合式教研、跨学科教研、年级组教研等不同形式，促进教师蓄积知识、拓宽视野，提升综合素养，培育"全科教师"。充分利用"互联网＋"，融合线上线下各种教研资源，打破线下教研时空的局限性。定期开展家校社协同教研活动，通过期初规划、期中反思、期末总结，提升育人品质。

（三）"和融课堂"多层空间场域建构

学校通过对空间环境的多次构建，重构物态文化，以期形成相得益彰、泛在学习的育人环境。一是积极推进教室空间建设，充分利用教室图书角、墙面、板报等空间，进行中华优秀传统文化、科技博览、"行远少年"责任、劳动之星、优秀作品、劳动成果的展示。二是打造"和融"主题学校场域："一广场一书苑两园两长廊两坊"，具体为"和融文化广场""行远书苑""红石榴家园""小行者种植园""民族长廊""艺术长廊""小行者木工坊""小行者美食坊"。场域的建设，滋养了清小学子的精神成长。三是开拓"和融文化"

的校外课程实践基地。结合学校"小行者"课程，依托校外资源打造的溧阳城市党建馆、新四军江南指挥部纪念馆、溧阳博物馆、八字桥读书台、溧阳市苏南蚕桑研究所、天目湖湿地公园、南航大学、中关村产业园、溧阳职教体验中心等数十个课程基地，都成为孩子们的"第二课堂"。

（四）支持教学变革的评价改革

1. 评价内容

构建学生评价体系，围绕"健康、乐群、茂盛、向上"的育人目标，从阅读孕底蕴、探究爱思考、实践乐创新、互助能合作、健康会生活、行远有家国等维度整体架构评价体系，通过评选清小不同类别的最美"行远少年"等方式进行全面落实。

2. 评价方式

主要采用即时性评价与总结性评价相结合、契约式评价与激励式评价相结合、过程性评价与表现性评价相结合的方式，构建全员评价机制，学生自己、伙伴、教师、家长、社会志愿者都是孩子成长中的评委。

3. 评价使用

遵循"教—学—评"整体育人理念，以目标为导向，设计合理的评价任务，以学为中心，融评于教、教评一致。通过检验教学目标是否落实、观察学生的学习表现等来反映学习效果，结合目标达成情况进行评价。将反馈的过程当作一次更深程度贴近儿童的过程，通过评价助推儿童新的发展与飞跃。评价结果与学科免修等奖励系统相挂钩，建立评价结果与儿童心愿相兑换的创新机制。通过多次评价、最优值评价、延迟评价等多种方式给予儿童更多的机会，形成儿童既认可又富有发展性的评价结论。

三、课改喜结硕果，发展观新样态

（一）学校发展品质提升

学校成功申报了江苏省"十四五"规划课题、常州市基础教育学校品质提升建设项目暨前瞻性项目、常州市中小学品格提升工程项目。课改研究成果显著，如"'小行者'少先队活动课程"荣获江苏省少先队建设特色品牌项目，"新市民儿童小行者赋能计划"荣获常州市未成年人思想道德建设标兵项目，溧阳市教育贡献奖。学校先后被评为江苏省红石榴家园、常州市文明校园、溧阳市教育科学研究基地、教科研先进单位、校本培训先进单位、德育先进单位等。课改相关活动被《人民日报》《新华日报》"学习强国"平台、江苏电视台等媒体报道。

（二）教师成长百花齐放

近年来，学校凭借江苏省、市级名师工作室持续推进教学改革，先后培育常州市名班主任3名，溧阳市四类优秀教师9名，四类教师占比达30%。在市、区级优秀课及基本功竞赛中有19人次获一、二等奖，教师成长力和研究力呈现蓬勃向上的态势。

（三）行远少年茁壮成长

学生发展呈现出更为茂盛的样态：史郁梦的作文发表在"学习强国"平台上；王茂元获全国少儿歌谣创作大赛一等奖；马钰辰获全国摆渡船征文大赛一等奖；近百名同学在省市级比赛中获奖。

四、结语

展望教育新征程，清安小学将以昂扬的姿态为新市民儿童创造更美好的未来！

参考文献：

［1］王建强，张显国.融创课堂：探究课堂教学深层变革［J］.中国教育学刊，2022（06）：57—61.

［2］王建强.融创课堂的理念建构与路径探寻［J］.教育科学论坛，2021（17）：25—29.

［3］刘金虎.指向学力素养的无边界课程设计与实施［J］.现代中小学教育，2021，37（11）：1—5.

以家长朋辈互助为主导的心理健康教育模式的实践探索

◎郭炳宏

摘　　要　父母是学生的第一任老师，家庭教育是教育学生的起点和基点。本文基于"家长朋辈心理互助"的内涵和意义，探索通过开展"家长朋辈心理互助"活动，促进家长改善家庭教育方法，激发学生内部成长的动力。

关 键 词　心理健康教育；家庭教育；朋辈心理互助

作者简介　郭炳宏，西安交通大学苏州附属初级中学教师。

父母是学生的第一任老师，家庭是学生的第一成长环境。心理学研究表明，人的情感发育、人格形成和意志力的培育都需要在长期稳定的人际环境中进行。学生从牙牙学语就开始接受家庭教育，家庭环境、父母的教育方式和心理健康水平等都潜移默化地影响着学生，并且这种影响往往是持久的、一以贯之的。

一、家长心理健康对学生的影响和现实意义

近年来，各地中小学生自杀、自残等极端事件屡有发生，且呈低龄化趋势，给家庭造成了不可挽回的伤害，给学校和社会带来严重影响，委实令人痛心。学生是家庭的镜子，问题学生往往是问题父母、问题家庭造成的。[1]现实中有很多家长没有接受过心理学、教育学方面的培训，家庭教育方法欠缺。若能通过科学的方法激发家长身上的积极力量，促进家长改善家庭教育方法，有利于激发学生内部成长的动力，提高他们的心理健康水平，培养他们的积极心理品质。为了扩大心理健康教育的普及率，笔者研究和实践了通过开展"家长朋辈心理互助"，引导更多的家长掌握科学的育儿方式，给予家长专业的家庭教育

指导，从而促进学生的身心健康。

二、"家长朋辈心理互助"的内涵和目前存在的问题

（一）"家长朋辈心理互助"的内涵

朋辈，顾名思义，就是朋友和同辈，广泛来讲还可指在价值观、人生阅历、年龄、兴趣爱好等方面相近的人。对学生而言，朋辈更多的是侧重校园里身边的同学。对家长而言，朋辈则是就读于同一年级或同一领域的学生的家长。"朋辈心理互助"指通过对非心理专业工作者进行挑选、培训指导和监督，引导其向需要帮助的朋辈提供心理咨询性质的指导和帮助的过程。[2]"家长朋辈心理互助"主要指一个班的家长们在一定的专业培训之下，相互分享、鼓励，并参加学校的心理活动，帮助彼此更好地解决当下的困扰。

（二）中学生家庭常见的心理健康问题

1. 学业压力困扰

随着现代生活不断快速发展，人们在下一代教育问题上投入越来越多的精力。随之而来带给学生的是繁重的学习任务和激烈的竞争。而中学阶段是初中生学习文化知识和技能的黄金阶段，

所以，学业压力已经成为初中生面对的主要压力。学业压力是压力的一种，会对中学生的学习成绩造成一定影响。而对于处于青春期、心智未完全发育的中学生来说，如何处理这些压力变得至关重要。

2. 网络成瘾困扰

网络成瘾主要表现为网络成为生活的中心，对网络的需求增加，不能减少或控制网络的使用，重要人际关系遭到破坏，工作学习质量下降，向他人隐瞒自己沉迷网络的事实等。网络成瘾的原因既有内部原因也有外部因素。内部原因主要包括学生通过自责、幻想、逃避等消极方式应对压力，或具有抑郁或抑郁相关的人格特质，如低自尊、缺乏动机、害怕被拒绝等；外部因素主要包括网络本身的易得性、易兴奋性等特点，生活中遭遇困难、挫折等压力事件，现实生活中来自家庭、同学等方面的社会支持不足以应对生活困难等。

3. 家庭关系不够和谐

家庭情感维度对子女的教育机会具有显著的正面影响，亲子关系越好，夫妻关系越融洽，家庭沟通时间越多，都越有可能对子女的学业和身心起到正面作用。[3] 此外，亲子关系和亲子沟通时间的显著性和系数都要高于夫妻关系和夫妻沟通时间，这说明在家庭关系中，亲子关系对子女教育机会产生的影响要大于夫妻关系。所以，家长不仅应当注意家庭环境中的物质条件，更应当注意子女在家庭环境中的情绪感受，为子女提供一个健康、积极的情感环境。在家庭亲子互动过程中，父母可以将家庭的文化资本、经济资本和人力资本传递给子女。

三、"家长朋辈心理互助"健康教育的实践探索

笔者所在单位西安交通大学苏州附属初中自2016年开始开展家长心理沙龙课程。笔者以此为基础，通过不断的实践探索，积极开展"家长朋辈心理互助"活动，推动构建学校心理沙龙课程体系，在推进心理健康教育方面取得了一定成效。每班招募一定数量的家长，形成"家长朋辈互助"讲师团。根据家长的特长和意愿将讲师团家长成员分成四大类：主席团由三位家长组成，主要职责为协助专职心理健康教师组织好活动的开展，做好相关志愿服务工作；授课团负责每一期家长沙龙活动的组织和开展，在专职心理健康教师的带领下完成讲座；助教团帮助讲师团成员搜集活动资料，并在活动当天负责拍照，搜集家长的精彩发言并撰写报道；磨课团每月为即将开课的讲师献计献策，共同打造润心入情的沙龙活动。

（一）理论指导

每月学校专兼职心理健康教师会对讲师团进行一次系统性的专业培训，分别从情绪管理、青春期调适、亲子沟通、学习动力探讨、自信心培养五个维度展开，通过案例分享、心理剧体验、现场问答、社会度量等方式开展。讲师团家长与心理健康教师共同探讨学生成长过程中出现的问题，并且有针对性地提出自己的建议和看法。心理健康教师指导家长掌握相关培训技能，如如何帮助参与的家长热身，如何建立团体动力，如何将理论与实际结合等。

除了系统性的培训，学校心理健康教师在每期讲师团培训中还对讲师团的组织框架、职责分工、课程设置等相关部分进行充分讨论，并且从家长的角度提供大量案例，力图帮助更多的家长成为优秀讲师，引导更多的家长走上学校心理沙龙的讲台，助力家校心理健康教育。

（二）实践活动

1. 沙龙分享活动

学校家长讲师团成员在心理健康教师的指导下每月开设一场面向全校家长的心理沙龙或心理讲座，目前已组织青春期情绪管理、亲子沟通、如何正确使用手机、妈妈的自我成长、正面管教、激励课程等三十多场家长心理沙龙活动。每

期心理沙龙开始之前，由助教家长撰写活动通知发布在学校微信公众号上，班主任组织家长进行报名。听课结束后，参与的家长会在微信群里发表自己的活动感受和反思，授课家长也会在学校心理健康教师的指导下撰写课后感想并发布在学校微信公众号上，供其他家长一起学习，由点及面地推广心理健康教育。

2. 体验式工作坊

"家长朋辈心理互助"项目还定期开展体验式工作坊活动，模拟演练家庭亲子关系中可能出现的问题，从而引发家长对问题的理性思考，并在专业心理教师的指导下寻找解决问题的有效办法。

【案例】"家长朋辈心理互助"讲师团五位成员和三名家长代表以沙龙聊天的形式，共同探讨并演绎了家庭中尤为关注的关于手机的话题。首先，三位老师用自然生动的表演形象地展现了学生和家长因为手机问题引发的家庭大战，立刻引起了在场许多家长的共鸣。接着心理老师以互动问答的形式，对现场家庭手机使用情况及时间管理情况进行调查，发现大部分家长对于如何引导学生正确使用手机存在诸多困惑。

初中阶段是网络成瘾形成最多的时期，网络成瘾的危害显而易见，它不仅影响学习以及家庭关系，也会影响学生的心理健康。学习压力大、需要发泄、打游戏是造成网络成瘾的主要原因。但同时，网络也为学生们提供了诸多便利：网络是学生们获取信息的重要途径，也是学生们社交的重要方式。以此为话题，"家长朋辈心理互助"讲师团成员分别讲述了自己的观点及与孩子的互动模式。张妈妈分享与孩子约定玩手机的时间，选择无条件地相信孩子，同时也定好相应的规则，约定遵守。钱妈妈利用先进的电子设备，对手机屏幕使用时间进行设置，达到有效的控制，将手机变成有力的工具。现场唯一参与的爸爸提出，爸爸们也需要自我反省，不能一味地要求孩子，夫妻之间对于孩子使用手机方面，要通过沟通达成一致。喜欢手机是"本能"，如何更好地引导孩子自主管理使用时间才是最重要的。同时，作为父母，还应当告知孩子不适合使用手机的场合。

最后，两位家长同时提到关于压力的话题，手机已经不是单纯的联络工具，它更多地变成孩子们解压的一种渠道。睿智的父母须根据孩子的个性特点找到合适的应对方法，而不是一味地打压控制，引发矛盾的升级。

家长们分享完毕后，心理老师发现：看似单一的手机问题，折射出了家长与孩子沟通方式出现了问题。而良好的亲子沟通、有技巧的沟通方式才是解决这一问题最有效的方法。父母应以对等的状态与孩子沟通，不批评、不指责，更多地利用探讨的方式与孩子进行对话。相对于父母，孩子处在一个相对弱小的位置，当他没有支持者、无人理解的时候，更加容易产生抵触及负面的情绪，而家长的反应则是孩子情绪的加速器。最后，心理老师和"家长朋辈心理互助"讲师团团长给台下的家长们送上了三个切实有效的沟通小技巧。

3. 个别心理辅导

"家长朋辈心理互助"个别心理辅导是帮助解决家长在面对孩子成长过程中产生的各种问题带来的自身的心理烦恼的助人方法与技术。当孩子在学习、交往和社会适应过程中遇到困扰，家长若不能妥善应对处理，也将引起家长的心理不适或焦虑，从而将事情激化，甚至对孩子或家庭造成不可挽回的伤害。"家长朋辈心理互助"个别心理辅导员主要针对有问题困扰的学生家长，由心理老师和一名"家长朋辈心理互助"讲师团成员，运用心理辅导的原理和技术，帮助来访者解决个别心理困惑，对家长之间共性的问题进行交流，以促进其心理健康的良性发展，并寻求解决问题的方法。

4. 创新使用新媒体资源

结合时代发展特征，充分利用各类新媒体平台，有助于形成规范化、体系化、操作性强的活动模式，提高"家长朋辈心理互助"的工作效率；有助于利用新媒体高度平民化等特征，加强对"家长朋辈心理互助"的宣传和引导，促进家长利用新媒体资源形成正确的认知。"家长朋辈心理互助"模式从传统向新时代的转变和创新发展，同样也离不开新媒体的支持。

【案例】笔者所在学校携手"家长朋辈心理互助"讲师团在苏州广电总台FM95.7苏州儿童广播栏目开设专栏《情绪电台》，分享让家长认识到孩子出现普遍存在的情绪问题和改变现状的一些方法。

通过《情绪电台》专栏，"家长朋辈心理互助"心理沙龙活动在线上开展。沙龙主题为"强化效能，提升自控力"，由讲师团学生家长王珏主讲。活动主要分三个部分进行：第一部分，从因果、想、恩三方面阐述了强化效能、提升自控力的方式方法。在讲座过程中王珏妈妈金句频出："学生是在不知不觉中被教育的""不要假装努力，结果不会演戏""人生没有对错，只有选择不同""自律之下才有自由"，等等。之后，王珏妈妈利用"时间的罐子"活动展示，在一个预先准备好的罐子里依次放入鸡蛋、红枣、黄豆、盐、水这样的流程，让我们明白容量有限、时间有限，一定是重要的事情优先做。

"家长朋辈心理互助"讲师团在学校的支持下推出了"图书漂流"阅读分享活动，活动以漂流的形式确保家长们人手一书，一月一漂流。以阅读书籍为活动主线，用心理学的方法聚焦和探讨亲子家庭生活中的教育难题，以帮助家长和学生共同成长。

四、对"家长朋辈心理互助"模式的思考

（一）为家长提供情感支持、互助合作的平台

"家长朋辈心理互助"模式以家庭教育问题为主要交流内容，为家长提供了教子问题的交流空间，也为家长搭建解决困惑的平台。互助活动既有家长之间的交流，又有家校间的互动，家长

成了参与者，同时也是学习的"协作者"。[4]每一次活动总有家长谈到收获，说感觉自己参与活动后没那么焦虑了，不是只有自己的孩子有这样的问题，其他孩子也有同样的问题。通过倾诉和同伴的鼓励，家长们感受到了情感上的支持。

（二）角色转变，实现了家长主动学习

该模式能帮助家长看到自己以及其他家长在与孩子发生矛盾时的外显状态和内在需求，有助于学习和参考其他家长的应对方式，取长补短，给自己更多的选择，从而促进家长自我觉察和自主发展。学校专业心理老师的理论指导，不仅能丰富家长心理健康教育方面的知识，还有利于激发学生内部成长的动力。

（三）家长朋辈互助，参与面不够广泛

参加朋辈互助的家长，一般通过个人自愿申报和学校审核相结合的方式加入。一方面，由于有些家长没有正确认识该项工作或碍于情面而不愿意参加；另一方面，学校审核时，有一定的工作指向性与需求，从而导致并不是所有的家长都能参与进来。个别参与进来的家长，也存在主动学习的愿望不强、投入度低等问题，导致收获也相对较少。

参考文献：

［1］王昊宸.积极心理学视角下中学生心理健康现状及影响因素探讨［J］.科学大众（科学教育），2019（09）：36—37.

［2］H. L. Mamarchev. Leadership Behavior Style, Individual Receptivity to Change, and Implementation Efforts: A Follow-Up Study of Workshop Participants[J]. 1981, 42(5A): 1963—1964.

［3］林京京.家庭环境对教育机会的影响研究［D］.上海：上海社会科学院，2017.

［4］苏岚颖.同伴互助式家长沙龙——一种解决青春期家庭教育困惑的模式初探［J］.中小学心理健康教育，2014（17）：21—24.

兴趣引领效率，活动提升素养

——关于生物社团课的开发促进高中生物教学发展的实践研究

◎ 盛继露

摘　要　结合学生和学校的实际情况，开发"校园植物文化"生物社团校本课程，精选恰当的教学活动内容，采取灵活多变的教学活动方式，旨在培养学生的生物学爱好和兴趣，激发学生的内在潜力，陶冶情操。通过体验和感受，学生可以深度了解植物文化，获得丰富的科学知识，提升生物学核心素养。此外，课程还能够使学生掌握实用技能，如种植养护技巧、植物制品加工和使用等，扩大学生的知识面，提高综合素养。

关 键 词　兴趣；核心素养；生物社团课

作者简介　盛继露，江苏省南京市大厂高级中学教师。

校园植物是校园生态环境的最基本因素之一。为了提升学生的生物学学习兴趣，激发其解决生活中问题的积极性，笔者所在学校开设了生物社团课，开辟了一块教学用地——生物谷。在这里，学生可以亲手种植各种草本观赏植物、蔬菜、果树等。生物谷的创设为学生提供了动手操作、动眼观察、动脑思考的机会，便于学生在实践中总结分析植物的生长规律、习性及种植方法，与生物教材相关知识进行融合学习。

通过参与校园生态环境建设和维护，学生的实践能力、科学思维能力、科学探究能力、创新精神以及合作能力得到培养和提升，主人翁意识得到增强。此外，我们还引导学生在植物文化中领悟生态文明理念，增强学生的生态意识和环保意识，培养学生的人文素养，塑造多元化的综合素质。

一、社团课开发的研究方法

（一）文献研究

为了更好地促进学生的学习，社团课教师应进行文献研究，查找并研究相关的理论文献、教育心理学和学习心理学理论，以深入了解学生获得知识的心理学过程和原理。通过文献检索和研究，可以吸收先进的、成功的教学模式的理论基础、操作流程和经验总结，为学科教学组织形式的制定和改进奠定理论基础。在进行文献研究时，可以关注一些重要的理论框架，如皮亚杰的认知发展理论、维果茨基的社会文化理论、加德纳的多元智能理论等，以及相关的教学模式和策略，如问题式学习、情境式学习、合作学习等。通过系统的文献研究和理论探讨，可以更好地理解学生的学习规律和需求，提炼出有效的教学策略和方法，创新课程设置和教学设计，从而帮助学生更好地掌握知识和技能，提升其学习成果和综合素质。

（二）问卷调查

学生的反馈对于生物社团课的开展和改进起着重要的作用。通过问卷调查，可以有效地了解学生参加生物社团课程的实际情况和需求，并据此进行有针对性的调整和改进。统计数据显示，大多数学生对生物社团课程持积极态度，认为它可以舒缓学习压力，增强自信心，提高学科知识水平。同时，也有部分学生认为由于疫情和考试时间冲突等原因，社团课不能正常开设，导致他们无法全面参与其中。因此，在今后的社团课程开展中，我们需要合理规划时间和安排课程内容，使得社团课程切实满足学生的需求和期望，同时兼顾考试和其他方面的要求。

（三）行动研究

为了更好地满足学生的需求、提高其能力和个性发展，社团课教师可以通过多种方式进行教学改革和教学创新，包括发掘校园内可利用的资源，确立典型课例并进行开课研课，进行教学反思等。在利用校园资源方面，社团课教师可以积极搜寻各种实践场所、机构、设备等资源，以便为学生提供更加贴近实际的教学体验和知识传授。比如，在生物社团课程中，可以通过讲解实验室设备的使用方法，让学生亲身参与到生物实验活动之中；或是通过组织实地考察，引导学生更好地了解生物多样性等相关知识。

同时，社团课教师还需要确立典型的课例，将其作为教学模板，引导学生了解并模仿实践，从而更好地掌握知识和技能。另外，也需要进行开课研课，与其他教师进行教学交流和互动，共同探讨如何提高教学水平和教学质量。

在教学反思方面，社团课教师需要密切关注学生的反馈意见和建议，结合实际教学情况进行及时调整和改进。同时，还需要不断学习和更新教学理念、教材、教学方法等方面的知识，以推动教育教学改革和创新，为学生提供更好的教育服务，从而使学生的需求得到满足，能力得到提高，个性得到发展。

（四）评价研究

社团课教师可以通过与学生访谈，及时了解学生对课程的反馈评价、改进意见等，以便对校本课程进行完善和改进。同时，结合学生的课堂表现，形成对学生的多元化评价，以更好地满足学生需求和提高教学质量。

二、社团课开发的研究过程及成果

（一）成功体验，彰显发展

1. 建立生物作品室

在课题研究期间，以生物谷为研究主阵地，开展各种不同内容的生物社团课，学生亲手制作了许多精彩纷呈的作品，形象真、创意新。例如，学生们基于生物谷，在校园内采集植物材料制作了植物蜡叶标本，查询相关资料并制作采集标签和分类检索表；制作了具有叶脉图案的书签，并赠送给老师、同学或自己收藏；利用校园内不同季节特色的花、叶和果实，制作了精美的插花作品，用以美化班级环境。为了突出生物作品室的特色和吸引力，社团课教师可以多方面考虑，例如，加强作品展示和宣传，提高作品的专业性和实用性，扩大生物作品室的影响力等。这些活动不仅有助于学生的知识技能提升，也丰富了他们的生活经验和创新思维。

2. "五育"并举，促进学生全面发展

基于生物谷的生物社团的开设，学生不仅学到了理论知识，还积累了宝贵的生活经验。在当前教育形势下，这种教育模式尤为可贵，因为很多家长只是要求孩子好好学习，而不注重培养孩子的家务能力。同时，社会的变革也导致很多学生缺乏生产和生活实践经验，成为典型的"有知识没常识"。在生物社团课中，学生通过实际操作和劳动，不仅获得了知识，还获取了生活经验。除了注重生活实践和劳动能力以外，社团课教师还应该注重学生的思维能力、创新精神和社会责任感等方面的培养。可以通过课程设置、学生活动等方式来实现对学生多方面能力的全面培养，并在此基础上不断推进教育教学工作。

3. 开展教与学的变革，实现教学相长和共同进步

《普通高中生物学课程标准（2017 年版 2020

年修订）》强调建立新的教学方式，以促进学生学习方式的变革。在这种背景下，生物社团课提供了多元化的学习环境，为学生提供了多渠道获取知识的机会，并将所学知识应用于实践中，从而促进他们形成良好的学习策略和积极的学习态度，培养创新精神和实践能力，同时促进教师教学方式的改变。通过学生的成果展示可以看出，学生获取知识的渠道不断扩展，知识前瞻性、思维能力、搜索资料和收集信息能力等得到了大幅提升，学生的主体地位和个性也得到了充分凸显，可以说学生是教师最可利用的课程资源。社团课教师应该把学生作为课程资源，注重学生的主体地位，发挥他们的积极性和创造性，激发他们的潜能。同时，注重教学方法和素质的提高，不断拓展教学方式和手段，不断探索适合学生学习的新模式。教师与学生相互交流经验，实现教学相长和协同进步。

4. 领悟生态文明理念，坚定文化自信

中国人民自古崇尚自然，将植物文化融入中华文化，创造出博大精深的中华植物文化。通过"校园植物文化"校本课程，挖掘植物与文化的内在联系，将中华民族的璀璨文明以全新且深刻的植物文化视角传递给学生，增强学生对中华传统文化的信心，丰富他们的自然知识，提高其社会责任感。社团课教师应注重对学生生态环境意识的培养，让他们认识到自然与人类的相互依存关系，学会保护生态环境和文化遗产。同时，要注重对中华传统文化的挖掘和传承，让学生从中领悟到中华文化的博大精深之处，增强他们的文化自信。此外，还要注意将生态文明理念融入各个方面的教育教学活动之中，从而真正落实到学生的日常生活中去。

（二）社团课程与传统课堂教学相结合，促进有效教学

为了彰显"校园植物文化"生物社团课程的实效性，在每次社团课开设后，通过专家引领、生物组讨论、自己归纳总结等方式，汇总各种有

效策略和方法，辅助传统课程的教学。这些策略和方法涉及多个方面，可以帮助学生更好地掌握生物学知识，提高学习效率和主动性。

1. 积极引导学生全员参与，通力合作

在社团课的开展过程中，合理的分组是实现生物社团课程实效性的必要条件。社团课教师可以针对不同的活动内容采取多种形式组成合作小组，例如自由分组、S形分组等。同时，在分组过程中应当充分考虑每个学生的特点和能力，力求能够充分发挥每个成员的优势，从而在活动中有所收获。此外，社团课教师还应该鼓励全员参与、全程参与、全心参与，使得每个组员都有事可做、有事要做。通过在社团课中培养学生的团队精神和协作能力，让他们意识到相互合作、共同进步的重要性。

2. 进行过程的监控和管理，促进活动有序开展

目前社会、家长、学生都对高考非常重视，使得学生绝大部分时间都用于看书做题，学习压力较大。这就导致了传统课堂上开展活动的时间不足，学生精力难以集中，从而影响教学效果。为此，我们可以通过安排生物社团课来弥补这个不足，给予学生充足的时间开展活动。在社团课开展的过程中，教师应关注每个成员的参与度、组员之间的合作成效以及活动结果的真实性，并在活动结束后进行总结与反思。同时，在活动过程中，对所有具有教育价值的学习行为给予及时的协调、支持和帮助。此外，社团课教师还应树立动态生成的活动意识，关注活动细节，发挥教育机制，不断提高实施能力。

3. 将社团课成果应用于课堂，提高传统课堂效果

为了提高学生的学习效率和成就感，我们可以采用生物谷的资源作为教学实验材料，让学生亲身参与种植、培育和收获，将理论知识转化为实践能力。例如，在生物谷中进行豌豆的授粉和观察实验，以及使用学生种植、培育和收获的花

生做"脂肪的鉴定"实验，用菠菜做"色素的提取和分离"实验等。同时，通过调查校园植物种群密度、物种丰富度，培养学生保护生物多样性的社会责任感，并借助这些课堂实例来促进传统课堂教学和社团课程的有机结合，让学生更加专注于实验和课堂，提高学习效率。

4．多元化的评价机制，激励积极参与

在对社团课程进行评价时，应遵循"重参与、重过程"的原则，评价内容要综合、全面，评价主体要多元化，评价方法和手段要多样化，评价标准要合理。相比传统课堂教学的评价方式，生物社团课程的评价更加全面且科学。生物社团课程内容丰富，环境贴近自然、贴近生活，活动趣味性强，学生参与度高，因而硕果累累，学生们的辛勤劳动得到了回报。学生自我反思性评价主要从自己是否全程参与、是否自主思考、设计操作和解决问题等方面进行评价；小组评价则重点评估学生团队合作、活动过程和效果等方面。不同的社团课程采用不同的评价方式，但需要注重过程性评价和结果性评价相结合、自评和他评相结合、定量评价和定性评价相结合，学生和活动过程相关人员都可以成为评价主体，使评价过程成为多维多向的互动交流过程。

三、存在的问题及解决方法

（一）提供必要的操作指导，培养学生的体力和耐力

由于绝大多数学生都生活在城镇，没有接触过农活，因此学生在生物谷做农活时面临着一些挑战。首先，由于缺乏农作物操作经验，学生不会翻地、刨坑、播种等基本技能。其次，农活相对较为辛苦，有些学生可能会感到无法承受，例如使用农具时手掌容易磨出水泡，腰部和背部容易酸痛，从而产生畏难心理。针对这些问题，教师应该采取适当的引导、鼓励和训练来帮助学生逐渐适应农活，建立自信心和成就感，提高参与

积极性。

（二）积极与家长沟通，加强家校协同育人

由于家长对学生的高考成绩期望值较高，往往会认为参加社团课活动会影响学习，特别是认为学生课后查找资料、收集信息等活动会耽误学习时间，因此对社团课的开展支持度较低。这种情况往往会导致学生难以按时完成课后作业，从而影响学习效果。针对这一问题，教师应该采取措施来加强家校联系，转变家长的育人理念，彰显劳动育人的重要性，促进家校协同育人。

四、结语

将生物社团课程与传统课堂教学有机结合，可以帮助学生培养学习兴趣，提高学习效率。多样化的活动内容也能丰富学生的学习体验，提升学生素养。同时，利用校园植物文化，能够落实立德树人根本任务，创新、丰富和发展学校的校园文化建设。此外，通过挖掘植物与中华民族传统文化的内在联系，可以引导学生领悟生态文明理念，在植物文化中坚定文化自信。

参考文献：

［1］李娅丽.基于核心素养的生物社团教学实践［J].文理导航（中旬），2020（06）：82+84.

［2］胡燕.建立生物社团提高中学生科学探究能力的探索［D].杭州：杭州师范大学，2019.

［3］张玉兰.高中化学探究式课外活动的实践尝试［D].呼和浩特：内蒙古师范大学，2005.

［4］郭戈.斯宾塞：快乐教育思想的一座丰碑［J].当代教育与文化，2010，02（05）：21—28.

［5］王玉艳.新课改背景下中学思想政治教育实效性研究［D].海口：海南师范大学，2016.

［6］肖丽娟.关于高中生物社团活动的反思［J].高考，2018（06）：261.

［7］苏婷娟.高中生物学第二课堂活动的实践研究［D].天水：天水师范学院，2019.

劳动教育擦亮人生底色

——核心素养视域下小学劳动教育策略研究

◎倪仕生

摘　要 通过劳动教育擦亮小学生的人生底色，教师应当从核心素养育人视域切入，辨析思考核心素养与小学劳动教育的相互关系。核心素养为小学劳动教育发展指明方向，而小学劳动教育则为核心素养落实提供途径。本文就核心素养视域下小学劳动教育策略进行研究探讨，旨在提升学生的核心素养，助力学生健康成长、全面发展。

关 键 词 核心素养；小学生；劳动教育；教育策略

作者简介 倪仕生，江苏省盱眙县天泉湖镇中心小学教师。

在小学生身心健康成长的过程中，教师可通过劳动教育启蒙学生的劳动价值观，助力学生形成正确的世界观、人生观、价值观，体现出劳动教育的价值。新课改背景下，为全面推动核心素养育人，需要教师针对劳动教育工作进行有效创新，打破传统的劳动教育方式方法，围绕学生的身心成长特征进行劳动启蒙教育，挖掘出劳动教育的潜在价值，实现核心素养育人的既定目标。

一、核心素养与小学劳动教育的关系

（一）核心素养为小学劳动教育的发展指明方向

核心素养的提出明确了人才培养的要点，在实际教学过程中，教师需要转变传统的应试教育理念，开展综合性的素质教育活动，助力学生综合素质的提升。由此可见，核心素养为小学劳动教育的工作指明了方向，在劳动教育工作开展阶段，不能将其与德育混为一谈，但可以将劳动教育与立德树人进行有效的结合。通过紧扣小学生的身心成长特点，为小学生打造全新的劳动学习环境，培养小学生的劳动价值观、劳动习惯与意识，助力学生在日常生活中践行社会主义核心价值观，体现劳动教育工作开展的现实价值与意义。

（二）小学劳动教育为核心素养的落实提供途径

在小学劳动教育工作的开展过程中，应当突出显著的实践性、思想性和社会性，从而引导小学生树立社会劳动责任意识，提升学生的集体责任担当、国家民族文化认同、爱国主义思想等。由此可见，小学劳动教育工作的开展落实，为核心素养育人工作的落地提供了途径，能够促进学生不断塑造自我，从而达到树德、增智、强体、育美的教育预期目的。在"五育"并举的教育视域下，小学教师应当紧扣核心素养，不断创新劳动教育的方式方法，挖掘出劳动育人的潜在价值。

二、核心素养视域下小学劳动教育策略研究

（一）基于核心素养育人要求，准确界定劳动教育目标

核心素养教育视域下，为使学生的核心素养培育工作能够有效融入小学劳动教育活动中，教师需要基于核心素养育人要求，精准界定劳动教

育的目标，为策划、制定后续的教学方案提供依据，保证劳动教育工作开展的有效性与可行性。为准确界定劳动教育目标，需要了解小学生的真实学情，以及学生的身心成长规律，选择最佳的劳动教育方式方法，激发出学生的劳动积极性，使得学生主动参与到劳动教育活动当中。

教师在具体教学中，应当启发小学生从小树立正确的劳动观念，培养学生的劳动精神与品质，筑牢小学生的成长基础，实现核心素养育人目标。笔者认为，在实际劳动教育中，应当突出脑力劳动与体力劳动的结合，从而完成对小学生人文底蕴精神的塑造，使得学生能够树立正确的劳动情感与态度。

（二）围绕学生身心成长规律，养成教育与劳动教育融合

在劳动教育过程中，教师应当唤醒小学生的劳动意识与欲望，使学生能够主动参与到劳动活动当中，通过具体的劳动产生独特的心灵体会。在核心素养视域下，教师切不可采取应试教育的理念，强制要求学生开展某项劳动，引发学生的抵触情绪。教师可突出养成教育与劳动教育的有效结合，为小学生打造综合性教育课程，使其能够在劳动活动中逐渐养成良好的劳动习惯。不同学段学生的身心成长规律存在一定的差异，教师需要根据不同情况设计合适的养成教育内容，将其与劳动教育进行融合，调动每一位学生的参与热情，挖掘出养成教育与劳动教育融合的潜在育人价值。

例如，为使低年级小学生通过具体的生活习惯养成良好的劳动意识，教师可以设计"校园小管家"的养成课程任务，促使学生在日常的劳动中养成劳动习惯与意识，如主动收拾桌椅、主动打扫教室、按时倒垃圾、主动整理图书角的书籍、主动给教室绿植浇水等，使学生在日常生活中管理自己的劳动行为，并养成良好的生活习惯与意识，实现养成教育与劳动教育结合的预期育

人目标。

（三）突出学生劳动主体性，组织趣味劳动游戏活动

通过对传统的小学劳动教育活动组织情况分析可知，劳动教育活动由教师策划和发布，学生则是被动参与其中完成相关任务，由于劳动活动方案缺乏新意，长期采取相同的劳动教育方式，导致小学生的参与兴趣不断降低，不利于激发学生参与劳动的积极性。在该种劳动教育模式下，学生的劳动参与主体性被忽视，影响到学生开展劳动实践的获得感与成就感。

笔者认为，在核心素养视域下，教师可引进游戏化教育理念，打造趣味劳动游戏活动。因为游戏化教学的核心是教育目标，它将游戏元素和设计融入教育过程，以实现教育目标。通过生动有趣、形式多样、内容丰富的劳动游戏活动，可以挖掘学生的潜能，实现趣味劳动游戏活动策划组织的教学价值与意义。例如，在进行苏教版小学劳动课《小锯子》相关内容教学时，为使小学生积极参与其中，了解锯子的来历和基本原理并掌握手工锯的制作方法，教师在劳动教育引导时，可组织小学生进行小锯子制作比赛，看谁制作的质量更好、用时更短。在学生制作过程中，教师需要全程参与，以保证学生安全操作。

（四）紧扣学科教育教学内容，灵活开展劳动教育渗透

在核心素养教育理念导向下，在小学劳动教育工作开展时，教师应当为劳动教育寻找更多的现实抓手，使得劳动教育工作能够真实落地，并发挥出一定的教育作用，引导小学生形成正确的劳动价值观。在以往的劳动教育中，由于抓手不足导致劳动教育的变数非常多，如在外界环境因素的影响下，劳动教育时间可能被占用，劳动教育内容被压缩，劳动教育参与主体缺位，这些直接影响到小学劳动教育工作开展的质量与效果。

笔者认为，小学劳动教育改革创新探索时，应当紧扣学科教育教学内容，将各个学科作为劳动教育的有力载体，打造全新的劳动教育新模式。例如，苏教版小学科学《栽小葱》相关内容教学时，教师可围绕"栽小葱"组织学生开展相关的科学实践劳动活动，使得小学生自主收集相关的废旧材料，动手进行小葱的栽种，并施肥浇水，观察小葱的成长变化，使得小学生能够在科学实践活动中认知"土壤与生命"，并有效锻炼小学生的动手实践能力，实现劳动教育与科学课程教育结合的预期效果。

（五）坚持社会实践育人导向，组织学生参加社会劳动

通过组织小学生参与社会实践劳动，能够增强学生的社会责任感，锻炼学生的组织协调能力、问题解决能力、逻辑分析能力、动手实践能力，不断提升学生的综合素质。为实现核心素养下劳动育人的预期目标，教师应当坚持社会实践育人理念导向，契合小学生的身心成长规律，组织学生参加形式多样的社会公益劳动活动，使学生在社会实践中拓宽认识视野，并形成正确的世界观、人生观、价值观、劳动观，筑牢小学生的人生成长基石。

例如，在进行苏教版小学劳动《自然环境保护》相关内容教学时，为使小学生能够初步感知自然环境对人类生活的重要性，从小树立环境保护意识，教师在实际教学工作中，应当坚持社会实践育人的导向，组织学生参加"自然环境保护"的专题社会实践活动，如种植树木、爱护花草、垃圾分类、资源再利用等，使小学生能够在社会实践中深入了解自然环境保护的意义与价值，实现社会实践劳动教育的预期效果。

（六）助力家校劳动教育衔接，发挥家务劳动教育作用

在小学生劳动教育工作落实阶段，为实现核心素养视域下的人才培育目标，促进学生综合素质与能力的提升，我们应当认识到家务劳动教育的作用与价值。新课改教育环境下，为助力小学生核心素养的形成与提升，教师需要打破家校合作开展劳动教育的"魔咒"，充分挖掘出家务劳动育人的潜在价值。笔者认为，在家校劳动教育工作衔接时，必须统一家校关于劳动教育的理念，制订共同认可的家务劳动教育计划，使校园的劳动教育内容与家务劳动计划无缝衔接，以保证劳动教育工作整体开展的有效性。

在家校合作的劳动育人视域下，教师可基于线上教育平台的支持，快速有效地与学生家长取得联系，了解小学生参与家务劳动的具体内容，如洗衣做饭、整理房间、打扫卫生、关爱家庭成员等。为增强学生参与家务劳动的获得感与成就感，教师可联合学生家长发起"我爱做家务"的线上分享交流活动，让小学生记录自己的家务劳动经过，并上传到学生交流平台，使学生之间能够进行有效的互动交流，营造出良好的家务劳动氛围，并在开展家务活动的过程中，不断提升家庭劳动意识，形成正确的劳动观。

（七）立足学生核心素养发展，创新劳动教育评价模式

在小学劳动教育工作开展阶段，劳动教育的评价将直接影响到劳动教育的整体效果。因为在学生参与劳动活动后，有效积极的评价能够有效提升学生的成就感与获得感，促使学生认同、认可自己的劳动行为，形成正确的劳动价值观。而通过对传统的劳动教育评价工作方式的分析可知，教师直接套用应试教育理念对学生进行终结式的评价，会忽视学生在劳动过程中的表现，导致教育评价的积极效果不明显。此外，学生本身未参与到劳动教育评价中来，无法完成学生劳动心得与感受的沟通交流，不利于构建良好的劳动教育氛围，从而影响劳动教育后续工作的开展成效。

为使劳动教育评价能够与学生的劳动过程紧密契合，笔者认为教师应当开展动态实时评价，

并引进赏识评价理念与积极心理学理论，主动去发现学生在劳动过程中的闪光点，肯定学生的表现与劳动成果。此外，为避免教师单一主体的评价，教师应当建构多元主体参与的评价新体系，使学生主体、家长主体主动参与其中。在学生主体参与评价时，应当突出学生的自我评价与相互评价，使学生能够在劳动评价中形成正确的劳动价值观；而在学生家长主体参与时，可基于线上教育平台的支持，使其参与其中客观评价孩子的表现，促使小学生逐渐形成良好的劳动意识与生活习惯。

（八）健全劳动教育保障体系，持续提升劳动教育质量

在新时代小学劳动教育工作创新改革中，为持续提升劳动教育的工作质量，应当不断健全劳动教育保障体系。因为在劳动教育工作开展过程中，需要多种资源的有力支持，如场地、经费、师资团队等。为避免小学劳动教育工作流于形式，无法发挥出一定的效能，需要健全资源保障机制，并采取科学合理的劳动教育方式方法，从而推动小学劳动教育工作的高质量开展。

在实际小学劳动教育工作开展阶段，教师是劳动教育活动策划组织的发起者，因此师资团队的劳动教育素养将对劳动教育工作开展的质量产生直接的影响。在推动小学劳动教育工作质量提升时，应当紧扣新课改教育要求，从核心素养育人视角入手，加强师资团队的建设。为调动教师工作的主观能动性，使其积极探索劳动教育新模式，应当将劳动教育合理纳入教师的日常工作考核体系，客观评价教师开展劳动教育的效果。此外，在小学教师开展劳动教育时，应当健全监督机制，针对校园的劳动教育工作进行客观公正的监督，杜绝"体罚"学生现象的发生，保证劳动教育"不变味"，科学有序地推动劳动教育工作的落实。

三、结语

综上所述，未来教师在筑牢小学生人生根基时，应当以劳动教育为抓手，不断总结工作经验，并积极学习新思想、新理论，引进实用性较强的劳动教育模式，为小学生量身打造全新的劳动学习成长环境，助力小学生身心健康地成长。

参考文献：

［1］林雯雯.基于核心素养的小学劳动教育创新路径探究［J］.基础教育论坛，2023（12）：39—40.

［2］高洁萍.依托项目式学习培养学生劳动核心素养——以岑溪市第一小学的劳动教育为例［J］.小学教学参考，2023（21）：96—98.

［3］陈丽.核心素养视阈下中小学劳动教育的现状及对策研究［J］.衡阳师范学院学报，2023，44（04）：143—148.

［4］翁火銮.课程综合视域下小学道德与法治中劳动教育的渗透策略［J］.基础教育研究，2023（18）：23—26.

［5］董军智.核心素养背景下小学劳动教育能力培养策略［J］.天津教育，2023（23）：162—164.

［6］马志颖，刘霞.核心素养视域下的小学劳动教育研究［J］.教学与管理，2023（06）：22—26.

［7］薛贻奎.核心素养视域下的小学劳动教育的探索与实践［J］.精品生活，2023（06）：10—12.

［8］雷陈颖.劳动教育素养提升下小学综合实践活动优化策略［J］.天津教育，2023（15）：135—137.

虚寂生智慧，空旷生明朗

——浅谈班级管理中"无为而治"的"留白"艺术

◎吴春燕

摘　要　"无为而治""适时留白"作为人生态度、管理理念、教育策略，是我们教育中的一种大智慧。它建立在尊重教育规律、顺应客观形势的基础上，表现在尊重学生、信任学生和依靠学生的领导艺术上，它是一种爱的包容。心理上的适时"留白"是使学生在和风细雨、潜移默化中被领导、被鞭策的方法。这种方法要求班主任从大处落笔、把握全局、高屋建瓴地实施管理，要求班主任以游刃有余的才、深谋远虑的智、真爱无私的心、润物无声的情去感化学生、打动学生、领导学生。

关 键 词　无为而治；留白；管理

作者简介　吴春燕，江苏省溧阳市溧城中心小学教师，一级教师。

"无为而治"是道家的治国理念，它追求一种尊重自然、顺应自然的境界。"无为"并不是无所作为，而是不妄为。它意味着不过多地强制和干预，把握好组织行为的性质和程度，因势利导，充分发挥个体的主观能动性，鼓励合乎天道的自主发展。

"留白"源自中国绘画技法的一个术语，在教育活动中，"留白"有不教之教之妙，有事半功倍之效。在二十几年的班主任工作中，笔者也真正体会到了"无为而治"和恰逢时机的"留白"既是教育管理的理念，又是一种教育管理策略。

一、多情总被无情恼

记得刚工作的自己精神饱满、热情洋溢，身上总有一股不服输的劲儿，凡事总想做到最好，对待学生也是如此，总希望他们什么都好，面对他们所犯的问题或错误，有时候也是怒其不争，恨其不为。于是我经常在情绪上表达对学生的不满，在行为上时时、事事不放心。

印象最深的一个例子来自小勇。他是个非常调皮的孩子，情绪和行为上的自控能力差，课间喜欢追逐打闹，招惹同学。因此，每天的晨会上我都会像祥林嫂一样唠叨纪律问题，甚至制定了惩罚措施，尤其我还专门找人盯着小勇，以便及时劝阻或向老师报告他的情况。然而这样治标不治本，甚至让小勇产生了抵触情绪。现在回想，如果当初没有总盯着他的缺点，甚至强调、放大，而是和他谈谈心、说说话，引导他选择更安全的方式去游戏放松，情况可能不会变得那么糟糕。

身为班主任，倘若我们经常感觉自己对学生做的事"好心没好报"，就应当考虑一下，我们是否缺乏"共情"，是否应该在"有所为有所不为"方面多下功夫。当我们处处刻意追求一种教育目的时，教育效果往往不遂人愿；当我们忘掉教育而关注孩子的需求，让孩子顺其自然地发展时，教育反而如愿而至。

二、此时无声胜有声

时隔多年，我也从年轻气盛的年轻班主任成

长为略有经验的"老班主任"。此时的我在情绪上能做到平和稳定，在行为上也能做到以身示范。在策略上，我相信学生具有自我管理、自我教育的能力，尝试把教育的主动权还给学生，这样我反而发现每个孩子都有自己的特色和优点。于是，我更多地用无声的观察、理解代替有声的批评、斥责，也开始理解了最有效的教育往往发生在教师的不声不响和学生的不知不觉中。我们应该做一个善解人意的班主任，平心静气地对待那些可爱天真的孩子。

先前，班上一个叫小李的孩子引起了我的关注。小李写得一手整洁美观的字，做事很有主见，成绩也比较优秀。但是慢慢地我发现：小李几乎不会参加班里的活动；喜欢以"草木"为自己命名，写在书本甚至是试卷上；不能好好地戴红领巾；路队时不随班级走，喜欢拖到后面拐弯溜走；不管什么课，他的桌面上都是空空的；想和别人交朋友就送钱、送东西，但又喜欢上手去拍打别人，导致矛盾不断……静静地观察他一段时间后，我认真思考了他这些行为背后的原因：他内心其实很孤独，希望有更多的玩伴，希望能得到更多人的关注，但约束能力较差，导致同学不愿和他一起玩。

于是，我先与小李的父母沟通，希望家长多和孩子交流，了解孩子的想法，利用空余时间多带孩子和同龄人交流，教给孩子一些交友的方法和技巧等。在后续跟小李的交流中我了解到：上课不拿书是觉得有些课没意思，不用看书就能听懂；拍打别人是觉得好玩；不戴红领巾是觉得太热了，焐得脖子难受……于是，我和小李约定：一学期至少选一个自己最感兴趣的活动参加；上课可以不拿书，但要保质保量地独立完成作业；一个星期至少解决一次班级的纠纷；当班级的联络员，放学排队时要站在班级第一的位置；请教别人不丢红领巾的好方法，如果能坚持戴三天红领巾会有额外的奖励。慢慢地，小李会有意识地

去自我约束。这不就是教育的成功吗？

想要达到某种教育效果，需要有自然而然的情境。教育过程一定要不露痕迹，直截了当的教育或自认为为"他"好的教育很难入耳入心。

我还记得一个"无声"胜"有声"的教育事例。上学期的一天，学生小宇向我报告，说自己的钱被人偷了。"不要随便说'偷'这个字！"我提醒他。"真的，上午订杂志时您找给我的十五元钱在我的外套口袋里，上体育课前我摸口袋的时候还在，等把外套放在教室上完体育课回来，钱就不见了。"难道真的有同学偷偷拿了这十五元钱？我先安抚住小宇，然后悄悄找来体育委员，询问体育课有谁请假没去操场上课。体育委员说有两个女生和一个男生因身体不舒服留在教室里自习。这三个学生分别是：性格文静内秀的小月，穿着朴素、性格内向腼腆的小璐和率直纯真的小凌。会是他们中的一个吗？

放学后，我悄悄地把这几位学生留下来，对他们说："今天体育课后，小宇发现自己的钱丢了，很着急。老师想请留在教室里的你们回忆一下，有没有在教室看到他丢失的钱？"顾及学生的颜面，我尽量轻描淡写，绝口不提一个"偷"字。然而三个孩子都睁大眼睛看着我，似乎根本就不知道这件事。难道真的与他们无关？还是当着同学的面不好意思？于是我又说："我们每一个人都闭上眼睛，趴在课桌上。老师叫你们抬头你们再把头抬起来。"他们疑惑地望着我，但还是照我的话去做了。"好了，如果钱就在你的身上，你把手举起来，只有你知我知，没有第三个人知道。"这时一只小手悄悄地举起。我心中的一块石头终于落了地。看着这微微举起的小手，我很高兴她能正视自己的错误。"好了，把手放下。大家把头抬起来。我想，通过这件事，你们肯定有许多话想对老师说。这样吧，老师这儿有三个信封，把你们想说的话写下来，装在信封里，明天放在我的办公桌上，好吗？"

第二天，我的办公桌上静静地躺着三个信封。我一一拆开，只见小璐的信封里夹了十五元纸币。到今天为止，我没有公开批评这件事，也没有私下找她再交流或和家长沟通。然而神奇的是，小璐在学习上比之前更积极了，上课主动回答问题，作业也比之前规范了。虽然一段时间里她见到我总是会不好意思地低下头，但我每次都微笑回应，她也渐渐释然了。

"水至清则无鱼，人至察则无徒。"人生百态，参差不齐，我们要允许阳光下存在阴影。此时无声胜有声，教育的"无为"和"留白"反而给心开了一扇窗，让明媚的阳光照了进来。

三、道是无"情"却有"情"

一个合格的班主任在解决学生问题的时候一定要有三把尺子：是否遵循了学生的身心发展规律，是否发现了问题背后学生的诉求，是否能够促进学生的成长。我们不仅仅是解决问题，更是在育人，让一个个鲜活的生命向上、向善发展。做老师的时间越长我越感觉到，有时候是真需要做个"甩手掌柜"，用心把舵，留给学生更广阔的自由发展和调节空间。当然，这就需要我们去建构一个友爱的、相互支持、相互理解的班集体。等到学生们形成了向上、向善的主人翁意识，我们也就真正做到了"无为而治"。

我在进行班级管理时，也有意识地发挥学生的"自治"能力，利用两种力量达到"自治"的平稳：一是得力能干的班干部队伍。班主任要在班级树立班干部的权威，给予班干部大胆管理的权力。班干部制定的管理措施只要是合理的，班主任都应予以认可。日常班级管理实行值日班长负责制、学生干部轮值制、重大事件班委会集体讨论制。班干部分工明确，各司其职，对全班学生进行有效管理。二是全体学生。由全班学生共同制定《班级公约》，落实班级管理的各项措施，明确责任，做到人人有事做、事事有人做。成立班级管理监督小组，负责检查值日班长、班委会成员的工作情况，定期对全体班干部进行考核与民主评议。

在学生民主自治管理下，班主任的工作收到了事半功倍的效果：班干部的工作积极性提高了，学生的责任感与成就感增强了，整个班级呈现一派平安、文明、和谐、向上的良好态势。一如老子所说："功成事遂，百姓皆谓我自然。"

四、静待花开终有时

十年树木，百年树人。学生的成长是一个漫长的过程，并不是一朝一夕就能成功。教育的过程是一场心灵的修炼，是人格的塑造。有时候一时的教育解决不了的问题，也许时间可以帮忙。这就需要教师有等待的耐心和对孩子的信心去静待花开，在时间上给孩子"留白"。

我们的学生正如一盆盆千姿百媚的花，有的喜酸、有的喜碱、有的喜阴、有的喜阳，都有自己的花期。美国教育学家卡罗尔（John B. Carroll）早就提出："学生没有好生、差生之分，只有快生、慢生之分"，所有学生都可以达到某一学习程度，只不过每个学生所花的时间长短不同。

我曾经教过一个叫雯雯的孩子。初接班时，我发现雯雯学习上的天赋并不高，各方面学习明显落后于其他孩子，加上平时家中的阅读环境氛围不足，导致她阅读水平较低，读题都非常困难。因此，每天给雯雯"开小灶"就成了我的一项常规工作。有一次，我让学生们把默写本上的错题订正，然后交给我批复。等到核对数量的时候，我发现少一人，但是无论我怎么询问，都没有人回应。无奈之下，我只有让学生们全部起立，对照本子，念到名字的坐下，这才发现是雯雯没有交。我当时非常气愤，大声批评她为什么没有及时承认，白白耽误同学们那么多的时间。面对我的批评，雯雯没有任何辩解或解释，只是涨红了脸低下头沉默，让我既生气又心疼。快放学的时候，雯雯递给我一张纸条，上面歪歪扭扭地写着："老师对不起，我不是故意不交的，我的默写错误很多，想回家后让妈妈帮助我一起订正，才没有及时交。"看到雯雯的纸条，我突然觉得很内疚。其实对于孩子来说，比起在学习上对他们的关注和爱护，也许他们更希望我们关注他们的心灵。其实孩子的心思远比我们大人认为的更加细腻，他们可能不善言辞，但是绝对怀有一颗感恩的心、善良的心。从此以后，我改变了对雯雯的教育方法，每天不再只是叮嘱她好好学习、认真改错，而是鼓励她正视自己，不放弃、不灰心。平时也寻找契机，让她回答课堂上简单的问题，为她树立学习自信，小心翼翼地呵护她的闪光点。渐渐地，我发现她越来越喜欢上学，课堂上也开始能直视老师的眼睛，更喜欢展示自己了。

"世界上没有两片相同的叶子"，每个孩子都是一种独特存在的花，或早或晚，都会开放。哪怕不开花，做一朵不开花的花又如何？教师就是园丁花匠，在教书育人这条道路上，需要守着心中的宁静、淡泊，静心等待，微笑呵护，陪伴成长。这样既不会辜负学生的美好年华，也不辜负自己的芳华！也许，等待时的看似"留白"的时间，正是孩子们最为美好的成长时间。他们终将慢慢成长为真正的、更有力量的自己。

月满则亏，水满则溢。好教育就是要给孩子创造"留白"时空，让生命不太拥挤，才能更有创造性；适当地留白，才能给孩子留下思维驰骋的自由，心灵修复的空间，让孩子自发地生长出成长力量。适时的"无为而治"是班级管理中棋高一着的超越。它建立在尊重教育规律、顺应客观形势的基础上，表现在尊重学生、相信学生和依靠学生的领导艺术上。它是一种爱的包容，是使学生在和风细雨、潜移默化中被引领的方法。这种方法要求班主任从大处落笔、把握全局、高屋建瓴地实施管理，要求班主任以游刃有余的才、深谋远虑的智、真爱无私的心、润物无声的情去感化学生、打动学生，从而达到教育效果。

五、结语

卢梭曾在《爱弥儿》中说道："什么是最好的教育？最好的教育就是无所作为的教育：学生看不到教育的发生，却实实在在地影响着他们的心灵，帮助他们发挥潜能，这才是天底下最好的教育。"反思几十年的班主任生涯，我也真正体会到，教育不是强制要求，而是人与人之间的触碰，心与心之间的交流。"虚寂生智慧，空旷生明朗"，"无为而治"的适时"留白"作为人生态度、管理理念、教育策略，是教育的一种智慧，更是一种境界。

参考文献：

[1]李镇西.做个好老师并不难[M].青岛：青岛出版社，2015.

[2]李镇西.教师的解放与超越[M].上海：华东师范大学出版社，2021.

[3]林岩.班主任工作的策略与艺术[M].北京：教育科学出版社，2011.

全员导师制背景下班主任角色的再定位

◎单朝阳

摘　要　为稳步增强班主任队伍的职业素质和专业能力，持续提升班级管理能力，营造良好教学氛围，文章以全员导师制作为研究背景，结合过往教育教学经验，立足新变化，着眼新要求，对班主任进行角色的再定位、责任的再明确，旨在打造一支思想素质高、教育观念新、工作能力强的班主任队伍。

关 键 词　班主任；全员导师；角色定位；方法路径

作者简介　单朝阳，江苏省溧阳市周城初级中学校长，高级教师。

《关于全面深化新时代教师队伍建设改革的意见》等文件明确提出，要加强教师队伍对学生的发展指导，提高教师团队的德育能力与家庭教育指导能力，使教师团队中人人都能够成为学生健康成长的指导者。着眼教师队伍建设的新要求与新方向，部分地区进行了全员导师制的有益探索，对教师的角色进行了重新定位，旨在发挥教师尤其是班主任的主导作用，更好地介入学生学习、生活中，引导学生健康全面发展。

一、全员导师制的基本要求

要系统性梳理全员导师制的基本要求和主要内容，梳理全员导师制的可行性与必要性，实现原有观念的深刻调整，把握关键环节，推动班主任角色的科学定位。

（一）班主任班级管理现状

1. 班级管理观念更新滞缓

根据教育部公布的数据，目前国内中小学班级平均人数约为36人，学生人数规模持续下降，通过班级就读人数规模的有效控制，能保证班主任教师开展课程教学、班级管理的专注度，稳步提升教学水平。为保证教学成效，班主任教师要树立正确的观念认知，有目的、有方向地开展班级管理相关工作，正确处理班级管理和学科教学之间的关系[1]。但是从实际情况来看，部分班主任教师在进行班级管理过程中，沿用了传统管理理念，没有分层、分类进行班级管理，耗费了大量的时间与精力；过度注重对学生行为的控制，片面追求课堂秩序，形成单一化的班级管理模式，忽视了对学生个性化需求的满足，甚至引发了学生的抵触情绪，从长远角度来看，不利于学生的健康发展。同时，部分教师在高强度的工作中，也极易产生焦虑、厌倦等负面情绪，对班主任教师产生抵触情绪，不利于班主任教师队伍的建设。

2. 班级管理重心发生偏移

为引导学生形成正确的世界观、人生观和价值观，在教育教学环节，班主任教师应当将德育纳入日常课程教学之中，不断丰富教学内容，延伸教育路径，营造良好的学习氛围。为达到上述目标，班主任教师应当定向调整班级管理理念，兼顾知识教学和德育教学总体要求。但就实际情况来看，部分班主任教师受到错误班级管理理念的影响，在班级管理过程中，没有准确把握中心环节，没有合理处理知识教学与德育教学之间的关系，出现班级管理重心偏移的情况。[2]这种情况的长期出现使得班主任教师在日常班级管理过程中，过度追求学生的纪律服从性，忽视了对学生价值追求的培养，导致部分学生对学习、生活中出现的错误言行难以进行正确研判，难以形成正确的世界观、人生观和价值观，妨碍健全人格的形成。同时，班级管理重心发生偏移，在很大程度上对班主任教师的班级管理方式、管理方法也带来了消极影响，妨碍了德育环境创设。

（二）全员导师制基本要求

全员导师制作为一种全新的教学理念，强调在教师与学生之间建立起新型的"导学"关系。在日常教学过程中，针对学生个体化差异，采取因材施教的方式，灵活调整教学策略，更好地指导学生的学习和生活，缓解学生面临的学习压力，消除紧张、焦虑等负面情绪。导师制强调教师在学科教学外，还承担着立德树人的职责使命，通过言传身教等方式，对学生进行全方位的教育和指导，形成具有较强针对性的教育关系，教师围绕学情学况，科学介入学生的学习行为和思想理念。通过对教师与学生进行匹配，改变教师的职责定位，在教师与学生、教师与家长之间建立起密切的联系，形成师生互动、家校互动的全新局面，营造良好的教育氛围。

溧阳市周城初级中学一直以来都高度重视学生的精神成长，在实行多年的"德育导师制"的基础上，于2002年秋季学期开始推行实施全员导师制，通过建立"学生人人有导师，人人争当小先生；教师人人是导师，人人争做大先生"的制度体系，促使全体教师切实肩负起教书和育人职责，启发学生学会思考，引导学生学会交往，提升育人的针对性和实效性，促进学生健康成长、全面而有个性地发展。全员导师制的实施很大程度上打破了传统一对多的班级管理模式，其他教师参与班级日常管理，不仅有效分担了班主任教师的工作压力，还通过点对点的学业和生活指导，帮助学生养成良好的学习习惯，塑造正确

的价值追求。

二、全员导师制下班主任角色定位分析

全员导师制下，对班主任角色定位进行深入分析，引导班主任转变教育理念，主动创新教育方法，有效弥补了过往班级管理工作的不足，不断提升班级管理效能，营造良好的学习氛围。

（一）成为班集体建设的设计者

全员导师制下，为保证班级管理的连续性，形成稳定、团结的班集体，班主任要适应新的角色定位，从整体出发，规划设计班级文化，借助积极正向班级文化的构建，于潜移默化之中，确保学生适应全员导师制的教育模式，兼顾教育的共性和特性，在促进学生个性化发展的同时，又确保学生融入集体生活之中。[3]在这一过程中，班主任应当准确把握教育教学规律，立足学生实际，着眼学校办学宗旨，优化班级文化建设方案，与学生共同制定班级奋斗目标，健全班级管理制度，完善激励奖惩机制，塑造班级形象，努力营造文化共识，巩固学生的主人翁意识，通过班级文化的构建，加强学生与学生之间的联系。

（二）成为学生精神状态的关怀者

全员导师制强调关注学生精神成长，通过教师、家长的联合参与，促进学生形成健全人格，塑造积极乐观的精神境界。班主任教师在这一过程中要承担起关怀者的责任，时刻关注学生的精神状态，对于部分出现精神状态异常或者情绪波动较大的学生，班主任要善于利用心理学理论，开展心理疏导，引导学生利用情绪宣泄、情绪转移、自我暗示等方法，主动消除负面情绪，减轻学生的情绪波动。

（三）成为导师团队建设的促进者

全员导师制下，多个导师同时参与班级管理，对学生进行教育指导，是全员教师参与德育、全面关心学生健康成长的一种协调育人机制。为形成教育指导合力，班主任教师需要承担

起导师团队建设促进者的责任，引导、规范导师教育指导行为。具体来看，班主任教师作为班级管理的核心，利用自身经验，制定导师团队的工作目标和工作标准，避免导师队伍盲目地开展教育指导。同时，班主任教师还需要创设高效、顺畅的信息共享机制，便于准确掌握不同学生的精神状态和学习状况，围绕学生实际情况，与导师共同制定教育指导策略，确保学生保持正向的精神状态，提升课堂学习效率。

（四）成为家校互动的协作者

全员导师制下，家校合作日益密切，作为班级管理活动的重要参与者，班主任教师和导师都应当承担起学生家访、信息沟通等方面的工作。结合过往经验，在家校沟通中，导师承担着对接学生家校沟通的主体责任，主要负责信息对接等活动。班主任教师作为家校互动的整体协作者，需要结合实际，确定家校沟通的主题、频率、方式，通过统筹性安排，保证家校沟通活动顺利开展。[4] 在这一过程中，班主任教师还应当创设必要的机会，使得学生家长和导师获得稳定的沟通路径，消除彼此之间的隔阂感和陌生感，提升家校共育水平。在家校互动环节，班主任教师采取定期联系家长的方式，与家长建立起稳定的情感联系，有效降低家长的焦虑情绪，并从学生教育的角度出发，为家长提供科学、实用的教育建议，扭转家长错误的教育观念和教育方法，实现对学生共管共育。

（五）成为班级管理的推动者

为适应全员导师制下班主任角色定位发生的深刻变化，班主任教师要及时转型，实现班级管理的专业化。全员导师制的推行，实现了从"经师"到"人师"的转变，强调的是师生互动，既要做"良师"，又要当"益友"，"导人"更需"导心"，导师们需要形成自己的指导特色，"导"的方法不同，"导"的形式不拘，"导"的结果不凡，"导"是根本出发点，即引导学生自主发

展。具体来看，班主任教师在班级管理中，应当将工作经验和科学理论结合起来，充分了解学生心理，自觉用理论体系优化班级管理方式。作为教师团队的一员，班主任教师在推动班级管理的工作中，首先需要明确，作为一名学科的任课教师，班主任教师需要对自身所任教的学科有着较强的专业知识素养，同时还要对任教学科有着刻苦钻研、精益求精的精神和态度，借助这种方式，及时更新自身的教育知识储备和教学观念。班主任作为班级中的首席管理者，如果对自己所任教学科不够重视，教学水平不足，会导致班主任在学生面前失去主动地位和应有权威，管理目标与推进措施就会大打折扣。其次要集中精力、大胆改革，积极探索适合学情、班情的治班方略，形成具有自身特色的班级管理经验，成为班级管理的首席策划者、推动者。

三、全员导师制下班主任角色定位转换方法

全员导师制下，为确保班主任更好地胜任新角色，顺利完成教书育人、立德树人的班级管理任务，要引导班主任发挥主观能动性，在准确把握全员导师制基本要求的前提下，改进工作方式，优化教育方法，实现角色定位的快速转换。

（一）有效组织开展培训活动

为确保班主任教师更好地胜任全员导师制的新定位、新角色，学校要组织开展系列培训活动，借助行之有效的培训，帮助班主任教师更好地融入角色，明确自身定位，更好地投入班级管理活动中。具体来看，学校结合班主任教师角色定位，着眼新班主任教师的年龄组成和学历结构，制订班主任教师培训计划，借助专题培训、专题讲座、经验交流等多种方式，帮助班主任教师快速转换教育理念，全面掌握全员导师制要求，明确全员导师制的重要性，引导班主任教师有意识、有计划地调整教学方法，更好地发挥

出班级管理设计者、推动者等作用。例如，学校在综合分析班主任教师基础情况的前提下，制订培训计划，与专家学者建立起稳定的联系，开设专家讲坛，向班主任教师系统介绍全员导师制的优势，解读新定位，快速融入新角色，与其他教师、学生、家长联动起来，更加深入地开展师生互动与家校互动。

（二）加大案例总结推广力度

全员导师制下，为更好地提升班主任角色定位转换能力，学校要吸收借鉴过往经验，结合班主任队伍年龄结构、学历组成和工作经历，做好案例总结和推广力度，全方位增强全员导师制的可行性，辅助班主任自发调整角色定位，更好地投入班级管理中。具体来看，学校应当完善典型案例获取渠道，将班主任教师划分若干小组，通过登录政府网站、查阅教学论文等方式，掌握其他地区以及其他学校在全员导师制应用方面的案例，结合自身实际，对现有的教学方法做出适当调整，形成具有地区特色和学校特色的班级管理方式，打造可行性强、实用性高、体系完整性好的全员导师制。在案例推荐方面，学校利用微信群、QQ 群进行共享，让更多的班主任教师、普通教师了解案例内容，帮助班主任教师快速适应新的角色定位，有序开展班级管理等系列活动。同时，对案例的总结推广不仅能够塑造学校品牌，实现学校办学能力和教育水平的稳步提升，还能够强化班主任教师对工作的认同感，激发自豪感，获得全新的工作体验，在很大程度上保证了班主任教师队伍的总体稳定性。

（三）健全学校导师配备机制

为辅助班主任教师调整角色定位，更加充分地发挥全员导师制的制度优势，学校要综合教师队伍、学情学况等要素，制订导师配备方案。具体来看，学校要建立起工作领导小组，完善领导组织架构，明确责任分工和基本要求，选择师生匹配的最佳方式。在师生匹配环节，学校要充分尊重学生的意愿，给予学生自主选择权，由学生选择导师，原则上导师与学生之间的比例不应超过 1∶8。对于部分特殊学生，可以采取灵活的导师配备方式，由班主任和其他任课教师共同对其进行生活、学习指导。除了进行上述导师配备工作外，学校还应当建立起导师库，将班主任教师纳入导师库，将其作为骨干力量，指导其他任课教师适应导师岗位，加速导师队伍的成熟。

四、结语

中小学生全员导师制有利于持续优化师生关系、亲子关系和同伴关系，有利于切实加强教师对每一个学生的关心指导和陪伴引导，有利于健全家校社协同育人机制，对班主任的角色进行了重新定位。为适应新的工作要求和教育责任，我们在明确全员导师制基本要求的前提下，要积极深入探讨班主任角色转化的方法路径，快速明确定位，掌握工作方法，高质量完成教育教学任务，为学生健康发展奠定坚实基础。

参考文献：

［1］朱效东.新的教育背景下班主任角色的定位与转化［J］.当代家庭教育，2021（22）：1—2.

［2］刘朋.中小学全员导师制的要素、评价与改进［J］.教学与管理，2023（16）：17—19.

［3］施建英.全员导师制下提升教师家校沟通能力的探索［J］.中国德育，2023（02）：67—69.

［4］孙艳.共绘育人同心圆——全员导师制施导案例［J］.大众心理学，2022（05）：13—14.

寻陷困之由　探解困之径
——探索农村留守儿童的心理困境及帮扶对策

◎周　峰

摘　　要　随着城镇化的快速推进，越来越多的农村人口进城务工，留下了一批特殊群体——留守儿童。留守儿童由于缺乏家庭关爱，更容易陷入心理困境。学校作为儿童接受教育的主阵地，在助力留守儿童身心健康成长的过程中发挥着关键作用。本文通过问卷调查，刻画留守儿童心理健康现状，同时结合典型个案，深入分析其心理特点，并基于学校视角，提出针对性帮扶对策来促进陷入心理困境的留守儿童健康成长。

关 键 词　留守儿童；心理困境；帮扶对策

作者简介　周峰，江苏省丹阳市华南实验小学副校长，高级教师。

随着城镇化的快速推进，越来越多的农村孩子成为留守儿童，截至 2022 年，中国留守儿童数量为 902 万。这些孩子因户籍、教育、住房等问题，只能留在家乡，长期与父母分离。当他们在成长过程中面临生活、学习、心理等方面的问题时，难以得到快速的关注和有效的帮助，困境之下时有极端事件发生，不仅损害自身权益，而且影响社会和谐稳定。

儿童是家庭的希望，是国家和民族的未来，关爱农村留守儿童是家务事，更是国事。2016 年，国务院印发《国务院关于加强农村留守儿童关爱保护工作的意见》，对农村留守儿童关爱保护工作进行安排和部署。2019 年，习近平总书记在十三届全国人大二次会议中指出，要"完善农村留守儿童、妇女、老年人关爱服务体系"。近十年来，政府、社会、学校和家庭为营造留守儿童健康成长环境同担责、共献策、齐发力。学校作为儿童接受教育的主阵地，在助力留守儿童身心健康成长的过程中发挥着关键作用和直接作用，基于学校视角研究留守儿童的心理健康状况、特点及帮扶对策，对更好地理解和帮助留守儿童健康成长具有重要意义。因此，华南实验小学通过问卷调查，刻画留守儿童心理健康现状，同时结合典型个案，深入分析其心理特点，最后结合学校实际，提出针对性帮扶政策，力求为一线教育工作者提供参考。

一、学生留守情况及心理健康状况的实证调查

首先，为更有效帮助到心理困境儿童，华南实验小学于 2022 年 12 月对五、六年级学生开展了摸排调查。结果发现，参与调查的 214 名五、六年级学生中，有 41 名儿童为单亲儿童，占比 19.16%；有 71 名儿童处于留守状况，占比 33.18%。由于单亲、留守儿童的特点，他们更有可能陷入心理困境中，因此识别学生的心理健康状况并提供相应帮助十分重要。

其次，为更好地识别出哪些儿童处于困境之中，华南实验小学于 2022 年 10 月采用《中小学生心理健康诊断测验（MHT）》考察了四至六年级 278 名学生的心理健康状况，其中有效问卷为

250 份。该诊断工具能够测查儿童学习焦虑、对人焦虑、孤独倾向、自责倾向、过敏倾向、身体症状、恐怖倾向和冲动倾向 8 个方面的状况。以下是主要研究结果：

（一）总体状况分布

在 250 份有效数据中，存在一定心理问题倾向的儿童占测查的全体儿童的 14.8%，问题较为严重的儿童占比 9.2%。其中，具有冲动倾向问题的儿童占比最高，其次是恐怖倾向和学习焦虑。（详见表 1）由此可见，学校儿童的常见心理问题可能是冲动倾向较高，情绪易摇摆不定，起伏大，易激惹和焦虑；具有一定的恐怖倾向，学生心理安全感较低，容易产生恐怖感；学习焦虑偏高，对考试有恐惧心理，不能安心地专注于学习，不能很好地应对学习和考试压力。

表 1　学生心理健康问题占比情况

维度名称	正　常		中　度		重　度	
	人数	占比	人数	占比	人数	占比
学习焦虑	24	9.60%	196	78.40%	30	12.00%
对人焦虑	41	16.40%	188	75.20%	21	8.40%
孤独倾向	90	36.00%	151	60.40%	9	3.60%
自责倾向	41	16.40%	191	76.40%	18	7.20%
过敏倾向	29	11.60%	192	76.80%	29	11.60%
身体症状	43	17.20%	183	73.20%	24	9.60%
恐怖倾向	14	5.60%	203	81.20%	33	13.20%
冲动倾向	0	0%	227	90.80%	23	9.20%
总　　计	191	76.40%	37	14.80%	22	8.80%

（二）学生心理健康状况的性别差异

我们进一步采用 t 检验分析了男生和女生在这些心理健康问题上是否存在差异。总体而言，男生和女生在心理健康各维度上不存在显著差异（ $t = -1.88$, $p > 0.05$ ）。在自责倾向上，女生的自责水平显著高于男生（ $t = -2.72$, $p = 0.01$ ）；在学习焦虑、恐怖倾向和冲动倾向上，女生的水平相较于男生略高（ $t = -1.98$, $p = 0.05$; $t = -1.98$, $p = 0.05$; $t = -1.97$, $p = 0.05$ ）。（详见表 2）由此可见，女生更容易出现心理困境。

表 2　心理健康状况的性别差异

维度名称	男生（ $M \pm SD$ ）	女生（ $M \pm SD$ ）	t	p
学习焦虑	8.43 ± 3.70	9.28 ± 3.22	-1.98	0.05
对人焦虑	4.13 ± 2.62	4.16 ± 2.50	-0.09	0.93
孤独倾向	2.85 ± 2.37	2.73 ± 2.14	0.44	0.66
自责倾向	4.88 ± 2.81	5.83 ± 2.86	-2.72	0.01
过敏倾向	5.54 ± 2.58	6.07 ± 2.29	-1.75	0.08
身体症状	4.80 ± 3.34	5.14 ± 3.21	-0.85	0.40
恐怖倾向	3.62 ± 2.92	4.33 ± 2.97	-1.98	0.05
冲动倾向	2.49 ± 2.41	3.11 ± 2.71	-1.97	0.05

（三）心理健康各方面相关情况

我们检验了这批儿童的各种心理健康问题是否存在相关。结果发现，每个维度都存在显著的两两相关（详见表3），这一结果说明学校学生可能同时拥有多种心理健康问题。

表3 各维度相关系数表

维度	1	2	3	4	5	6	7	8
1. 学习焦虑	—							
2. 对人焦虑	0.64**	—						
3. 孤独倾向	0.31**	0.55**	—					
4. 自责倾向	0.51**	0.50**	0.39**	—				
5. 过敏倾向	0.55**	0.60**	0.45**	0.58**	—			
6. 身体症状	0.52**	0.63**	0.53**	0.48**	0.66**	—		
7. 恐怖倾向	0.40**	0.47**	0.42**	0.43**	0.50**	0.62**	—	
8. 冲动倾向	0.39**	0.55**	0.52**	0.39**	0.61**	0.67**	0.48**	—

二、留守儿童心理困境的典型案例

（一）案例描述

小美（化名），女，2008 年出生。平时学习成绩良好，课堂表现也较好。性格较为内向，不擅长也不喜欢与他人交流，在班级中朋友较少。情绪易激动，遇事像刺猬一样，把自己保护起来，具有一定的自杀倾向。小美来自农村家庭，现在与外公外婆居住。父亲在其二年级时负债离家出走，杳无音信；母亲在大城市上班，很少回家。

我是本校校长，同时是小美所在班级的数学老师，在小美试图自杀的危机事件中进行了干预与转介。

（二）危机出现与干预过程

2020 年 11 月 2 日早上 7 点左右，我巡视完学校便坐进了教室，看管本班早读和面批前一日的家庭作业，当我查收小美的作业时，她少有地说道："没做。"然后一声不吭。考虑到她难得如此，而且又是十三四岁的大女孩了，我便没有批评她，只是让她拿了作业和板凳到我身边补写。我低头继续批了一会儿，发现她还坐在位置上，便又喊了一声："怎么还不过来？"此时她才不情愿地挪过来。我又时不时边批边看看她，发现她在摆弄一个圆规，我第一反应就是怎么拿圆规在写作业呢，便责问道："没有笔吗？怎么用圆规写作业？"她没有吱声，低头写起了作业。快 7 点 40 分了，我便走出教室，准备去参加行政会议，来到会议室时发现会议本忘了拿，便走回了办公室，此时发现搭班的班主任杨老师神色紧张地说："周校长，差点出大事了，小美刚才坐到了班级门口的阳台上（三楼），双腿已伸向了外面。"旁边的老师补充道："好在杨老师冷静地走到了她身边，一把把她抱了下来。"此时语文老师范老师已经把小美单独带到了心理咨询室。

此时，我把刚才的事又回想了一遍，在向上汇报的同时又让班主任联系小美的家长赶紧来学校，让心理辅导员张老师去心理咨询室协助范老师了解小美的情况，并第一时间进行干预。等到与各方沟通好情况后，我走出会议室时，范老师向我小声说道："没事了。"我把范老师拉到一边问道："她为什么要这样呢？"范老师说："她说她早就想去找地狱里的黑白无常了。"我听后一脸惊愕，带着疑问，我单独问小美："为什么这样？"她仍有一些激动，自言自语地说了些"黑无常白无常那没有烦恼"等话，又说："刚才那圆规我本来是想上来刺死你的。"我听到这儿，全身一激灵："为什么要刺我？我这么讨厌？"她先是不说话，再三追问后她说道："不为什么，就是想杀了你，开学第一天我就想杀了你。"此时我突然回想起了什么，问她："你好像是三年级转进来的吧，而且还是找我办理的，你不感谢我，怎么还要刺我呢？""不为什么，因为你是校长，杀了你心里痛快点。""那为什么刚才又没刺我呢？""我后来想了想，还是算了，我不一定能刺得了你，还是我自己去了断了吧。"这时她外公也匆匆赶到了学校，我们把前后事情向他叙述了一遍，他有些惊讶，但还是偏冷静，说之前他就发现了一点苗头，但没有引起重视，后来就不愿再讲了。我担心小美随时还会有过激行为，让杨老师与小美妈妈联系一下，让她一定也要引起重视。小美妈妈不久就回了电话过来，听起来年龄与我相仿，很有礼貌，先是感谢了我们，然后便让我与外公说："回去不要再骂小孩了。"然后她当天下午就从外地赶了回来。

后续了解到，小美二年级的时候，她爸爸就负债离家出走，杳无音信。而且在她上幼儿园的时候，她爸爸就带她看过恐怖片，她又害怕又喜欢。这几年妈妈很少在家，外公又特别凶，自己很少得到关爱。后来妈妈谈了一个男朋友，她特别担心妈妈再也不喜欢她了，就开始看各种灵异的书，上网搜各种寻死的方法，并且之前发生过一次跳水塘自杀的事，可惜当时没有引起家长过多的注意。现在小美已经办理了休学手续，在接受专业的心理治疗。对学校的妥善处理，家长深表感谢。

（三）后续全校摸排及干预

小美事件过后，学校成立了摸排调查小组，结合国家义务教育质量监测四年级学生心理健康测试，对全校所有三到六年级学生做了普测，共有 680 名学生参加此次普测工作。其中有心理问题倾向学生 123 名，占比为 18.09%；心理问题严重学生 43 名，占比为 6.32%；接受访谈学生 24 名，转入干预阶段学生 4 名；转介到他处接受心理辅导学生 2 名，转介到医院学生 2 名，其中 3 名是单亲、留守儿童。

三、留守儿童心理困境的特点

结合数据调查和日常观察案例发现，单亲、留守儿童常见的心理困境有以下几点：

（一）行为问题多，自控能力弱

据调查发现，留守儿童中有 53.6% 的学生对自己没有明确的学习目标，祖辈往往文化程度不高，家教意识淡薄，隔代管教往往又偏溺爱型，所以家庭教育缺少合力，学校教育苍白无力，出了校门就放飞自我，"5+2 = 0""白 + 黑 = 0"的现象常有发生。长此以往，孩子容易出现自身目标不明，动力不足，自律性不强，破罐子破摔，其学习成绩、行为习惯一般也不乐观。

（二）情绪易波动，性格不合群

调查发现，留守儿童大多性格内向，喜欢独处。由于祖辈对他们也只是生活上进行照料，学习和心理方面很少过问或者是无从交流，因此他们与祖辈在一起时觉得没有共同语言。在学校中，他们不喜欢和老师、同学交流，和老师、同学相处容易心生自卑、胆怯心态，充满孤独感。他们把自己装扮成一只"刺猬"，通过拒绝别人来保护自身安全。他们的情绪反复无常，要么沉默寡言，要么暴跳如雷，让旁人难以接触，继而恶性循环。亲情的缺乏、同龄人的不相容更易使他们陷入自卑、内心抑郁的心理困境。

（三）情感关爱缺乏，心理安全感差

由于缺乏来自家庭的情感关爱，留守儿童经常处于没有安全感和紧张的心态之中，时常犹如刺猬，尖刺之外的防范，尖刺之内的柔弱，自我防护过度，无法和别人正常相处，虽然渴望交流，但又惧怕外部的伤害，容易出现心理偏差。在这种缺乏心理安全感的底色下，这群儿童为了

获得内心的安全感更容易陷入网络与电视的诱惑中，甚至出现成瘾行为。然而，网络中常充斥着各种暴力、死亡、血腥和玄幻内容，年纪尚小的他们无法分辨网络中纷繁复杂的信息，也无法区分真实与虚幻之间的区别，这不利于他们形成健康的人生观和价值观。当遇到现实问题时，他们更容易采取极端的方法来解决，甚至做出无视生命的行为。

四、帮扶对策

学校作为儿童接受教育的主阵地，对单亲、留守儿童的身心健康发展发挥着重要作用。因此，我从以下几个方面提出帮扶对策，为单亲、留守儿童营造一个健康的成长环境。

（一）提高我们

所有教师不仅仅是心理专职教师，都应从自我做起，转变观念，把自己的心理健康层面提高到一个新的高度，具备一定的理论知识素养和应对心理问题的经验，要用一双心理健康教育的眼睛观察各项工作，对于有心理问题的学生，能早发现早疏导，建立"观察员制"。学校结合平时的教研活动、暑期培训等聘请专家进行专项的业务培训，对班级观察员也进行一些基础的培训辅导，改变之前信奉的"严师出高徒""棒槌底下出好人"等这类简单粗暴的教育理念。学生的性格有各种颜色之分，比如红色的性格喜欢被重视，对其应当搭建平台，让其展示自我，给予掌声和鼓励。教师应具有此类识别学生并因材施教的素养。

（二）记住他们

对于单亲、留守儿童，我们应做好相应的统计和分析，重点关注，每学期对全校学生还应做相应的心理测试，对单亲、留守儿童心理健康状况档案进行完善和更新，建立教师"包案制"，所有任课教师对所教学生情况应做到心中有数，从而为教师进行问题排查提供一定的帮助和参考。对于已有问题的学生，我们应当主动介入，尽早干预，及时与家长沟通，实现家校共育，问题严重的要及时转介，从而使问题尽早、尽快得到科学解决。

（三）偏爱他们

不完整的孩子，更需要完整的教育，对于他们要给予更多的理解和关爱。偏爱不是溺爱、纵容，基于他们现在的弱势，偏爱其实是更高级的平等，用平等去培养平等，用尊重去赢得尊重，用爱去传递爱。在校园里对他们还应尽量做到"三个优先"：生活上优先照顾、学习上优先辅导、活动上优先安排。例如，学校与爱飘组织、中北学院合作开展的"留守儿童关爱之家"活动，对他们进行辅导，促进学生形成积极向上的良好心态；我们还联合党支部开展了"双帮双带"活动，开展党员干部与他们结对帮扶活动，请党员干部担任这些学生的代理家长，从而更加有针对性地对他们进行关心和辅导。

（四）提升他们

如何化解单亲、留守儿童的压力？如何疏通他们的心理问题？在现在这个社会，有时我们无法躲避压力，提升他们的抗逆能力则显得尤为重要。首先，学会接纳现状。"一切都是最好的安排"，所谓"天将降大任于是人也，必先苦其心志，劳其筋骨，饿其体肤，空乏其身，行拂乱其所为，所以动心忍性，曾益其所不能"。其次，学会理解父母。要让学生了解父母外出打工的艰辛，珍惜现在少年求学的良好时光，指导学生与父母写信，书信交往有时更真切、持久，还有多进行电话问候等，增强他们与父母的交流，加深亲情，虽身处两地，但亲情浓浓。最后，学会责任担当。帮助学生学会自理，自己的事情自己做，在完成学习任务之余，主动承担家务，照顾弟弟妹妹，甚至爷爷奶奶，在理解和学会担当中坚强健康地成长。

针对以上要求，学校首先开展"单亲、留守

儿童心理辅导"专题活动，采用个别辅导、团体辅导等多种形式，让每一个孩子在专业的辅导中变得更加理性和自信。其次，发挥晨会课育人功能。晨会课从周一到周五，有以下五个方面的安排：事事关心（谈天说地）、经典共享（读书交流）、自我管理（常规管理）、我型我秀（才艺展示）、心灵港湾（情绪疏导），通过上述课程使学生自主自信，幸福生活。

（五）团结他们

"他们"是指社会、家庭、学校，争取协同三方，建立"三位一体"的教育体系，这是三方结合以施加有益影响的一种策略。要使三方更有层次、有目标、有计划地给予孩子们正能量，为其营造包容、关爱的环境，促进他们健康和谐地发展。对此，我们主要开展了以下三个方面的工作：

1. 家校共育，落实高质量陪伴

协同家委会共同开展研学活动、亲子活动，引导家长高质量地陪伴孩子（身处外地可以通过线上或书信的方式开展），用心感受，倾听孩子的内心世界，增进亲子关系；不要求孩子们把所有时间都花在学习上，还可以看书，做运动，跟朋友聊天，享受生活，让他们感受到生活的美好。

2. 召开心理讲座，提升防护意识

不定期开展家长心理讲座。心理咨询师吴一鸣指出：在自杀这块，实际上是有长期而复杂的情绪，积累了很多，才会在一个点上去爆发，它不是一时的，而是从小的积累。最要引起家长关注的是，要从小对孩子心理健康和状态进行了解，在孩子的心情或者爱好、心理动态方面多做一些交流，沟通也要从小开始。这样，当面对因各种原因交织而出现的"压倒骆驼的最后一根稻草"时，就可以有效化解。所以作为家长，一定要做孩子耐心的倾听者，使孩子打开倾诉的

心门。

3. 开展社团活动，集体共济共助

学校与"听云间"丹阳市青少年成长指导中心、爱飘组织、中北学院合作开展丰富多彩的社团活动，让每一个单亲、留守儿童都有机会选择自己喜欢的科目和活动，拓宽学生的视野，满足学生多样化、个性化的需求，培养他们的爱好和特长。除了良师，还有益友，同伴之间如果能建立起关爱互助的纽带，不仅能降低单亲、留守儿童的孤独感，还有助于他们很好地融入大家庭。在这方面，我们学校优先让他们积极参与各种集体活动，引导他们选择合适的玩伴和学伴，学校也经常宣传同学之间互助互爱的思想，营造一种团结、友爱、共进的集体氛围。

五、结语

当前，单亲、留守儿童的教育问题已经成为一个越来越突出的社会问题，为了更好地解决这一系列问题，需要学校、家庭、社会三方齐头共进，科学应对，经由各方共同的努力，让这些孩子远离孤独，走向成熟、自信的人生。

参考文献：

［1］丁为所，李桂芬.留守儿童的心理困境及帮扶对策［J］.中小学心理健康教育，2019（26）：68—69.

［2］高丰霞.让他们从心理困境中走出——谈"特殊群体学生"的教育策略［J］.新课程（中），2019（08）：280.

［3］胡常兵.困境与出路：小学心理健康教育研究［J］.文学教育，2020（11）：2.

［4］熊韦锐，王彬.试论困境儿童心理健康现状及其权益保障［J］.科学咨询（科技·管理），2020（08）：219—220.

赓续"张謇精神"，建构"敦睦"德育

◎赵善龙

摘 要 "张謇精神"可凝练为爱国情、强国志和报国行。一切行为处事均从爱国出发，将浓烈的爱国情和炽热的救国心化为对强国梦的不懈追求。"敦睦"，作为形容词理解，是对亭中学子形象的整体描述；作为动词理解，表示通过多种教育途径，使学生成为敦睦青年。总而言之，我们就是要勉励亭中学子践行"张謇精神"，涵育敦睦气韵，养成"厚德·同心·笃学·耐挫·实干·报国"的敦睦品格，传承先贤在为人、治学和做事方面的卓越特质。

关 键 词 张謇精神；敦睦；爱国；德育教育

作者简介 赵善龙，江苏省西亭高级中学学生处主任，高级教师。

2020年11月12日，习近平总书记在南通博物苑参观"张謇生平展陈"时指出，张謇在兴办实业的同时，积极兴办教育和社会公益事业，造福乡梓，帮助群众，影响深远，是中国民营企业家的先贤和楷模。张謇的事迹很有教育意义，要把这里作为爱国主义教育基地，让更多人特别是广大青少年受到教育，坚定"四个自信"。

张謇14至18岁期间在西亭求学，机敏睿智、发奋苦读、勇于创新、忧国忧民等素养对他后来的人生具有重要意义。他曾言"天之生人也，与草木无异，若遗留一二有用事业，与草木同生，即不与草木同腐"，这是他一生的写照。如何实现聚焦新时代发展需要践行"张謇精神"，推动学校"五育并举""三全育人"，实现德育的统整效应，是当前学校德育生态建设切实面临的新问题。正所谓"鉴往事，知来者"，要践行"张謇精神"，使之转化为德育资源，打造校园"敦睦德育"特色育人品牌，勉励新时代学子养成"厚德·同心·笃学·耐挫·实干·报国"的敦睦品格。

一、感悟"张謇精神"，融入"敦睦"爱国情怀

在"敦睦"德育工作中，班主任要将每个学生当成有生命力的种子，为他们的成长和发展构筑丰富的土壤基石。在开展"爱国奉献"主题教育时，班主任引导学生从自己的家乡寻找具有爱国情怀的历史人物，然后搜索一下他的人生经历，说说他的一生对自己有什么启迪，并谈一谈如何在自己的实际生活中展现出爱国情怀。学生研究发现，张謇早年求学，曾经历过幕僚生涯，在高中状元后他逐步接触到了各种进步思想，认识到要兴办实业报效自己的国家，于是张謇就走上了实业救国的道路。在此过程中，张謇建立了大生纱厂、复新面粉厂、资生冶厂等，所涉及的行业非常多。不仅如此，张謇还参加了日本劝业博览会并进行了考察，吸收了"明治维新"的先进经验，改进了自己的经商模式。在张謇的努力下，当地的经济有了较快的发展。然后班主任引导学生结合张謇的事迹进行思考，说说自己从中得到了怎样的启迪。如有学生提出："我认为从

张謇的事迹中能看到爱国不能只是纸上谈兵，而要用自己的实际行动来证明。张謇用办实业的方式展现了自己的爱国情怀，以后我也要在工作岗位上奉献自己的力量。"在这样的讨论中，学生对"爱国"有了更深刻的认识。

"但无沧海警，安乐是吾通。"张謇在诗歌中抒发了自己落地生根、生生不息的家国情怀，这种精神也是学生成长和发展所需要具备的。班主任要引导学生结合张謇的事迹展开深度解读，尝试将时代性融入其中，思考自己如何能在现实生活中继续张謇的道路，探索建设国家的方法，这样就能促使学生的责任感和使命感得到提升。

二、塑造物态文化，建设"敦睦"文化体验场

学校加强物型德育文化资源开发，特别重视校园物化建设中青年"张謇精神"的渗透与彰显，体现德育的人文性，以地表文化、空间文化为主要内容，着力提升物态文化品质。例如，重点建成"五个一""敦睦"文化物态载体："一馆"即西亭张謇青年生活主题场馆，包括青年张謇读书阁、书法亭、吟诗社等，通过在主题场馆组织学生开展相关主题活动，让学生获得沉浸式体验，体悟青年张謇的精神品格。"一室"即张謇与西亭情缘物件陈列室，陈列青年时代张謇读书赴考的史料、交友书信、书法和诗歌作品，学习和生活用品等复制品，让学生有机会与青年时代的张謇"近距离接触"，受其熏陶。"一场"即建造法治广场弘扬新时代法治精神，张謇先生提出"非有完全之法令，则事业无资保障；非有监督之机关，则法令无由以行使"等法治思想。西亭高级中学是南通市法治示范校，为宣传和传承张謇在法治思想领域的贡献，进一步弘扬新时代法治精神，学校建成法治广场。"一墙"即建设亭中"敦睦青年"成就墙，以立体雕刻的方式呈现"敦睦"二字，以及敦睦青年的六大品格"厚德·同心·笃学·耐挫·实干·报国"。同时，

以照片加文字的方式简要呈现亭中毕业后取得优秀业绩的青年，引领青年学子，以正其流，以立其志。"一厅"即建设"学謇践行"多功能展演大厅，通过多媒体的方式呈现与张謇相关的重要史料，同时也作为张謇研学社、张謇舞台剧、张謇故事会等活动的开展场所和成果展示平台。

学校"敦睦"文化追求人与自然的和谐共处。校内百余种花草树木，蕴含了丰富的教育内涵，在此基础上，学校还增设多处文化小品，呈现"敦睦"青年品格意象，使山水亭台相得益彰，涵养学生心灵，孕育爱国情怀。

三、开展主题活动，丰富"敦睦"文化生态

顾明远先生说，教书育人在细微处，学生成长在活动中。学校以培育"敦睦"青年为指向，培育亭中学子"敦睦"品格，渗透"敦睦"文化要义，研发多样的主题活动，避免德育无序化、碎片化，使活动序列化、整体化，让学生感受"张謇精神"的影响力、感召力，增强做时代卓越学子的使命感、责任感。

依靠团建品牌"亭中青年行"和班级文化品牌建设，学校推进"厚德·同心·笃学·耐挫·实干·报国"品格的培育，按季节循环开展"四季循环"主题活动，促使文化育人、行为育人，如春季主题"厚德奉献"、夏季主题"同心报国"、秋季主题"实干笃学"、冬季主题"耐挫感恩"，让主题教育闭环、开环、循环，生生不息。

学校班主任组织学生参加"探访南通博物苑"主题活动，活动之前让班长做好规划，比如通过网络了解南通博物苑，查阅资料弄清它的来源是什么，到实地看一看里面收藏了哪些作品，向博物院管理员提一些问题，等等，活动的组织有助于学生增加对地方文化的了解。在此基础上，班主任还可引导学生在现场进行社会调查活动，让他们采访一下游客，比如"南通有哪些

名人?""您对这些名人的评价是什么?""南通博物苑给您印象最深的是什么?"在游览南通博物苑的时候,学生发现其中收藏了不少张謇的捐赠品,认识到南通博物苑的建立和张謇密不可分,意识到张謇为发展家乡教育事业做了很多实事。此外,在社会调查中,学生发现有不少游客都提到了张謇这个名字,也对他办实业、办教育的事情有所了解。由此,学生总结出如果一个人有着浓浓的爱国精神,全心全意为家乡奉献自己,那么家乡人一定会深深记住他。通过实地探访活动,学生感受到张謇爱国、救国、报国的追求,并激发自己去思考如何实现自己报效祖国的远大抱负。

四、开发敦睦课程,提升"敦睦"文化内涵

以德育线为主体组织开展,敦睦课程比主题活动更加具有系统性和阶梯性。狭义地说,课程是学校场域中存在和生成的有助于学生积极健康发展的教育性因素以及学生获得的教育性经验,具有目的性、计划性和系统性。针对三个年级的不同特点:高一"敦习行睦",围绕教育培养学生良好的学习和生活习惯,尤其是自理的习惯,让学生了解并认同学校的校训校风,形成自我认知;高二"敦品修睦",围绕学生在活动中通过互动,彼此发现与评价,促进全面发展,尤其是培养自立精神,不断完善自我;高三"敦性成睦",围绕通过学习、演讲和实践等形式,让学生发现自我对于社会和国家的意义与价值,把个体融入国家和社会发展的大潮中,强调自强品格的锤炼,把个人梦融入国家梦,以张謇的笃学意志冲刺高考,圆梦于敦睦亭中。

在敦睦课程实施过程中,学生会接触到很多集体活动和社交活动,这些活动可以帮助学生学会与人相处,懂得与人沟通和合作。学生在实践中,会学到如何在社会中扮演一个有责任感的角色,以及明白自己应该承担的责任。这样的教育可以让学生逐渐成长为有担当的人,让学生可以找到自己的兴趣爱好和特长,发挥个人潜能,最终实现自我人生价值。

五、突出思政课程,发挥"敦睦"文化引领

学校成立思政课程研究中心,铸"为人"之魂,聚"众人"之力,集"育人"之术,汇"树人"之情,建立"大思政"管理体制和机制,提升德育文化育人能力,激发教师育人动力;因事而化,因时而进,因势而新,完善思政知识体系,讲好"大思政课";通过思政讲坛、思政课堂、思政课程、思政园地等方式,统筹推进思政课一体化建设,践行为党育人、为国育才的崇高使命。

思政课是立德树人的关键课程,各学科是课程思政建设的基本载体。各学科教研组深入梳理本学科课程的教学内容,结合学科课程特点、思维方法和价值理念,深入挖掘课程思政元素,有机融入课程教学,达到润物无声的育人效果。人文类学科教师在教学过程中,着重挖掘学科中的人文关怀、社会伦理内涵,潜移默化地激发学生的社会责任感和社会公德意识。例如,学校语文、历史、外语组的教师结合校园读书节活动,组织学生开展党史学习知识竞赛、辩论会、主题演讲比赛等活动;科学类学科教师充分重视对学生进行辩证唯物主义世界观、方法论的教育,进行科学精神、科学方法和科学态度的教育;数学教师主要引导学生培养创新意识和求实的科学态度,帮助学生认识数学的价值,认识科学发展的艰难历程;物理、化学、生物学科教师注重培养学生科学探索的精神和辩证发展的哲学思维;体育、美术、音乐、劳技、心理等学科教师重视渗透正确的审美观、健康观,提高学生的艺术修养和动手实践能力。

学校思政教师团队在课程设计上基于学生实际,在教材的基础上开发本地可利用的各种德育

资源。例如，结合学校"亭中青年行"传统德育活动，带领学生去敬老院、张謇纪念馆、烈士陵园、实践基地开展主题活动等。在思政课程实施过程中，学校注重实践性和参与性，把教材讲解和讨论互动、参观访问、现场调查等结合起来，让学生在活动和实践中与社会产生情感互动，以获得真实体验，内化道德认知，提升道德品质。例如思政课《新时代青年的使命和责任》，就带领学生一起走进张謇纪念馆，领会习近平总书记对当代学生的殷切期望，引导学生担负历史使命，崇尚奋斗爱国精神。学校还定期开展亭中学习"四问"学生大讲坛，回答好"以一个什么样的高尚情操敦睦扬善""以一个什么样的奋进姿态敦睦强国""以一个什么样的热血使命敦睦创新"等问题，激励学生向优秀看齐。思政课让学生感受和领悟"敦睦"文化之美，激励学子共担使命、爱国强国！

六、构建共育机制，润养"敦睦"品格

学校建立多渠道"敦睦"德育共育平台，通过传承张謇精神，挖掘家庭、学校、社区、企业、大学等资源，拓宽德育路径，形成场域育人合力。

学校把全员育人导师制作为加强学生"敦睦"德育工作最重要的抓手，以班主任为主导，任课教师分包班内学生，既要覆盖全体学生，又要突出重点对象，即"让每个学生有可倾诉的老师，让每个老师都有需牵挂的学生"。每班制定"全员育人导师制辅导安排表"贴在教室外墙，班级每位任课教师都是导师，导师通过"思想引导、学业辅导、心理疏导、生活指导"，帮助学生"学会做人、学会学习、学会生活、学会合作"。学校要求导师每两周至少与受导对象有一次谈话，对受导学生的情绪、冷暖、饮食、休息、安全、负担、视力、睡眠、卫生、疾病、学业等情况进行关心并及时记录在《全员育人导师制工作手册》中，让每一位学生沐浴"敦睦"阳光，健康成长。

学校还建立家长委员会，聘请家长代表和家庭教育专家为学生家长开设家庭教育大讲堂，指导家庭教育，交流家庭教育中的经验与困惑。以《中华人民共和国家庭教育促进法》为依据，强化家校合作育人理念，有助于家校教育共同体发挥功能。实行"三合一"家访全覆盖制，即行政领导、班主任和任课教师在一个学期内通过实地家访、电话家访、视频链接等方式，对班级所有学生家访一次，推动家校共育，架起关爱桥梁。

学校加强与社区联盟，如与张謇在南通创办的教育、实业等单位建立合作关系，建成三个研习基地或劳动基地；与政府机构合作，发挥张謇祖居作为物态德育资源的价值，指导张謇研习学生社团做相关研究；通过与张謇创办学校联合，拓宽学校德育资源，让学生有机会更加全面地了解张謇治学和教育的思想，优化张謇德育资源的区域整合，达到更好的育人效果，润养"敦睦"品格。

七、结语

学校坚持"一切为了学生，一切为了未来"的宗旨，坚守"敦品笃学，修睦精进"的校风建设，助力学生卓越生长，聚焦学生素养提升，打造"敦睦"德育品牌特色，真正达到让学生成为身心健康、人格健全、品学兼优、具有中国心和世界胸怀的新时期社会主义现代化强国的建设者和接班人。

参考文献：

［1］张欣惠.践行张謇精神 建构"敦睦德育"课程［J］.教书育人，2022（07）：36—37.

［2］顾婷婷.以史为鉴 立德树人——基于"敦睦德育"的历史教学方法探究［J］.学周刊，2024（09）：115—117.

做"人杰"教师，打造"人杰"好教师团队

——溧阳市实验初级中学校本研修工作实践探索

◎周建凤

摘　　要　溧阳市实验初级中学以打造"四有"好教师团队为契机，根据学校文化建设等特征，提炼倡导"超我"文化、构筑"铸杰"课程、打造"创杰"课堂、涵养"蕴杰"师德四个教师发展路径，并开展了促进教师发展的校本研修活动，形成了相对稳定的学校文化，初步构建了"创杰"课堂模式，促进了教师的进一步发展。

关 键 词　校本研修；学校文化建设；铸杰课程；创杰课堂；蕴杰师德

作者简介　周建凤，江苏省溧阳市实验初级中学校长，高级教师。

溧阳市实验初级中学以创建常州市新优质学校和"四有"好教师团队为契机，开展了学校文化、课程创建、课堂模式、德育活动等一系列创建与优化活动，在此基础上也形成了针对教师发展的校本培训实践路径。

一、打造"超我"学校文化

（一）融合党建文化

实验初中党支部以"红屿"党建品牌为统领，提炼出"攻坚克难讲奉献，同舟共济促发展，开拓进取创新优"的学校党建文化，为学校党建品牌建设提供有力的文化支持。学校坚持发挥党建引领，筑牢思想政治保障机制，全面提升党员素养，全程带动教师发展。因此，学校被评为首批常州市教育系统"秋白党支部"。

（二）健全制度文化

学校将"做一个杰出的人"的办学理念融合到学校章程及各项管理制度和机制中，调动广大教职工积极主动地参与到学校的管理中，发挥全体教职员工的集体智慧，保障民主管理、评议监督作用的发挥，提升了学校发展的质态，优化了

发展的成果，彰显了发展的特色。

（三）打造物型环境

1. "园林式"校园

学校有效利用了三维空间，实现了校园整体的绿化、美化、活化与亮化。校园的草、树、岛、桥、水、廊、假山等构成了"浸润式"育人环境。

2. 人文校园

学校进一步优化"四廊"（感恩长廊、责任长廊、励志长廊、人杰长廊）、"五楼"（蓄力楼、向光楼、立德楼、树人楼、勤丰楼）、"二园"（红屿园、人杰园）、"两馆"（红屿馆、行健馆）等文化环境。

3. 书香校园

书香校园项目的建设丰富了教师的教学素材，激发了教师对阅读的兴趣与激情，增加了师生互动交流的机会，并丰富了学生的课余生活，开阔了学生的视野，有助于学生逐步养成多读书、多思考、读好书、好读书的习惯。

二、构建"铸杰"课程体系

开发、融合校内外现有资源，协同各方力量，构建适合教师发展的课程体系。

（一）课程设置

1. 5年内青年教师培养课程

学校通过三个三年目标引领，逐步培养了一支"德要正身、才要称职、言能展才、写能成文"的优秀青年教师队伍。课程的实施没有严格的时间界限，是相互交叉融合的，但每个阶段都有相对重点的学习内容。

2. "人杰"教师培养课程

培训课程分3个维度、15个模块、50个研修主题。培养课程由必修与选修课程内容组成，必修课程主要由师德师风、教学理论研习和教学设计与实施三个方面组成；选修课程包括教育技术培训、教科研培训、教学实施技能等。研修主题的层次性体现在由基础性和常识性向探索性、研究性引导，主题的进阶性体现在由专业的单一性向融合性过渡。研修主题涵盖了教师专业发展的基本技能，并注入成熟型教师的能力素养，从而帮助青年教师找到向高层次发展的方向。

（二）实施路径

1. 师徒结对

针对新教师、新进教师、第一次从事班主任工作的班主任，学校开展"青蓝工程"师徒结对，为期3年。带教老师在聘期内与青年教师一起完成"五个一"：指导青年教师研读一本专业著作，每月与青年教师进行一次交流，共同开展一项课题研究，指导青年教师进行一次教育或教学展示，指导青年教师每学期完成一项工作总结。

2. 评价激励机制

教师参加赛课，备课组帮助教师开展教学设计与课堂磨砺，对于获得溧阳市一等奖及以上奖励的教师所在备课组给予一定的资金，强化备课组的团体力量。

3. 专家引领

学校始终将专家引领作为开阔教师眼界、提升教师素养的重要手段与方法。一年来，学校邀请学科专家来校指导工作或讲学共计12人次。

4. 联合教研共同体

备课组：抓好集体备课，利用竞赛、创优等活动发挥备课组集体优势，落实"创杰"课程教学模式的推行。教研组：统一思想，围绕主题开展课题研究，制定学科课程，开展结构化教学与实施。基地培训：将校本培训与基地培训整合，发挥教研组功能，提高课程领导力。课题组：将课题研究与日常教学、集体备课紧密结合，将研究渗透于日常教学中。校际交流：与常州市明德实验中学开展语文、数学、英语、物理、化学五门中考学科的同课异构活动，共同学习研讨。南北教育帮扶结对：与盐城市滨海一中开展南北教育结对帮扶活动，活动内容包括课堂教学、课堂教学模式探讨等。教育论坛：围绕结构化教学开展教育论坛，发挥各学科青年教师优势，生发思维活力。

三、优化"创杰"课堂模式

"创杰"课堂就是打破常规，不断求新求变，发挥创意，形成具有共性而又独特的课堂教学模式。

（一）项目推进变革

学校依托常州市基础教育学校品质提升建设项目暨前瞻性教学改革实验项目"结构化教学：基于学科育人的教学设计与实践"，引导各学科组依据"创杰"课堂的理念，参照"实验初中创杰课堂教学评价表"，结合各自学科的特点、师生的实际，根据教学的需要，自主建构了学科的教学范式。

（二）范式引领转型

学校加强对"创杰"课堂实施流程和实施策略的研究，转变理念，创建课改团队，构建灵活、适切的课堂教学过程结构。以"学思、学研、学探、学创"为主线，不断优化教学过程，形成相对稳定的教学过程结构，通过五个教学环节形成"找、悟、用"的方法结构，最终形成"一课通，百课通"，但"课课不同又课课融通"，在整个水平阶段构建稳固的知识与技能体系，促进课堂教学的转型。

（三）实施途径

1. 行政推动，分层落实

学校分别召开了行政会、备课组长会议、各学科备课组会议，落实理念，探寻方法，自上而下形成课堂教学的基本共识。

2. 集体研讨，达成共识

学校分别召开各学科组会议，研讨交流符合共性的课堂模式，落实到各学科组开展研讨交流，并与教学结合，自下而上形成具有学科特点的课堂教学模式。

3. 常态研课，探寻方法

基本的课堂模式已形成，教师自行上课、研课，探寻符合自身特点的教学，并在此基础上与备课组共商符合学科特点的课堂模式。

4. 学科调研，专家把关

在教研组的课堂模式基本形成以后，教研组在集体备课、上课的基础上，邀请学科研训员进行指导，优化与改进形成的课堂模式，更能体现学科特征与教师个人风格。

四、提升"蕴杰"师德品质

通过系列宣讲、团建活动，积聚、浸润、提升教师真善美的高贵品质。通过校长思政课全员宣讲的方式，提升教师的师德规范与修养，并形成对"超我"教育的文化认同；结合"创杰"课堂与"铸杰"研修课程开展系列团建活动，通过宣传先进典型、表彰优秀教师、评选师德标兵、举办师德论坛、学习法律法规、开展基地教师师德征文等一系列富有创意的教育活动，加强对全体教师的师德师风建设。

五、激发"人杰"团队潜能

（一）健全机制，规范管理

1. 规范落实机制

学校在行政、人事、教育教学、后勤管理等

各个环节上制定了切实可行的规章制度，并完善了评聘、评价、奖励、规约四大机制，提高了执行力，确保学校的良性发展。

2. 文化引导机制

学校发展至今已形成了约定俗成的文化管理力量，教师常常和自己比——今天的我比昨天的我有进步就是优秀，就是超越，就是离"做一个杰出的人"更近了一步。将一群优秀的人聚集在一起，通过管理文化引领他们。

3. 专题培训机制

学校重视国家、省级培训项目，重点推荐优秀教师参与培训，对培训归来的教师提出"学习归来分享制"，要求做交流分享和成果辐射，在组内分享学习心得。学校积极组织教师参加省、市、区各类培训活动，如名师大学堂、学科的基本功竞赛、优质课观摩、教师学术沙龙等。

4. 层级推进机制

学校针对 5 年内青年教师的成长需要，组建了青年教师"竞秀"团队；针对青年教师发展的需求，建设了"人杰教师成长营"学习团队；结合学校实际情况与青年教师发展需要制定了副班主任培养机制；建设班主任德育团队；为发挥 50 岁以上老教师专业引领作用，制定了"教授级教师"与"教授级班主任"制度。学校为各团队的建设提供平台和发展资源，推进各团队通过研修活动，相互学习、共同探究、互相促进，同时打通研修团队的界限，定期组织开展跨学科交流活动，促进团队共同成长。

5. 团队协同机制

学校每年暑假为学校骨干教师开展主题研训活动，团队的组成主要以年级组教师为主，活动内容包括专家引领的专题讲座和团队建设。专家引领课程内容包括思政教育、班级管理、心理健康、课堂教学、专业成长、教科研等。团队建设以新老初三年级团队为主，老初三分享"总结提炼，传经送宝"的成功经验，将取得的成绩与遇到的问题分享给新初三；新初三制订"励志拼搏，再创佳绩"的行动规划，在此基础上实现智慧共享、改进提高、创新突破。

（二）课题引领，项目助推

学校依托在研的省、市、区、校四级课题的研究，引导教师关心国内外相关教育领域动态，掌握科学研究方法，优化教学过程，探索新的教学方式，提高教师的教育科研能力和水平。

（三）层级激励，多元评价

学校全面构建了绩效评价制度、"人杰"教师评价制度等多元的教师激励评价体系，根据青年教师的"发展需要"，中年教师的"成就需要"，老年教师的"尊重需要"，通过目标定向激励、过程调控激励和效果奖惩激励等方面激发教师的主动性和积极性，从班级管理、专业成长、突出贡献、受学生欢迎程度等多维度、全方位地对教师进行评价。

六、巩固校本研修成果

（一）学校文化建设成果

通过常州市新优质学校的积极创建与"人杰""四有"好教师团队的打造，学校文化建设已经形成。

1. 初步构建了"创杰"课堂模式

形成了稳定的教学过程结构与"找、悟、用"的方法结构。制定了"创杰课堂"的好课标准与评价表。

2. 取得了系列理论成果

学校针对结构化教学下的"创杰课堂"进行实践研究，及时提炼实践成果：12篇论文已成文，2篇论文已发表，4篇论文已录用，相关主题研究正按计划推进。

（二）教科研建设成果

学校积极推动全体教师参与课题研究，让教师们深耕课堂，并运用理论指导课堂，通过实践研究及时提炼、总结、反思，一边工作一边研究，让课题带动教学。目前学校在研课题有省教育科学规划办公室2项，常州市1项，辖市区级12项。教师们将总结反思文章形成论文，积极投稿。据初步统计，学校教师在省级及以上期刊发表论文30多篇。

（三）教师队伍建设成果

1. 赛课、做题比赛获奖

学校注重通过各项比赛修炼教师教学技能，通过行政推动的方式，与备课组一起组织校内评优课，通过校内教学比赛帮助教师磨砺教学技能，提升课堂能力与素养。一年来，教师参与赛课获奖22人次，做题比赛获奖10人次。

2. 教师荣誉

目前，学校优秀教师群体已基本形成，学校现有特级教师后备人才1名，常州市学科带头人4名，常州市骨干教师7名，常州市名班主任6名，溧阳市第十一批四类优秀教师32名。学校现有溧阳市级名师工作室3个，溧阳市兼职研训员5名。

七、结语

在今后的日子里，学校教师"铸杰"课程设置还需要进一步优化与改进，课程如何落地还需要进一步思考；优秀教师人数还需要加大培养力度；"超我"文化、"铸杰"课程、"蕴杰"师德、"创杰"课堂四个维度需要进一步优化结构，相互融通。

参考文献：

［1］李源.校本研修"五题并施"，构建教师发展新常态——基于江苏省溧阳市实验初级中学的实践探索［J］.教书育人，2023（08）：63—65.

［2］高建君."科·雁"好教师团队建设的校本实践［J］.江苏教育，2021（44）：53—54.

［3］吴亚娟，巢春林."三引"节律——塑型乡村学校"四有"好教师团队的阶进模式［J］.小学教学研究，2022（06）：41—42.

农村初中职业生涯教育体验式课程的开发与实践研究 *

◎项学军

摘 要 虽然近年来我国一直在推进乡镇建设，但农村地区与城市依然存在较大的经济差距，此种差距也导致农村教育水平落后于城市教育水平。为改善此种局面，学校可以开发职业生涯教育体验式课程，使学生可以接触到真实的职业环境并获得工作技能，提高就业竞争力。本文将简要介绍职业生涯教育体验式课程，以及农村初中职业生涯教育体验式课程的开发与实践路径，仅供参考。

关 键 词 初中；职业生涯教育；体验式课程；实践路径

作者简介 项学军，江苏省常州市横林初级中学党支部书记、校长，高级教师。

在当前社会背景下，职业生涯教育逐渐成为农村初中教育体系的重要组成部分，如何为农村初中学生提供更符合其特点和需求的职业生涯教育课程，也成了目前亟待解决的问题。通过对农村初中职业生涯教育体验式课程的开发与实践，有利于为农村初中学生职业发展和就业能力提升提供助益，有利于促进农村地区实现教育公平目标。

一、职业生涯教育体验式课程概述

职业生涯教育体验式课程是一种以实践和体验为核心的教育模式，旨在帮助学生探索职业发展的可能性，并提供实际的职业技能培训和指导。职业生涯教育体验式课程通常包括以下要素：一是职业探索和规划。学生将有机会参观不同的公司、机构和行业，与职业人士进行面对面的交流，了解相关工作内容、职业发展路径和所需的技能。二是实践性学习和项目工作。课程将提供实践性的学习机会，让学生在真实的工作场景中应用所学的知识和技能，并在实际项目工作中培养解决问题和团队合作能力。三是学生可能会参与实际的项目工作，解决实际问题，培养解决问题和团队合作的能力；导师会提供反馈和建议，帮助学生发展关键的职业素养和技能。四是课程的最后阶段，学生将有机会展示各自在课程中获得的知识和技能，并进行个人的学习反思和总结，有助于未来做出更明智的就业决策。

二、农村初中职业生涯教育体验式课程的开发背景

（一）农村学生就业压力大

农村地区经济发展滞后，产业结构相对单一，导致农村学生能够接触到的就业机会较少。

---

* 本文系江苏省教育科学"十四五"规划课题"农村初中职业生涯教育体验式课程的开发与实践研究"（课题编号：JS/2021/ZX1001-04588）成果论文。

同时，由于地理位置的限制，农村学生对于外部就业市场的了解有限，这进一步加大了农村学生的就业难度。由于缺乏系统的职业生涯教育，农村学生对于职业的认知不够全面，对于自身的兴趣和优势也缺乏清晰认识，导致农村学生选择职业时存在一定的盲目性，难以找到适合自己的工作。

（二）农村产业结构的调整

农村产业结构调整是推动农村经济发展的重要手段，也是促进农村学生就业的重要途径。农村职业生涯教育体验式课程的开发需要紧密结合产业结构调整的方向和需求，为学生提供符合市场需求的教育内容和培训机会。通过职业生涯教育，可以帮助农村学生更好地了解职业世界，提高学生的职业认知和规划能力，增强学生的就业竞争力。

（三）农村学生个人发展需求

农村职业生涯教育体验式课程开发是促进农村学生个人发展的重要途径，通过体验式的职业生涯教育课程，可以帮助农村学生了解自己的兴趣、优势和潜力，明确自己的职业方向和目标。同时，课程还可以提供相关的职业技能和知识培训，提高学生的就业竞争力和综合素质，从而为学生实现个人发展提供有力的支持。

三、农村初中职业生涯教育体验式课程的开发

（一）需求调研与分析

首先，了解学生对职业生涯教育的认知和期望，包括学生对未来的职业发展有何主要兴趣和目标，以及学生认为自己在职业技能和素养方面缺乏的领域；其次，了解农村家长对于孩子职业发展的期望和关注点，以及家长对职业教育的观念和态度；再次，了解当地农村地区的职业发展机会和劳动力市场情况；最后，了解农村初中教师在职业生涯教育方面的知识储备和能力需求，以及对职业生涯教育课程开发的期望。

（二）明确课程目标与课程内容

1. 课程目标

（1）确定学生所需的基本职业生涯技能和素养，如自我认知、职业意识、职业规划、择业决策、职业发展等。

（2）培养学生的实践能力，通过体验式活动和实践案例，使学生能够接触和了解不同的职业和工作环境。

（3）增强学生的自主性和创造力，培养学生解决问题和适应变化的能力。

（4）提高学生的人际交往和团队合作能力，培养学生的沟通、合作和领导技能。

2. 课程内容

（1）自我认知与职业探索：帮助学生了解自己的兴趣、个性特点、价值观和能力，并通过活动和讨论引导学生探索潜在的职业方向。

（2）职业规划和目标设定：引导学生制定个人职业发展目标，并帮助学生了解相关的职业信息和路径，以做出明智的决策。

（3）职业技能培养：包括沟通技巧、人际关系、时间管理、解决问题和决策能力等。通过组织案例讨论、角色扮演等活动，为学生提供实践机会。

（4）实践体验活动：包括参观当地企业、工厂、农村合作组织、社区服务活动等，让学生亲身感受不同职业和工作环境。

（三）准备相应的教学资源

建立职业信息库，包括职业描述、薪资水平、就业前景等，以便学生进行职业探索和规划。收集不同职业的实践活动案例，用于课堂讨论和学生实践活动，帮助学生更好地了解职业特点和工作环境。与当地企业、社区组织、就业服务中心等建立合作关系，共享资源和信息，为学生提供更多实践机会、职业导师和职业培训等支持。

（四）时间安排与课程进度规划

教师应合理安排职业生涯教育课程的时间，确保学生有充分的学习时间和实践机会。根据课

时数量和内容，制订详细的课程计划，将整个课程划分为不同的模块或单元，每个单元包含特定的主题和学习目标，并为每个单元确定所需的教学活动、实践任务和评估方法。整个过程中应做到灵活、有度，即以学生学习进度和实践安排为准，灵活调整课程规划。

（五）选择教学方法和策略

在农村初中职业生涯教育体验式课程的开发中，选择适合的教学方法和策略至关重要，目前常用教学方法包括：一是体验式教学。通过实践活动、角色扮演、模拟游戏等方式，让学生亲身参与、体验不同职业和工作任务，帮助学生更加深入地理解职业特点和能力要求。二是问题解决式教学。引导学生直面真实或虚拟的问题，并鼓励学生独立思考、寻找解决方案，可借此培养学生的批判性思维和解决问题的能力，同时加强学生在职业生涯中的自主性和创造力。三是合作教学。组织学生进行小组合作学习，通过合作讨论、团队工作等方式，促进彼此之间的交流和互动，该教学方式有助于学生在合作中发展沟通、协调和领导能力。四是信息化教学。利用教育视频、多媒体资源等丰富的教学工具来支持教学，通过展示真实的职业场景和案例，帮助学生更好地理解不同行业和职业的特点。

（六）评估与反馈

可通过使用多种评估方式来全面了解学生的学习成果和能力发展，例如书面测试、项目作业、口头报告、实践表现评估等，为学生提供及时的反馈，帮助学生认识自己的优点和改进方向。在评估结果中，强调积极的成绩和努力，同时指出需要改进的地方，并给予具体建议。鼓励学生进行自我评估和反思，并进行实践感受方面的分享。教师可以根据学生的评估结果和需要，提供个体化的指导和辅导，也可以与学生讨论确定目标、制订行动计划等。教师还须与家长沟通课程目标、评估方式和学生的表现，鼓励家庭和社区对学生进行评估和反馈，共同促进学生的成长和发展。

四、农村初中职业生涯教育体验式课程的实践路径

（一）增加资金投入，创建实训基地

首先，增加对职业生涯教育的资金投入，用于购买教学资源、实践设备、教材和其他教学用品；建立农村初中职业生涯教育的实训基地，提供模拟职业环境和实践机会；基地设置不同的实训场所，如模拟办公室、实验室、工作车间等，供学生进行实际操作和体验。其次，购置适合职业生涯教育的设备和工具，如计算机、工具箱、电子设备等，这些设备可以用于教学实践活动和学生的模拟工作场景，提供真实的职业体验。最后，除正式课堂教学外，增加课程外的实践活动和参观考察，让学生亲身体验真实的职业环境和工作流程。

（二）制订多样化的实践活动计划

组织学生到当地的企业、农村合作社、政府机关等实地参观，或邀请当地的职业人士来学校举办讲座或座谈会，与学生分享自己的职业经历、职业技能和职业发展路径，学生可以向导师提问并了解不同职业的实际情况。设计角色扮演活动，让学生扮演不同的职业角色，模拟职业场景并解决相应的问题；也可以设计实践项目，让学生运用所学知识和技能，解决真实的问题或开展实际的社区服务。

（三）资源整合，寻求各方合作

与当地企业建立合作关系，共享企业的资源和专业知识。农村地区通常有农民合作社或农业合作组织，与其合作可以为学生提供实践机会、农业知识和农村创业支持；与当地政府部门建立合作关系，可以获取相关政策、就业市场信息和资源支持；与当地高等院校或职业学校建立合作关系，可以分享教学资源和专业知识，可以邀请高校优秀教师来学校举办讲座或实践指导，提供职业

技能培训和职业规划支持；与当地社区组织建立合作关系，可以共同开展社区服务项目和实践活动，提供学生参与社区服务和志愿者活动的机会。

（四）教师队伍培训，增强师资建设

首先，提供专门针对职业生涯教育的培训课程，包括职业规划、就业指导等相关知识和技能的培训，使教师具备专业的职业生涯教育知识；组织教师参观一线企业、职业培训机构等，了解最新的职业发展动态和就业市场需求，亲身感受职业环境，从而提高教师的职业素养。其次，邀请职业生涯规划师、人力资源专家等行业内的专家给教师进行专业指导，分享最新的职业生涯教育理念和方法，提供实际案例和经验；鼓励教师参与与职业生涯教育相关的学术研究和教育活动，提升自身的专业素养和教学能力，同时也可以与其他教师进行经验交流。最后，为教师提供必要的培训资源支持，如教材、教辅资料、案例分析等，帮助教师更好地开展职业生涯教育的教学工作。

（五）职业咨询与择业辅导

与当地的职业指导机构、人力资源部门、企事业单位等建立合作关系，整合职业咨询资源，为学生提供专业的职业咨询服务。组织学生参观企业、参加职业展览会、进行实地考察等，让学生亲身体验不同职业的工作环境和特点，从而做出理性的职业选择。设计针对学生的择业辅导课程，包括职业规划、择业技巧、简历撰写、面试技巧等内容，帮助学生提升自己的就业竞争力和职业能力。对于有特殊需求或困惑的学生，提供个别的职业咨询与指导，帮助学生解决个人职业发展问题，并制订个性化的职业规划方案。建立职业导师制度，邀请社会各界的专业人士担任职业导师，与学生进行交流和指导，为学生提供职业生涯发展的建议和支持。

（六）鼓励学生参与社会实践类活动

与当地的企事业单位、社区组织、公益机构等建立密切的合作关系，寻找实践机会和项目，并与这些机构签署合作协议，确保可持续、稳定的实践资源。或与企业合作，开展暑期实习、周末实习等项目，给学生提供参与实践的机会。学校要积极争取实习岗位，并建立实习管理制度，确保学生实习的质量和安全。组织学生参与社区服务活动，如清洁环境、义务劳动、社区文化传承等。这些活动既能培养学生的社会责任感，又能让学生感受到社会实践的意义。或利用当地的文化遗产、特色产业等资源，组织学生参观考察、实地调研。比如，带领学生参观农田，了解农村经济发展；或者带领学生参观当地的手工艺品作坊，了解传统文化产业。

五、结语

综上所述，农村初中职业生涯教育体验式课程的开发与实践不仅有助于农村学生的职业规划和就业能力提升，还能培养学生的综合素质，同时又能促进农村地区发展。近年来，很多相似课程成功开发后被引入各个学校，且教学效果显著。若要使职业生涯教育体验式课程整体质量提升，须寻求当地政府扶持，学校内部也要做好需求调研与分析、准备相应教学资源、创建实训基地、强化师资建设等工作，为课程开发与实践奠定基础。

参考文献：

［1］张大伟.体验式教学模式大学生职业生涯规划课程中的应用研究［J］.理论观察，2023（01）：153—156.

［2］许美琳，孔军辉，朱谡，等.体验式教学法在大学生职业生涯规划课程中的应用研究［J］.医学教育管理，2022，08（06）：686—691.

［3］石超.新形势下体验式教学在职业生涯规划课程中的应用研究［J］.大学，2021（23）：140—142.

融合教学：一场指向核心素养的学科变革

——以中职"语文＋专业"的模式为例

◎杨德洪　夏如平

摘　要 中职改革的核心点应在于提升学生核心素养、培养学生实践能力，这就要求教育者打破学科界限，实现学科融合，创新教育手段。笔者尝试了"语文＋专业"的教学改革模式，从构建课堂教学模式、教师培育模式和学业考查评价策略等方面进行研究与实践，力图寻找一条开展融合教学的有效之路。

关键词 中职教育；核心素养；"语文＋专业"；融合教学

作者简介 杨德洪，江苏省扬中中等专业学校校长。
夏如平，江苏省扬中中等专业学校党政办主任。

工艺美术课上，学生精心设计出美妙的艺术品，却悟不出作品的寓意；计算机技术应用课上，学生娴熟地处理图片、剪辑影片，却道不出影片的主旨；烹饪课上，学生能够做出一道色香味俱佳的菜肴，却品不出菜肴的文化……这就是中职专业教学中存在的一个突出问题：重学生专业技能的训练，轻学生人文素养的培养，结果是只能培养出"匠"，而难以成"师"。显然，这样的教学模式对于学生核心素养的培育是欠缺的。

如今，多元、融合、创新已经成为现代职业人才的特质，跨界在各行各业中已经屡见不鲜。《中国学生发展核心素养》要求以培养"全面发展的人"为核心，从人文底蕴、科学精神、学会学习、健康生活、责任担当、实践创新六个方面建构学生素养。因此，中等职业教育亟须转变观念和模式，通过学科跨界，寻求各学科之间的契合点，进行融合教学，开辟有利于中职学生发展的有效途径。

一、课堂教学模式的变革

（一）融合教学的基本内涵

虽然中职语文是基础性学科，但语文教学还是要发挥职业化功能作用，简而言之，就是在语文教学中贯穿职业道德、职业文化和职业能力的相关知识，让语文也姓"职"。只有这样，中职语文教学才能肩负培养素质全面、能力综合的现代劳动者的重任，才能走上一条符合职业教育规律的康庄大道。

融合教学的课堂是一种以提升学生核心素养、培养关键能力为宗旨的课堂。融合教学的课堂是一种"融合共生"的课堂，它打通了学科之间的壁垒，在两者交叉地带寻求突围。这在某种程度上打破了教师和学生传统思想的禁锢，实现教学内容的多元性、形式的多样性，将无序的学科知识进行组合，形成跨学科的知识系统。

面对瞬息万变的社会，要让学生的职业道路走得更远，语言表达能力、社会交往能力、沟通与协调能力、信息处理与学习能力等职业能力不可或缺。"语文＋专业"的模式就是创设学生生活、专业和职业相近的情境，使语文核心素养和专业核心素养得以双提升。江苏省编职业教材《语文》学科明确提出：第一、二册侧重培养基本素养，第三册侧重学习专业知识。这样的意图就是让教师在语文教学中可以充分挖掘教学资源，充分应用学生的生活经验，建构更贴近学生生活气息的场景，促进教师教学效果的提高，促成学生核心素养的提升。

（二）融合教学课堂模式的实践途径

1. 打造"多师型"的课堂

应用型、复合型、创新型人才是现代企业发展的根本保证。只有打破现有课程教学的学科界限，探索基于学生问题解决能力和实践创新素养的跨学科融合教学，才能适应时代和社会的需要。教师是课堂教学的执行者，是实现跨学科课程教学的主体，要想实现课堂教学的多元化融合，首先要改变"单师型"的课堂模式，走向融合化的"双师型"课堂，再实现"三师型"企业培育式课堂，即由文化教师、专业教师和企业专家共同组成育人团队。

以"语文＋旅游"课程中的《导游讲解语言》一课为例：把课堂搬到景点，由语文教师、专业教师和金牌导游共同参与课堂，实施课堂教学。专业教师对专业知识和技能进行指导后，学生结合教师讲解、学习资料和景点实况撰写出讲解词，随后语文教师从语言文字、思想情感和文化内涵等角度对学生的讲解词提出修改要求，最后学生实地模拟讲解，金牌导游结合实际和经验对学生进行指导。最终在三位导师的合作下，课堂呈现全新的模式，学生的学习更加高效，专业素养、语文素养和职业素养得以提升。

2. 开发有效的融合课程

课程是教学的核心，是学习的抓手。但如今国家没有编制相关教材，这就需要教师们研究学情、社情，结合专业特色开发适合的融合教学课程。开发融合教学课程的关键是找到学科和学科之间的契合点，形成系统有效的教学内容。

为此，笔者与计算机、旅游、工艺美术等专业教师合作，把职业教育现代学徒制的培养理念与专业发展目标、语文核心素养结合起来，在校内外开展了一系列的跨界教学活动，开发了一些目标明确、内容具体、行之有效的课程，如"语文＋工艺美术"的《秧草包装盒设计》课程。我们都知道，作为工艺美术专业学生，首先要掌握的是绘画和设计等专业方面的知识和能力。但一个出彩的包装盒设计不仅要有图案，更要有"文"，甚至是"情"，这就需要设计者具备写作能力和文化积淀。所以写作和表达也是本节课的教学目标。教师把这些内容整合在一起，真正体现了跨界理念，不但提高了学生的专业能力、提升了学生的职业素养，也唤醒了学生的审美意识，这绝非一节单纯的语文课和专业课所能达到的。在实践工作中，我们根据专业特点，还开发了"语文＋计算机"的《微视频脚本设计》、"语文＋旅游"的《镇江一日游》、"语文＋学前教育"的《主题墙设计》等课程。

3. 开辟多样的教学场所

教室是传统课堂的主阵地，学生绝大部分学习活动是在教室里实现的，而融合教学要求打破教学场所的"固定化"，追求更加"灵活化"。要发挥学科与专业、专业与企业之间的融合优势，把课堂搬到车间、搬到企业，让学生在真实情境中进行学习活动。另外，对于一些难以实现的教学情境，我们还要把课堂搬到网上，通过直播或者转播的方式实现课堂教学的在线化，这样有利于激活教学内容，实现教学效果的数据化。

比如，在"模拟求职应聘洽谈会"这样的综合实践活动中，笔者以一年一度"大中专毕业生招聘会"为契机，组织学生走进招聘现场，带着自己的求职信去应聘。在现场，笔者发现有的学生侃侃而谈，一两次就能找到适合自己的岗位；有的学生抓耳挠腮，屡屡受阻，走了一圈也没被一家单位看中；有的学生则当场吐槽："老师，太'残酷'了，竞争太激烈了！"这次活动一方面让学生掌握了求职信的写法，另一方面让学生在训练中提前掌握了一般职业素养，并且在模拟面试中掌握了说话的技巧，学生们对自己的职业方向又有了新的认识和更深的思考，这进一步激发了他们提升自身职业素养的主动性。

二、教师培育模式的变革

融合教学对职业学校教师提出了新的任务和新的要求。当前职业学校教师的专业发展状况已经无法适应融合教育的要求，主要体现在三个方面：一是理念俗套，教法落后，跨界合作意识不强，探究和创新精神不足；二是参与企业的深度合作不够，对专业领域的新知识、新技术、新工艺等不熟悉甚至不了解；三是教师成长缺少平台。针对这些问题，笔者认为，对于教师的培育应做到以下几点：

（一）更新教学理念和教法

在学科教学中，学生获得知识、提高能力、提升成绩都很重要，但是，这一切都必须以学生的健康、幸福、尊严和个性发展以及内心的自由为前提。知识不是为学科而存在的，也不是为认识世界而存在的，归根到底它是为人而存在的。挖掘语文学科的育人价值和精神实质，是教学从知识导向走向素养导向的基本要求。《中等职业学校语文课程标准（2020 年版）》指出：在深化产教融合、校企合作的背景下，教师要创设与行业、专业相近的教学情境，探索中职语文教育与专业实践相融合的教学新模式。基于此，职业教育要坚持"跨界、融合、创生、重构"的理念，通过激发创新精神和探究精神，寻求适合提升学生核心素养和发展学生职业关键能力的有效方法，以推动职业学校教师的理念和教法的升级。

（二）构建教师跨学科培养模式

厦门教师陈群莹说："通过跨学科教学创新交流活动，将大学、中学、小学教师跨学科、跨学段联结在一起，打开了中小学教师的教学视野，解放了教学思想，我们可以联合大学教师开展中小学跨学科课程建设。"对于中职学校而言，融合教学要求职业学校教师具有一定的跨学科教学能力素养。教师不能只满足于精通本学科知识，还要具备融合教学中其他学科的知识。职业教育不仅要建立有本学科教学能力的"讲师"队伍，也要建立拥有其他学科专业基础知识和能力的"技师"队伍。

以语文学科的教师培养为例，成立"语文＋"的跨学科教师团队，就是将语文学科和专业资源整合在一起，开展既相互独立又相互协作的育人模式。语文教师和专业课教师在一起进行教研活动，共同确定教学内容和教学方法。学校在开展培训的时候，也不必拘泥于学科界限，语文教师可以参加专业课的一些培训学习，专业课教师可参加语文类的培训学习，最终达到培养"综合性"教师的目的。这样才能在"语文＋专业"的教学中有的放矢，融合教学才能落到实处。

（三）搭建教师发展的平台

"所谓大学者，非谓有大楼之谓也，有大师之谓也。"由此，加速职业学校教师跨学科发展，为教师搭建合适的平台是必要的。首先是搭建专家引领的培养平台。可定期邀请一些职业教育的前沿专家开设讲座，或者派教师外出学习和实践，组织教师参加省市的一些教学竞赛，让教师接触新的理念，了解前沿的动态，学习先进的经验。其次是搭建产教结合的平台。职业教育重在实践，产教结合是最有效的形式。教育主管部门和学校要为教师搭建产教结合的平台，让教师和学生能走出校园，深入企业了解行业的新技术、新工艺、新标准等，在真实的生产中巩固知识、锻炼技能。也可以把企业的一些专家请进来，把企业的产品带进来，对师生开展实景性教学指导，促进生产与教学密切结合、相互支持，建构学校与企业、师傅与师生浑然一体的办学模式。最后是搭建智慧服务平台。随着现代信息技术的发展，以"用户至上，快速迭代，跨界融合，开放众筹"为标志的互联网思维备受职业教育的关注,很多学校积极致力于智慧校园的建设,促成信息技术与学科教学深度融合。"在线课程""智慧教研"等形式能有效突破学校、地域和专业的限制,加速教师成长。

三、学业考查和评价策略的变革

新课程标准指出,学业评价不仅要符合党的教育方针,还要符合学生的学情和个性特征……应该实行定量与定性、客观与主观、笔试与口试相结合;应该重视态度、情感和知识能力,并应关注过程和结果,以鼓励和引导学生全面提高学科素养。由此可见,"一考定成绩"的单一指向式评价已经完全不能适应中职学生能力与素养提升的需求,亟须建立新的考查和评价体系。

(一)评价方式多元化

立足学生发展,根据不同的对象需要达到的标准,选用恰当的评价方式。通过对诊断性评价、形成性评价、终结性评价等多种方式的整合,可运用纸笔测试、现场观察、对话交流、小组分享、自我反思等多种评价方式,增强评价的科学性和有效性,达到全面、有效的评价,促进学生健康发展;也可以通过教学评价表多角度、全方位地对学生的学习情况给予评价,引导学生学会学习,自觉提升核心素养。正所谓"多一把衡量的尺子,就会多出一批好学生",对不同的学生来说,评价的"尺子"不仅要有长短高低的差异,而且还须考虑衡量角度的变化。只有评价多元化,才能促进学生全面发展,挖掘出他们自身的潜能。

(二)考试命题情境化、综合化

学业考试是衡量学生核心素养发展水平的重要方式,在考试命题上要做到情境化和综合化,即要注重创设各类情境,符合学生学习生活、社会生活和职业生活等。试题应避免以单纯的知识点和能力点设计考题,提倡综合性的测试方式,设置内在联系、指向学科核心素养的问题和任务。

以"语文 + 旅游"为例,我们设置了这样的考题:扬中一年一度的"河豚美食节"又开始了,请你结合美食节的内容和扬中文化完成下列题目:1.为此次美食节撰写一条标语;2.为游客规划一条合理的旅游路线;3.为扬中"河豚美食节"写一段推介词。这样的命题加强了中职语文跟专业课的联系,打破了原来知识点和能力点互相独立的训练逻辑,实现了语文与专业学科的巧妙融合,突出了考查的应用性和实用性,这将是未来考试的趋势。

四、结语

融合教学是一场指向核心素养的变革,是一场教师的"自我革命"。针对公共基础课和专业课之间的长期分离、教学资源匮乏、评价体系不完善等问题,笔者以"语文 + 专业"的形式进行了一些探索,以提升学生核心素养为宗旨,探寻教与学的新方向。随着职教新一轮改革的不断推进,融合教学将成为职业学校走向高质量发展的趋势。在这一过程中,将有更多的问题等待广大职教教师去研究和探索。

参考文献:

[1]中华人民共和国教育部.中等职业学校语文课程标准(2020年版)[M].北京:高等教育出版社,2020.

[2]戴智敏,沈兆钧.中职学生语文核心素养跨学科培育模式的研究与实践[J].中国职业技术教育,2019(14):12—17.

[3]叶延武.平面化:课程整合的构想与实践[J].课程·教材·教法,2016,36(01):20—27.

以导学制促进初中生个性化学习与发展

◎ 周光芬

摘　　要　支持学生个性化学习与发展既是我国的传统教育观点，也是当下教学改革的热点。无论是"因材施教""有教无类"，还是"素质教育""特色教育""体验式学习"，其本质都是以支持学生个性化发展为核心。文章立足导学制的内涵和意义，阐述了扬州市文津中学为学施导、以导促学，助力初中生个性化学习和发展的教学实践。

关 键 词　导学制；初中；教学实践；个性化学习与发展

作者简介　周光芬，江苏省扬州市文津中学教务处主任。

　　培养初中学生自主学习能力，对于其个性化、可持续学习发展有重要意义。扬州市文津中学以"导学制"为基，扎实推进"四导四学"课堂教学模式深度构建，引导学生实现个性化学习发展。作为基层教育工作者，笔者也在课堂教学中积极思考和探索，通过深化和完善导学案，在把课堂还给学生的同时，科学处理"导"与"学"的关系，引导学生有目的、有意义、有能力地学。

一、导学制的内涵和价值

　　"导学制"是"导学"与"制"的结合。导学，即教师引导学生学习。制，即规定、制度，是要求成员共同遵守的规章准则或规定的标准、格式、样式。将二者融合到一起的"导学制"，是新课改发展过程中教学实践在"教师为主导、学生为主体"课改理念引领下突破传统教学弊端而形成的一种有效、有益的教学制度。

　　何谓导学？在课堂教学中，教师要主动避免"非理性教学"的误区，既不能"一言堂""满堂灌"，又不能一味"放手"，在无序的"放养"和无度的"放水"中浪费宝贵的课堂时间，消耗学生的学习热情。"导学"要求教师变课堂的"管理者"为"协调者"，统筹安排教学的过程，协调学生个体和群体，促成各种活动的有序开展，变"裁判员"为"领衔运动员"；要求教师化身课堂学习的优秀参与者和积极领跑者，通过带头示范、带头讨论、带头试验等，让学生找到"追赶"的目标，形成自主学习的能力。

　　多年来，文津中学持续推进"四导四学"课堂教学模式的研究和构建，经过长期实践，形成了基于学情、体系全备的"导学制"，形成了基于课堂教学的教学范式，形成了具有相对固定程式、操作路径、评价标准的课堂教学制度。

二、导学制的实施策略

　　如何实施导学制？如何在引导学生充分开展自主学习的同时，通过相对稳定的引导学习的机制促进初中学生个性化学习和发展？笔者以为，优质高效的教学管理是保证学校教学质量的关键因素。多年来，文津中学在规范教学工作的基础上，以推行"支持学生个性化学习发展"为教学管理目标，对日常教学管理的要求和方法、标准及时做出整合和优化，使导学制更好地服务学生学习和发展。

（一）导学为基，丰富课题研究的新内涵

　　我们以为，科学、有效的教学管理制度应该

是基于学情、校情的，是在师生健康生长的土壤中自然"生长出来"的。作为学校教学变革的着力点，我们在优化教学管理制度时，坚持以"导学"为基础，无论是备课、研课，还是评课、点课，要求教师们所研讨的内容都是与"导学"课堂的构建密切相关的。因此，在导学制推行过程中，我们将"导学"模式的构建确定为学校必须长期研究探讨的"主打"科研课题，组织教师们完成了一系列的备课、研课、磨课、评课、点课机制和制度的完善与改进，以科研带动教师日常教学实践的不断深入，丰富了科研课题研究的新内涵，开启了学校教学研究的"新阶段"。

（二）校本实践，构建导学课堂的新样态

为了充分调动教师在导学过程中的工作热情和创新精神，不断激发教师寻找适合文津学子个性化学习发展的原动力，学校积极推进基于导学制的创意校本教研活动，以"如何让学生学得更好"为核心，紧扣"我的创意是什么""我的课堂创意体现在哪""如何提高我的课堂创意实效"等主题，从"国家课程校本化开发如何彰显""课堂导学深度研究运用如何研发""数字化资源工具如何选择与应用""信息技术设备与课堂导学如何深度融合"四个维度入手，有序引导教师积极构建"课堂设计有新内涵、课堂理解有新定位、课堂表达有新诠释、课堂实施有新亮点、课堂品质有新意味、课堂实效有新突破"的导学课堂。近百位教师的创意课堂实践展示和创新课堂实践反思，推动课堂导学研究向纵深发展；在"优质课""创意课"的样态建构中不断优化导学课堂模式，凝练导学课堂精髓，形成导学课堂的操作路径和理论成果。

（三）技术支撑，开发线上导学的新空间

基于互联网的线上教学是教学新常态，也是新的增长点。因此，在导学制的推行和实施过程中，我们充分融合现代信息技术，同步开发线上导学空间。

学校以国家智慧教育平台为基础，通过开展面向全员的数字化技术培训，让数字化技术资源真正成为教师导学、辅学的得力助手；与苏州"百智通"合作研发了网络课堂直播平台，向学生提供免费的优质线上拓展课程，满足学生的差异化、个性化学习需求；利用线上交互平台，开展在线个性化"导学""导行"，由备课组教师对学生自主学习产生的问题进行线上"问诊"，开出"诊疗方"，并以线上合作的方式组织学生合作学习，极大地拓展了导学活动的空间，契合了当下的教育实情。

（四）强化研修，形成导学推进的新优势

教师是导学制实施推广中的核心力量。要推进导学制顺利实施和持续发展，培养具有极强专业能力、推广本领的种子教师是关键所在。为此，学校组织开展了一系列契合文津中学发展的校本培训活动，如"专业阅读年"青年教师培养活动、"我的课堂创新"教学活动、文津课堂导学模式专题研讨会、教师暑期培训活动、教师外出研修培训活动等，不断营造聚焦主题的教学研讨氛围，形成了读书阅读和分享交流相结合、专家指导与自学研修相结合、专题培训与研讨活动相结合、学习研究与实践调查相结合的教师培训机制。随着系列培训活动的开展，教师们对导学的意义有着越来越清晰的认识，对导学的问题也有着越来越深刻的理解，对导学课堂的把握和驾驭也更加有信心和智慧，为打造以导学制为特色的学校教育生态奠定了坚实的基础。

三、以导学制构建学校教育新生态

以导引学，以导助学，以导促学，让"导学"成就初中生的自主学习和个性发展是我们长期探索和实践导学制的初衷和目标。无论是方向和目的，还是方法和手段，导学制的有效实施都必须突出学生的主体地位，都必须坚持以生为本，做到以人为本、以生为本、以学为本，让学

生在导学制所营造的学校教育氛围与教育生态中学到、学会、学好。

（一）让道学生，培育自主

在导学制的机制和框架下，我们将课堂定位为"学习共同体"，以让道于学生为基本策略，构建基于学生主体、激发学习内驱、务求学习实效的"四导四学"课堂模式，引导学生积极参与到自主化、个性化学习中。

第一，教师引导学生拉伸"学习链"，将"导"前置和后延，"无缝衔接"课前、课中和课后，努力实现学生的"全链条学习"。第二，引导学生用质疑的思想开展自主式预学，把遇到的问题梳理出来，形成"学习共同体"的问题清单，再引导其将问题分类，包括可以独立解决的、需要他人帮助的、需要合作探究的等，再有目的地开展"学习共同体"学习活动。第三，引导学生经过真实而充分的"研"，"研"出真正有价值的问题，抓住真问题，寻找真办法，做到真解决。第四，引导学生回顾解决问题的途径，总结学习的方法，促进学生再学习、再提升，达到支持学生个性化学习的目的。

（二）自主评价，激发内驱

以评价为驱动，引导学生自主评价，激发学生在导学制的平台上、在"学习共同体"的学习过程中强劲的内生成长动力。以激励性评价方式正向引导学生投入导学的参与热情，实现"以评促学""以学改教"的"教—学—评"的逆向一致性，丰富"教—学—评"一体化的内涵和意义。在这一过程中，自主评价不仅促进了学生认知和思维的发展，还激发了学生参与"学习共同体"学习的内生动力，有效实现了"支持学生个性学习与发展"的导学目的。

（三）优化机制，丰富内涵

建立科学的导学机制和有效的导学管理支架，促进学生自主学习不断走向深入，是实施导学制的价值所在。我们需要在已取得的成果基础上，不断支持、促进、优化导学制，使之成为学校教育生态中新的增长点；我们需要构建"以人为本、以生为本、以学为本"的更加开放、更加包容和更有生长力的学生自主成长平台，引导学生根据自身优点，获得更加切合自己发展的选择；我们需要在对学生进行科学管理和有效引导的过程中，更加重视对学生个性化发展的顶层设计和分层设计，赋予学生更多的学习发展选择，满足学生的发展需求，最终实现学生个性化的学习成长。

四、结语

"导学"是教师通过一定的策略、路径、标准，指导、引导学生在课堂中自主式、个性化、合作性开展学习活动。文津中学的教学实践证明，"导学制"所蕴含的开放性、引导性、生本性、创新性，能够更好地满足学生个性化生长需要，推动学生自主发展。在今后的教学中，我们将继续探索"导学制"的实施策略和方案，助力学生学习成长。

参考文献：

［1］马玉霞.影响个性化学习效果因素的调查分析［J］.甘肃广播电视大学学报，2011，21（01）：11—13.

［2］姚灵光，宿仲瑞.重建教学管理制度 让教学常规"活"起来［J］.中小学管理，2005（06）：11—12.

浅谈农村幼儿园混班活动的探索与实践

◎仲建华

摘　　要　混班活动是基于传统同龄编班形式的一种补充，让不同年龄、不同班级的幼儿混合在一起，组成新的学习共同体，促进幼儿共同学习、共同成长。农村幼儿园混班活动的开展能形成新的生活、游戏群体，将班本课程文化的价值发挥到极致，并为幼儿提供丰富的人际交往机会，促进幼儿认知、情感、社会性的发展。

关 键 词　农村幼儿园；混班活动；探索与实践

作者简介　仲建华，江苏省南通市海安市南屏幼儿园教师，一级教师。

农村幼儿园混班活动是农村地区幼儿教育的一种常见现象，不同年龄段的幼儿被组合在一个班级中接受教育。教师要积极探索和实践混班教学的方法和策略，以便更好地促进幼儿各方面能力与素养的发展。

一、开展混班活动的意义

（一）基于材料资源共享的需要

游戏活动离不开游戏空间和游戏材料的支持。一方面南屏幼儿园活动室空间偏小，为了追求游戏项目均衡的目标，每个班级都要开设美工、科学、建构等至少五个不同的区域游戏，尽可能满足《3—6岁儿童学习与发展指南》（以下简称《指南》）中对幼儿能力提升的要求，所以单个游戏区域的面积更小。另一方面教师的精力有限，再加上班级设置的区域较多，教师们不能兼顾每个区域都深入而丰富地投放材料。如何最大化地盘活各班优秀材料资源，同时又不让教师重复劳动，最终达到材料资源共享，我们经过多次集中研讨，一致认为混班活动有助于扩大幼儿的活动空间，各班的资源能得到更好的整合、利用和发展。

（二）基于幼儿身心发展的需要

《指南》中提出："最大限度地支持和满足幼儿通过直接感知、实际操作和亲身体验获取经验的需要。"我们观察到，游戏伙伴的水平与幼儿能力的提升关系密切，一个班级中只要有几个水平高的幼儿，就能带动全班幼儿的能力提升。只固定在本班内进行区域活动，会造成幼儿的发展受本班教师水平和本班幼儿水平的限制，幼儿发展不均衡，差异性较大。[1]立足现状，更好地实现游戏对幼儿成长的促进作用，加强班级之间的互通，扩大幼儿在园的生活、学习和游戏的空间，让不同班级的幼儿组成新的学习共同体进行活动，是开展混班活动的重要目的。

（三）基于教师发展的需要

教师是幼儿活动的支持者、参与者和引导者。混班活动的开展，进一步挑战了教师一日活动的组织能力，让教师聚焦一个问题或某一领域进行深入研究，更好地观察幼儿、分析幼儿、支持幼儿，加强教师的反思意识和创新意识，促进教师的发展。如何让幼儿园的现有资源最大化利用（这里的资源包括教师资源、班级文化资源、材料资源等），是新的研究问题。围绕这些问题，我们寻找到更适宜的方式——混班活动。它打破了班级之间的围墙，让我们的现有资源发挥出一加一大于二的效果。

二、开展混班活动的策略

我们实施的混班活动打破班级围墙，不仅使有限的资源在年级内实现最大化利用，而且教师可以专注于某一领域进行深入研究，有所专长。鉴于此，年级各班根据教师特长设置班级特色区域。自实施混班游戏以来，我们坚持小步迈进、由点及面，在混班活动形式上进行了一次创新。

（一）混班活动的路径

南屏幼儿园混班活动实践摸索出"四步走"实施路径：第一步，带领幼儿熟悉本班材料。本班教师、家长和幼儿根据本班的特色，有计划地投放材料、创设环境。每个班级在五大区域的基础上有自己班级的特色区域。第二步，部分幼儿混班。每个班的部分幼儿去其他班熟悉环境和材料，在此基础上再去其他班级参加特色区域活动，弥补自己班级的空白。第三步，年级之间两两混班。即各年级采取两个班级混班的方式，帮助幼儿尽快熟悉自己班级以外其他班级的活动材料，了解其他班级的活动支架。第四步，实现全园大混班活动。目前，我们以户外体能大循环运动为抓手，每个幼儿都能根据自己的喜好选择自己喜欢的区域游戏，尽情地享受乐趣。"四步走"实施路径交互使用，幼儿不但能尽快熟悉自己班的环境和材料，而且能在较短的时间内熟悉其他班的游戏环境和材料，自身潜能得到不断激发。

（二）混班活动的途径

1. 理论学习认知化

我们先后组织教师有针对性地查阅资料，向同行、专家学习，这些资料给了我们很大的启示。在共读、研讨中，教师们的想法逐渐趋向一致，可以清晰地看到混班活动的问题和价值。若开展混班区域活动，哪些方法能真正促进幼儿学习多元化的发展？户外游戏怎样实现真正的大融合？生活活动如何发起？等等。

2. 生活环节自然化

围绕幼儿园的一日生活环节安排，深入挖掘其中的混班教育价值，科学、高效地促进幼儿的发展，让教师看得见每个幼儿，发现幼儿的成长，比如"大带小散步活动""同月宝贝活动"等。在生活环节中，由于组织形式的特殊性，我们可以满足所有幼儿的愿望，让他们混龄结对，从而共享生活的乐趣。

3. 自主游戏最优化

实施同级混班活动，有利于优化并共享教育资源，让班级文化互通有无，师幼皆获得长足发展。每个教师各有特点、各有所长，通过班级幼儿的对流混班，幼儿的视野更宽了，他们交流经验，分享自己的不同发现，共同解决所发现的问题，也互相迁移各自的经验。比如在大班的科学区里，磁铁是比较常见的材料，大一班幼儿玩的是小纽扣磁铁，在玩"贪吃的小蛇""磁力牙膏盒小车"等小游戏过程中，他们发现了磁铁同极相斥、异极相吸的现象；而大二班的幼儿玩的是大型圆圈磁铁和 U 形磁铁，他们知道不同的颜色代表不同的磁极，也知道相吸和相斥的道理。通过交往和交流，幼儿的信息量翻倍增加，这就是混班的魅力所在。

4. 户外活动多样化

实施非同级混班活动，让不同年龄、不同班的幼儿在一起游戏互动，有助于实现幼儿园文化传承。比如自主散步、小树林野战区、体游大循环等，在形成了一定的规模和文化后，通过混龄活动，能让活动方式、活动内容创造性地一直传承下去。南屏幼儿园从 2013 年开始就组织自主散步，从当时的小规模到现在的个别班级的全覆盖，幼儿的自主意识、创新意识一代比一代强。野战区的游戏也从水池边转移到了小树林，内容更丰富，形式也更多样了。体游大循环虽然开展时间略短，但也有了一些经验和心得，幼儿给了我们足够大的惊喜。

5. 专用室活动特色化

实施混班项目活动，如科学专用活动室、利用半成品和废旧物品制作科学玩具磁力小车、悬空小鸟、悬浮车等，场景的布置无疑给了幼儿交流分享的生活模拟空间，他们在这里实现经验的交流和解决问题方法的共享。木工坊里的大带小混龄活动，有利于活动规则、技能的沟通；建构室里共同体验绘本故事，团队合作交往交流，围绕共同的问题去完成建构梦想；等等。

6. 学习活动灵活化

通过混班活动，我们深入观察、深入分析幼儿的兴趣点和最近发展区，生成一系列值得幼儿集体探讨的混班活动，如逛公园、神奇的力量、楼梯不一样、我们是一伙的等。这种以儿童为主体的集体学习活动，才是真正能促进幼儿主动探索、深度学习的最有用的组织形式，其原因如下：

首先，混班自主游戏能促进幼儿交往能力的发展，幼儿游戏水平也相应地得以提高，彰显了课程游戏化精神。其次，教师要研究创设混班自主游戏环境，提供层层推进的丰富的游戏材料，设计户外混龄自主游戏活动方案。最后，教师要探索混班自主游戏中教师适度、适时的指导方法、原则，以及不断提升幼儿游戏水平的指导策略。

三、开展混班活动的收获

由于幼儿园硬件条件的限制，园舍面积小，幼儿的活动空间无法拓展，活动室内的区域无法满足游戏内容应尽可能丰富的需求，自主交往和自主活动的空间达不到课程游戏的要求。户外的艺术长廊和森林空间能给幼儿一个自由发展的空间，能为混班游戏创造一个生态良好的自然环境。教师们巧妙地利用空间，让幼儿在生态化、自然化的游戏场景中去交往、去表现、去创造，促进大、中、小班幼儿在快乐的游戏中身心健康和谐地发展。[2]

（一）混班活动的价值体现

幼儿在游戏过程中不但能培养创造力、探索力，而且能在合作中培养自我解决问题的能力；使幼儿能在与同伴的交往中获得认知和经验，纵向提高幼儿的各种能力。户外混班自主游戏使所有幼儿在与同伴的互动中充分体验交往的积极情感，获得更广泛的交往经验和基本交往技能，促进幼儿的交往能力有质的提升。

1. 混班活动可以共享游戏空间

幼儿园分小班部和中大班部，各部均以楼面为单位创设公共区域的游戏场地，主要包括各班的教室和宽敞的走廊区域。在开展混班角色游戏时，幼儿可自由穿梭于两个教室及走廊公共区域的游戏场地中，共享游戏空间。

2. 混班活动可以共享游戏材料

在开展混班角色游戏时，由于公共区域参与游戏的班级多、人数多，教师经常需要根据幼儿生成的内容和主题活动的需要收集各种游戏材料。教师发现，一个班级幼儿收集来的游戏材料有限，但一个楼面、一个年级的幼儿共同收集的游戏材料丰富多样。因此，幼儿园每个楼面公共区域中的游戏材料都来源于本年级的每一个幼儿，同样也让每一个幼儿共享。

3. 混班活动可以共享游戏时间段

小班幼儿喜欢自己玩游戏，可以以本班角色游戏为主，时间为40分钟，以提高幼儿适应环境的能力。中班幼儿的角色游戏水平有了较大提高，可以每周组织两次，每次的共享游戏时间为45分钟，以扩大中班幼儿的交往范围。大班幼儿各方面能力发展较快，可以每周组织三次，每次的共享游戏时间为50分钟，以提高大班幼儿的合作、交往意识及创造力。

（二）混班活动的喜悦收获

1. 混班活动促进幼儿各项能力的提升

幼儿的生活水平受幼儿生活经验的制约。混班活动时，每个幼儿都有机会与全年级乃至全园老师、幼儿共同游戏、交流。幼儿的交往圈子扩大了，各种社交情境也增多了，这无疑扩展了幼儿的生活经验，提高了幼儿的活动水平。幼儿的语言、智力等认知能力得到了发展，创造力和实践能力得到了提高，有效地促进了幼儿社会性发展。比如，角色表演区的野餐馆，中四班的孩子玩时，几乎无人问津；混班游戏中，中二班孩子的加入，发展出烧烤、大排档等游戏情节，野餐馆立刻门庭若市。

2. 混班活动促进了教师的专业成长

所有混班活动的设计建立在班级特色区域开展的基础上。教师都是独一无二的个体，有着自己的特色和风格，会根据自己班级的特色区域进行深度挖掘。比如，中二班教师科学素养较高，在认真研究各年龄段科学领域的发展目标后，根据支架筛选材料，在了解材料性能的基础上挖掘材料的价值，科学地投放，并引导幼儿进行游戏。同时，各年级部的教师通过了解自己平行班级的材料，了解各班幼儿的原有能力、习惯培养等方面的差异，不断反思和调整自己的教育行为。最终，各班级在班班有特色的基础上建立了混班活动，教师们不断由多领域的研究深入单领域的研究，教师专业特长也有了质的跨越和发展。

3. 混班活动促进幼儿游戏活力四射

根据幼儿园的需求，每周确定一到两次的混班活动。幼儿可供选择的空间无限大，不再受空间和班级的限制。喜欢野战区的幼儿可以选择去体验解放军叔叔匍匐前进的能力；喜欢建构的幼儿可以用大型积木、万能工匠、拼插玩具随意拼搭；喜欢角色游戏的幼儿在野餐馆送外卖、搞烧烤、做动感表演，丰富的角色表演让幼儿有了不一样的体验。幼儿就是游戏的主人，"我的游戏我做主、我的地盘我做主"，他们乐此不疲，将幼儿课程游戏化精神发挥得淋漓尽致。

四、探索混班活动发展的方向

目前对幼儿园混班活动研究仍存在一定的困惑，如幼儿的年龄差异，他们在身体、智力和情感的发展上存在差异。"混班活动"是一条哺育幼苗的创新之路，是教师们的初步尝试，还在不断地探索和完善之中。今后，幼儿园可从以下三个层面继续探索：

（一）幼儿层面

多时间、多空间、多维度开展混班活动，不断形成新的学习共同体，让幼儿把活动中的感受用自己的方式表达出来，并进行一对一倾听，经过长期积累，形成连续、系列的活动日记。这样，幼儿的眼界更开阔，思维更灵活，情感更丰富健康。

（二）教师层面

教师要从关注本班幼儿逐步扩展到关注他班幼儿。通过观察幼儿，发现问题，解决问题，找到幼儿的最近发展区，从不同角度生成案例，形成混班活动案例集。教师要把发现幼儿、理解幼儿、读懂幼儿作为提升自己专业素养的关键能力。

（三）幼儿园层面

鼓励教师积极捕捉幼儿的兴趣点，连接幼儿的生活经验，生成微小课程，形成园本体系课程，让幼儿园成为实现幼儿积极主动发展的游戏、生活、学习的实习场，逐步形成混班管理文化。

五、结语

混班活动提供了幼儿与不同年龄、兴趣和能力的伙伴进行社交互动和合作的机会，这有助于培养幼儿的社交技能、合作精神和团队意识。教师在混班活动中应注重观察和记录幼儿的发展情况，了解他们的个体差异和需求，并有针对性地进行幼教设计和引导，通过逐步完善幼儿的人格建构，使其获得全面发展与和谐成长。

参考文献：

［1］陈钦英．幼儿园户外混班自主性游戏的有效策略［J］.考试周刊，2022（30）：143—146.

［2］张莱芳．幼儿园室内开放式混班体育游戏的实践［J］.家教世界，2021（33）：7—8.

"双减"背景下混合式教学在小学科学教学中的应用策略

◎周　娟

摘　要 混合式教学在小学科学教学活动中的应用，融合了线上线下教育资源，丰富了教学活动形式，能够为学生营造更加轻松、和谐、适宜的学习氛围，增强学生的自主学习和探究意识。基于此，本文探讨了"双减"背景下，通过运用融合思想，落实以学生为中心的先进教育理念；借助信息技术，助力教学活动高效、高质量开展；实施分层教学，提高教学活动有效性；加强教学资源的开发与利用，丰富教学实践活动等混合式教学在小学科学中的实践策略。

关键词 双减；混合式教学；小学科学；教学策略

作者简介 周娟，江苏省海安市教师发展中心附属小学教师。

"双减"背景下混合式教学在小学科学教学中的应用策略探析，须践行以学生为本的先进教育理念，关注学生学习感受，立足学生实际，着眼学生发展需求，加强线上线下混合式教学模式的创新设计和应用，不断丰富小学科学教学活动内容和形式，推动小学科学教学实现科学、高效和可持续发展。现结合小学科学教学活动内容，从以下几方面开展具体教学活动策略的思考：

一、瞄准混合式教学目标，达成预期效果

开展混合式教学的目标应该是有效提升学生学习的深度和广度，进而实现"双减"背景下的学生发展。因此，不能狭隘地理解混合式教学的目标，仅仅是使用在线平台开展科学教学，或者仅仅是开展形式多样、变化翻新的教学活动。要努力依据学习内容和学生的认知基础，以及教学的规律去实现提升学生学习深度的目标。

在教学《用手来测量》这一单元时，为实现本单元科学概念目标"知道测量可以量化比较结果"，可以通过线上资源和线下活动相结合来实现混合式教学目标。上课前，教师可以通过线上渠道发布学习任务，家长在家里和孩子一起用身体测量，或者用手、脚、手臂等去测量身边物体，并拍成视频发给教师，教师在课堂上播放视频的同时组织学生说一说、想一想，这不仅突破了教学难组织、场所有限制的难题，还有效实现了概念教学目标。要达成"知道'拃'是张开的拇指到中指间的长度，测量时每一拃要首尾相连"这一目标，如果教师一一指导会有困难，这时就可以通过线上学习，关注学生在家完成体验的情况，层层落实、层层把关，及时调整教学方法，及时督促学生，使与科学教学相关的问题能被及时发现、及时解决。

上述混合式教学目标，强调了学生的体验，与"双减"的要求其实是一致的。"双减"总体目标包含提升课后活动质量，减轻学生的课余负担，提升学生的综合素养。而混合式教学的目标就是借助信息技术与教学的深度融合，把学习者

的学习由浅到深地引向深度学习，尽可能让每个学生都带着较好的知识基础走进教室，从而充分保障课堂教学的质量。同时，"双减"是为了减轻孩子过重的学业负担，而不是减轻做家长的责任，家长可以通过录制和编辑微视频，给知识点设定学习目标并搜索一些配套的辅助练习等。

二、应用混合式教学模式，创新教学理念

"双减"政策明确提出实施义务教育工作，应坚持以学生为中心，体现学生主体地位，激发学生自主学习积极性，进而减轻学生因为被动学习所带来的学习压力和负面情绪，促进学生身心健康成长。以此为重要指导，在开展小学科学混合式教学策略的研究过程中，须运用理论与实践相融合、教学内容与学生现有经验相融合、教材内容与生活实际相融合等融合教育思想，创新小学科学教学活动理念，使学生真正成为教学设计、实施、评价等活动的中心和主体。

以小学科学教学活动应培养学生科学素养、探索意识、实践能力和创新精神等教学目标的设计为例，在开展混合式教学活动中，应以学生现有的碎片式知识现状为基础，引导学生开展自主思考，帮助学生构建自身特有的知识体系，使学生在混合式教学活动的引导下，增强自身思考问题、分析问题、解决问题的能力，提升学生综合素养。以《关心天气》一课的教学活动为例，开展混合式教学，可将教材内容与小学生已有的生活经验、经历进行融合，制作多种情境的教学视频，引导学生通过自主学习、观察、思考的方式获取更多科学知识，引领学生发展。例如，以"下雨了，我们都在做什么"为主题，制作具有对比特点的教学视频。情境一：小孩子穿着雨衣雨鞋，开心地在小雨中踩着水花。情景二：妈妈赶紧关窗，收拾阳台上晾晒的衣服。情景三：农民伯伯看着越下越大的雨，担心农田被冲毁。情境四：物流人员赶紧遮盖车辆，防止货物被打

湿。学生通过观看上述教学视频，能够从不同身份和角度思考为什么要关心天气，增强学生学习和探索相关科学知识的积极性和主动性，使学生由传统教学模式中的被动学习和被动接受信息转变为主动学习、思考和探索。

三、采取混合式教学方法，降低教学难度

混合式教学在小学科学教学中的应用，能够在信息技术的助力下，最大限度地降低教学内容的难度，具有提升科学知识直观性、生动性和形象性的作用。同时，信息技术的应用，还具有转变教师思想、提升教师教学创新意识、丰富教学方法等方面的积极作用。混合式教学方法的应用，打破了传统教学模式中教师开展科学理论知识讲解、学生进行生硬记忆等落后教学方法的束缚，更加注重师生互动、生生互动、多向互动教学活动的开展，使学生在互动交流的过程中，加强对学科重难点知识的理解与吸收，降低学科知识难度水平，提升小学科学教学活动质量和效率，进而落实"双减"政策要求，打造高效课堂。

以《固体和液体》教学内容为例，对于三年级学生而言，单纯地对"固体"和"液体"这两个概念进行理解和记忆有一定的学习难度，特别是对"固体大小和形状会随着外力变化而变化，但是质量不变；液体形状会随着容器的不同、外力作用等情况的变化而变化"这两方面的知识内容缺乏一定的理解，导致学生对后续教学内容开展缺乏信心，产生较大的压力。在混合式教学活动中，教师可以利用信息技术将上述重难点教学内容以更加形象的动态图或者慢镜头的视频演示等方式进行过程展示。比如将液体在晃动过程中产生的形状变形这一现象，采用慢镜头的方式进行播放，还可使学生通过亲自开展模拟操作的方式去体会上述科学现象。在混合式教学活动中，学生通过用眼观察、用脑思考、用手操作的方

式，将抽象的科学知识转变为更加直观、简单、生动的形式，同时培养学生观察科学现象、思考科学问题、探索科学知识的科学精神，提升学生的学习兴趣和学习自信心。

四、优化混合式教学设计，实施分层设计

"双减"政策要求，开展教学活动应立足学生实际，关注学生发展需求，尊重学生个体差异，遵循教育规律。以此为指导，在小学科学教学活动中开展混合式教学活动，能够将线上线下教学活动进行合理设计，运用分层设计理念，提升教学活动的针对性和有效性。以小学科学课后作业设计为例，传统教学理念下，多以"一刀切"形式的作业设计为主，导致学习能力、发展需求等方面存在差异性的学生，无法通过完成课后作业实现更好的发展和综合能力的提升。

以《动物大家族》课后作业设计为例，混合式教学模式的应用，可以使教师在开展作业内容设计时，考虑到学生个体差异性，给予学生一定的自主选择权，运用开放式作业设计理念，培养学生的作业兴趣，激发学生自主探索的动力。例如，在设计"寻找脊椎动物和无脊椎动物"这一作业内容时，教师可以设计书面形式和线上形式两种类型的作业，并且在作业提交方式上，可以是文字、图画、线上作品等多种方式，使学生根据自身兴趣自由选择。该种方式的作业设计，能够满足不同学生的需求。比如，对于学习基础薄弱、理解能力有待提升的学生而言，完成纸质作业有一定难度，可以通过完成线上作业内容的方式，进行课堂教学内容的巩固。线上作业可以通过由易到难的闯关方式进行设计，当学生给出正确答案后，会有"掌声""你真棒""好厉害"等形式的鼓励；当学生回答错误时，会有"不要气馁，再找找看""要认真哦"等引导性评价做指导。这种以课堂为教学主阵地的作业设计理念，立足课堂做"加法"的实践做法，不断推进小学

科学教学改革走向纵深，有效实现了"减负提质增效"的"双减"目标。

五、开发混合式教学资源，丰富实践活动

混合式教学使传统的线下教学活动实现了教学理念、内容、形式、评价等多方面的创新发展，客观上起到了丰富教学资源、创新教学形式、延伸课堂教学活动等多方面的积极作用。混合式教学活动的开展，增加了线上直播、录播、作业辅助等多种形式，并且加强了对网络教育资源的开发与利用，在形式和内容方面有了较大创新。以《常见的力》教学内容为例，该单元教学内容以力与运动的关系、弹力、摩擦力、浮力等力的类别知识讲解为主，单元教学内容较多、难度较大、涉及面较广，线下课堂教学时长有限，导致部分教学内容无法进行深入拓展，不利于学生开展深入探索。结合这一教学现状问题，可以通过开展线上录播的方式，将网络教育资源中关于力的运动方向、大小、作用点等方面的教学资源进行融合，制作成教学视频，存放至线上学习平台，使学生通过观看录播教学资料的方式，加强对课堂教学内容的理解、巩固与拓展。

小学科学教学活动具有显著的实践性和综合性特点，需要学生具有一定的实践能力和探索精神。但是学生受到自身年龄、时间、空间等因素的影响，并不能真正地在实际生活中进行实践学习，从而降低了小学科学教学活动的效率和质量。"双减"背景下，开展混合式教学活动，须立足这一教学活动现状，利用线上学习平台，模拟科学实验，丰富实践活动形式。以《简单电路》这一实践教学活动为例，对于小学生而言，开展电路实验活动具有一定的危险性，可以通过开展线上模拟实验的方式，给予学生动手操作的机会，提升实践教学活动趣味。例如，教师将电路开关、线路、灯泡等元件采用实物图片进行展示，学生利用线上学习软件进行电路的连接。当

出现错误后，会根据实际错误情况发出警报，并演示错误后果。学生通过观察现象和后果，思考电路的正确接线方式，并认识到错误的严重性，培养学生严谨、求实的科学态度。

六、完善混合式教学评价，提升科学素养

自国家推行"双减"政策之后，课后延时服务已经成为深化义务教育阶段教育改革的重要举措。大部分学校都能将小学科学社团活动作为课后延时服务的一项内容，因为科学社团活动是以培养学生科学兴趣和创新实践能力为主要目标的，是弘扬科学精神、传播科学思想、普及科学知识、提升科学素养的重要途径。就学校实践而言，更多考虑的是课后服务中科学社团的内容和形式，而课后服务评价方面一直是短板。混合式教学评价恰好能弥补这样的短板。混合式教学评价用过程性评价取代终结性评价，以评价促学习，以评价促教学，对学生的学习动机、兴趣、行为等具有正向的反拨作用。混合式教学所带来的评价体系变革对课后服务中的小学科学社团活动起着积极的推动作用。

无论是线上还是线下都需要给予学生及时的学习评价反馈，可以基于在线教学平台或者其他教学类 App 小程序，开展一些在线小测查，这是混合式教学评价反馈学生学习效果的重要途径。这些评价反馈，能为课后服务科学社团活动提质增效，也让活动更加具有针对性。当然，如果把这些小测查的结果作为过程性评价的重要依据，这些测查活动还会产生更多的长效的与短期的、隐性的与显性的、负面的与正面的效应，凸显了学习的激励功能。因此，科学学习既要关注过程

也要关注结果，因为扎扎实实的学习过程才是最可靠的评价依据，所以对过程给予更多的关注是很有必要的，这也和"双减"政策要求提高学生的学习能力是一致的。

七、结语

"双减"政策下混合式教学在小学科学教学中的应用，可以运用融合教育思想，落实以学生为本的创新教学理念，增强教学活动的科学性和有效性。除此之外，还应关注学生个体差异和发展需求，通过开展分层教学活动，加强线上线下教学资源的融合，推动小学科学教学活动实现内容、形式和评价方面的创新发展。总体而言，混合式教学具有创新小学科学教学活动理念，丰富教学内容和形式，构建和谐教学环境，促进学生身心健康成长和全面发展的积极作用，进而达到落实"双减"政策要求的改革目标。

参考文献：

[1] 汤海清."双减"背景下小学科学阶梯型教学模式初探 [J]. 小学生（上旬刊），2023（06）：67—69.

[2] 刘宝虎."双减"政策下小学科学高效课堂教学策略探讨 [J]. 求知导刊，2023（14）：26—28.

[3] 贺甜甜，李丹. 以学生为中心的混合式教学模式构建与实践 [J]. 高教论坛，2022（11）：33—39.

[4] 程明华. 微课不"微"——基于微课的小学科学混合式教学应用模式初探 [J]. 当代家庭教育，2022（25）：12—14.

乡村教师成长的"站点突围"

——乡村培育的实践与思考

◎祁荣圣　李福良

摘　要　为贯彻落实《国务院办公厅关于印发〈乡村教师支持计划（2015—2020年）〉的通知》，建立市区级乡村骨干教师培育站，加大对乡村骨干教师的培训力度，提高乡村教师业务素养，江苏省出台《乡村教师支持计划实施办法（2015—2020年）》，推进新一轮教师全员培训计划。文章以Y市J区乡村培育站的做法为例，就培育站对乡村教师专业成长的影响进行了阐述，并就农村教师在培育站实践中突围而出的做法，就推进义务教育优质均衡发展这一重要举措做了一些思考。

关　键　词　乡村教师；培育站；专业成长；站点突围

作者简介　祁荣圣，江苏省扬州市江都区浦头中学书记，高级教师。

李福良，江苏省扬州市江都区教师发展中心副科长，高级教师。

伴随着城镇化的加速，农村人口向城市集中，农村学校生源急剧下降。据统计，J区镇级乡村初中学生人数大多在300人左右，少的乡镇已经不足百人。以J区F镇中学为例，任课教师68人，其中50岁以下24人，占比35.3%；40—50岁有33人，占比48.5%；30—39岁有7人，占比10.3%；24—29岁有4人，占比5.9%；其中市级骨干教师为零，区级骨干教师5人，占全部授课人数的7.4%。学校数学教师共7人，35—39岁有2人，40—49岁有3人，50—60岁有2人，该学科区骨干教师现存量为零，其他学科的任课教师分布大体类似。与此同时，由于乡镇中学教师人数少，教研活动参与度低，参与面小，形式单调，缺少引领，使得乡村教师专业成长缓慢，优秀教师不断流失，这进一步加剧了乡村学校生源流失，形成恶性循环。

为实现乡村教师专业成长，江苏省"乡村骨干教师培训计划"应运而生。按照每年建135个县区级乡村教师培育站的计划，截至目前，江苏省已建立县区级培育站900多个，培训学员4万余名，促进了乡村教师队伍建设。培育站精心筛选学员，科学设置学习内容，合理定制菜单式专业培养方案，明确分组负责导师，构建专业成长共同体，以点汇线，以线带面，形成互帮互学的成长氛围。本文结合跨年度、递进式、混合式的教师培训方式变革，阐述以研修共同体的形式推进乡村教师"站点"突围的实践与思考。

一、激发学员成长内驱力，形成内塑力量是有效培育的前提

美国作家弗格森（M. Feguson）说："每个人都守着一扇只能由内而开的变革之门，无论动之以情还是晓之以理，我们都不可能把这扇门打开给别人。"[1]培育站从专业成长的制高点，引导学员自己选择成长轨迹，不断学习，认真研修，打开自己的成长之门！

培育站学员的选派来自各个乡镇学校，针对人员"散乱"的特点，我们按照个人专业成长的愿景目标科学编制，分成三个小组，指定指导教师定点负责。鉴于乡村教师所在学校对这类更深层的本体性价值关注较少，教师专业发展更多依靠外部力量的规约，我们把唤醒教师专业成长的内在动力、形成"内塑"式的专业发展特征作为培育站的第一课。

培育站采取价值观引领和榜样示范等多种策略，开展了"教育是温暖的爱""你眼中的苏霍姆林斯基""导师的专业成长自画像"等分享交流活动，邀请专家开设师德与师能方面首场讲座，开阔学员视野，提升他们的格局；结合日常教学展示或说课评课等活动表彰学员中的典型，进行榜样示范等；通过由外及内的渗透，强化教师的职业认同和自身认同，以理念引领强化教师的职业认同；通过订发专业书籍，开展教师读书分享年会等活动，营造良好阅读交流环境，开展两周一校展示活动，或赛课，或磨课，或采用现场命题展示等多种方式，让每位学员都能够站在舞台中央，充分实现自己的教育理想。

培训中，我们尽量避免碎片化、散点式问题，立足整体构建基于教材解读实践的多种学习方式的研训体系；聚焦课堂主阵地，在培育中引导教师自主发展形成共识；通过建设学习型组织，营造学习氛围，促进学员自主学习和经验反思。

二、理念先行，依托学校，在实战中秉持原则是开展有效培训的核心

（一）实践落地，理念先行

如何在培育站项目建设上追求新的突破，真正达到区内顶尖、市内有影响的期望值？导师组成员和教师积极思考、形成共识，认为培育站项目应该从三个方面入手：一是理论支撑；二是精品打造；三是包装推介。其中，理论支撑是基础的基础，只有在深厚并且前卫的理论指引下，培

育项目才具前瞻性、可行性，才可能具有更高的"含金量"，才具有包装推介的价值，才具有推广的意义。通过培育站凝聚志趣相投的小伙伴，营造浓厚的教科研氛围，通过深入的理论探索和广泛的课题研究方法，增强课题建设的价值和意义，扩大课题建设的影响，是有效的方法。

基于此，培育站为每位教师购买《数学深度教学的理论与实践》《义务教育数学课程标准（2022 年版）》《新版课程标准解析与教学指导》等书籍，订阅《中学数学教学参考》等专业杂志，以此为范本，科学制订学习计划，有序推进理论研究。我们紧扣"学新课标，赋能新课堂"这一主题，以领会新课改精神、夯实理论基础、求同存异、同频共振为重点，以项目实践规范教育教学行为、推进"问学"教学模式实施、加强数学学科建设为目标，把集体学习、集中交流的新形式注入日常教研听课评课中，凝聚共识，共同学习，共同感悟。我们以课题实践活动规范教育教学行为，为促进"问学"奠定基础，提高课堂教学质量和效果。

（二）各显其美，实践练兵

1. 定制菜单式专题培训

针对培育站的主题"提升教材解读能力"，我们精心设计培训课程，订单式混合培训、专家高屋建瓴的理论指导、一线特级教师的答疑解惑以及数学新思想的前沿解读，使学员美美地饱尝了一顿"精神大餐"。我们还邀请教材主编董林伟与杨裕前两位专家在培育站开设专题讲座，分析教材编写意图，倡导有的放矢地对学生进行科学素养的培养和情感态度价值观教育，提醒学员在践行新教材过程中要及时反思自己的教学策略和教学行为是否符合教育规律和学生认知水平。各有千秋的教材解读、千变万化的课程设计为学员实战提供了储备。

2. 开展融合式混合培训

我们以校内"同台唱戏"、区内"搭台唱

戏"、市内"借台唱戏"为思路，在网络环境下，借助网络名师工作室平台，在线开展"多媒体+"教学研究；围绕课堂教学开展线上线下听课、议课活动，借助省"网络名师工作室"平台丰富实战，提供真实鲜活的教师教学随笔素材，丰富教师教学实践经验。

线下联谊扬州大学数学系开展共建活动，邀请大学教授做客培育站，进行数学史、教学方法论系列专题讲座，如"大学视角下的数学教学"讲座拓展了学员对数学知识和方法本质的认识。线下学员还在扬州大学本科实习班开设示范课，与本科生、大学教师同台竞技。

大学教授的理论引领，一线教师的实战经验，本科生的课堂范式，"线下+线上"的交融互动、相得益彰，这样的碰撞实现了经验与理论的有机整合，引导学员向"真"而行，有效实现了混合式融合培训的目标。

3. 实现自助式站点展示

培育站通过两周一训的模式，搭建展示平台，让教师自我磨炼。常规做法是轮流承担，小组成员协同，专家现场指导，各类课型设计探究、同课同备、小组磨课、说课评课、听课评课、观课议课等多个环节按序展开。再让教师进行同课异构说课与上课，安排导师进行教材地位分析、学生学情分析、教案教学设计、课堂时间分配、教法学法分析等活动，提升学员教学能力水平。为深度推进项目实施，培育站创新"一人一课"教研形式，确定项目初期开展"三人一课"教研活动形式，即一轮上课，二轮多人评议、磨课修正，三轮再现研讨之后的课堂，对比教研、形成实践反思文章，开展"一课三磨"校本教研。

常态化的自助式站点展示实现了学员教学能力自主式发展提升。学员对以学定教、课堂突发事件的处理、课堂文化的构建、学生学习积极性的调动等方面有了更深的认识和理解。其中，培育站学员开设的"中心对称与中心对称图形"在省培育站赛课中获得一等奖，还有学员在省基本功大赛获得二等奖。学员聚焦实践中的真问题，尝试参加课题研究，梳理成果，形成150篇左右的反思小结。

三、终身学习，自主发展是站点突围持续有力的保障

培训期内，乡村数学骨干教师在3位导师指导下以10人小组形式参加学习，同行之间在观摩研讨实践的学习中热烈交流；建立相邻学校数学骨干学习群，以学期或学年为单位相互交流互动，让思维的火花能有继续相互碰撞的空间，让乡村教师在骨干带动下多一些相互交流展示的平台。

（一）遵循校本化原则

学校管理首先是人的管理，其中人的发展管理水平制约着学校的后继发展和提升，教师的专业技术发展与学校的改革同步，做到同频共振，这是一所学校发展管理水平良好的表现。依托学校的校本培训是培育培训持续发力的后继抓手，基于校情的培训模式优势在以下几个方面得到集中体现：首先，校本培训以解决实际发展中的"真问题"为基础，利用个人目标的达成，促进集体目标的达成，达到双赢的效果，增强教师专业发展的成就感和集体认同感，统筹学校集体和教师个人的发展。[2]其次，"一校一品"培训利于发挥"短平快"的优势，针对校情产生的实际问题，或一事一议，或一个学科集中研训，或一种理论集中学习，或一次沙龙论坛，研训的周期长短视解决问题的需要而确定，这种基于教师实际教学中产生的真实困惑而开展的"破冰"式培训，利于实现理论知识与实践活动的融合，在实践中提升理论理解的深度与广度，更有利于教师突破个人专业发展的"瓶颈"。此外，校本培训可以在办公室、教研组采用线上或线下研讨的方式进行，可以是随机交流，也可以是观点交锋，

不受空间、时间的限制，不囿于培训形式，更能满足学校不同教师对专业发展提升的要求。

培育站挂牌四个中心实践校，将依托学校作为培育实战培训的一个基本思路，每次培育活动实践学校依据主题提供研修案例，教师基于案例进行剖析交流，不仅实现导师与学员共同生长，而且通过承办活动使得基层学校与培训站之间建立起一种合作共赢的互助关系，使培训的示范辐射扩散效用得以最大化。通过培育站的示范培训，能为承办学校开展校本培训活动提供样式，在更大范围内实现培训的普惠收益性。

（二）坚持教师专业化自主发展原则

苏霍姆林斯基认为，"教育的最终目的是自我教育"。教师培训作为教育的一方面，其最终目的也是使教师在自我训练中达到自我发展的目的。教师的专业化是一个由被动向主动转变的过程。在此过程中，学校创新开展活动，搭建教师成长平台，打造有利于教师专业发展的"硬环境"，真正实现教师专业发展受限于环境，而又不仅仅是囿于环境，变被动成长为主动发展，激发教师主体发展的内驱力，唤醒、点燃其成长发展的热情，聚焦研究方向，带领教师进行个人课题研究。当教师立足实践、开展研究遇到"瓶颈"时，就会主动自发地参与研训，或个人自学，或集体助学，创造拉长再教育的过程。有学者指出，"教师之所以能当教师，多半是自己选出来的，而不是被选出来的，那么教师的专业发展，更大程度上是要靠个人的力量才能完成的"[3]。而"自助"也就是自主学习，一方面要求教师内省，开展"走心"的教育，树立"育人先育己"的理念，结合自身的教学实践寻求适合自己成长的动力；另一方面，需要实施培训的主体单位真正落实人的发展理念，从实际出发举办适合不同层次教师发展需要的培训，将培训适用性、实效性贯穿于培训始终，并将教师能否主动积极参与培训作为衡量培训价值的主要标准。

依据马斯洛需求层次理论分析，成人的学习动机来源于职业与生活的需求以及自身寻求发展的需要，其学习的结果最终表现在工作技能及工作业绩上。可见，树立正确的质量观、评价观对教师发展观的影响是巨大的，有效发展、主动发展、终身发展需要日积月累、久久为功。培育站正是基于教师专业发展的目标，定点打铁，以点为先，带动面上的突破，形成教师整体专业突围的格局。

四、结语

农村骨干教师培训正经历"黄金发展期"。江苏省出台《乡村教师支持计划实施办法（2015—2020 年）》，推进新一轮教师全员培训计划，建立市区级农村骨干教师培育站，是加大农村骨干教师培养力度、提高农村教师业务素养、促进义务教育优质均衡发展的一项重要措施。贯彻执行好这项惠及"振兴乡村"的政策，需要完善整个培训评估的进程。期待通过培育站互助培训的形式，让更多的乡村骨干教师学会融合，在锤炼表达、团队共享、超越自我中不断完善自我，实现专业成长的站点式突围。时代的应然需求，在惠己达人中实现自己的专业价值，激励教师立足乡村，钻研教学，发挥辐射示范作用，赓续初心，不忘提升，做一个幸福的教育人。

参考文献：

［1］邓娜娜."中西部农村中小学骨干教师培训项目（2010）"培训情况调查与分析——以江西某师范院校小学英语培训班为例［J］.新余学院学报，2012，17（03）：148—150.

［2］刘捷.专业化：挑战 21 世纪的教师［M］.北京：教育科学出版社，2002.

［3］张雳.论有效的教师培训原则［J］.四川师范大学学报（社会科学版），2008（02）：53—58.

大德育观下的小学道德与法治课程教学资源开发及应用

◎陆　敏　丁敏锐

摘　　要　本文探讨了大德育观在小学道德与法治课程资源开发中的重要性，强调通过构建全方位德育课程体系、营造良好德育场域和注重实践活动实现德育目标；同时，提出"慧"用教材资源的方法，提升学生学习兴趣。这些措施有助于培养学生的道德品质和法治意识，促进学生全面发展。

关 键 词　大德育观；道德与法治；课程资源

作者简介　陆敏，江苏省南京市立贤小学副校长，高级教师。
　　　　　　丁敏锐，江苏省南京市立贤小学德育教育组长，一级教师。

　　小学道德与法治学科的课程资源包括课程设计、教育情境、教学活动资源等内容，是提升学生学习热情，促进学生道德与法治综合素养提升的重要资源。合理地挖掘和利用适当的教学资源，可以有效集中学生的课堂学习注意力，提高课堂教学的有效性，让学生真正地学有所得。

一、大德育观对小学道德与法治课程资源开发的重要意义

　　大德育观作为全面、开放且具实践性的教育理念，对小学道德与法治课程资源的开发具有深远的指导意义。它强调德育的整体性、开放性和实践性，为课程资源开发提供了广阔途径，使之更加注重实际应用并与社会生活紧密相连。

（一）有助于形成完整的德育课程体系

　　在大德育观下，小学道德与法治课程资源的开发需要整合各学科和各方面资源，形成完整的德育课程体系。我们构建了以道德与法治课程为核心，融入各学科德育元素的课程体系，实现校内外德育要素的有机连接；通过建立德育课程螺

旋形结构，将校本文化、社区文化与各年级德育课程相结合，形成复合化、负载型的德育课程结构；同时，在学科教学中实施德育课程教学，提炼德育目标，与德育课程专门内容重组呈现，努力实现大德育课程向大课程德育的转变；此外，建立德育课程校外基地，将部分德育课程内容置于校外环境中，使基地文化素材成为道德课程的重要内容，直观化开展德育学习，提高德育课程的针对性和实践性，实现大德育课程向大德育空间的拓展。

（二）有助于最大化呈现德育课程功能

　　大德育观要求课程资源开发不仅局限于教材和课堂，还须充分利用社会资源，营造育德氛围。我们激活社区育德潜能，实现小课堂向大学堂的延伸，因地制宜地开发社区育德资源，最大化呈现德育功能；同时，加快家长资源的辐射作用，促进家校育德的双向互动；通过家长义工、家长课堂等方式，增强家庭育德的获得感；利用互联网为家校对接减负赋能，精准有效开展家校对接；此外，与学生共同走进家长单位，体察岗

位艰辛、访问身边楷模，引领学生体会敬业奉献的价值；与家长共同定制家庭德育计划，组织家校育德活动，使德育目标与学生发展实际深度融合；与周边文化街区建立德育共同体，开展文化场馆德育资源普查，使文化街区成为育德开放空间，实现社会效应与深度合作的双赢。

（三）有助于增强德育课程的实践性

大德育观强调学生的实践和体验。在开发课程资源时，注重学生的参与度和感染性；围绕文明礼仪教育目标，开展情景重现、典型示范等活动，让学生在真实情境中产生共鸣，培育良好道德情操；通过模拟情境、角色扮演等方式增强学生的法治意识，在矛盾冲突和正反辨析中明理，形成思想领悟和现实执行力；邀请法律从业者等分享经验，走进法治教育基地直面案例，让法条成为学生心中的保护伞；同时，有效激励学生形成正向评价，感受成功喜悦，实现教育闭环形态和螺旋式上升；运用评选表彰等激励工具，将道德课程目标转化为评价标准，促进学生道德行为的对标对比；将学校文化节等活动作为展示激励的舞台，鼓励学生互学互鉴，在育德生态中获得满足感和成就感。

二、小学道德与法治课程资源的开发与运用

（一）"慧"用教材资源，提升学生学习兴趣

教师面临的首要问题，就是要以课程标准为准绳，在透彻解读教材本身的基础上，联系学生生活实际，深度挖掘教材中的教学资源，丰富课堂内容，提高课堂实效。

1. 用好教材绘本资源

低年段教材中多次出现小绘本，充分开发和利用好绘本故事不仅可以丰富学生的学习资源，更切合学生的生活实际，学生在听故事、看故事、讲故事的过程中更易于理解道德与法治的知识，完成教学目标，提高学习兴趣。

例如，在一年级下册第三课中，为了让学生了解做事拖拉的后果，引导学生克服做事拖拉的坏习惯，我们选择先讲述绘本故事《拖拉鸟》，接着利用绘本故事中的留白部分让学生展开想象：第二年的秋天又到了，这只拖拉鸟会怎么做呢？结果会怎么样呢？在学生积极想象的过程中，他们更加深刻地认识到改正坏习惯的重要性。

2. 用好教材场景创设

教材中常常呈现出许多贴合学生生活的场景，这些小的场景也是我们可以充分利用的学习资源。例如，发新书的场景，教师亲切地提醒："要爱护它们呦。"这个小小的场景与一年级上册第一课栏目二"爱新书，爱书包"的学习目标是一致的，重在引导新生爱护书本。同时，场景中还有一个小女孩在书本的封面上写名字，但对面的小男孩因为不认识书名一筹莫展。在教学中，我们针对这两处场景创设组织开展活动，带领全体学生一起来认识一下这些书的书名、用处和有趣之处，接着比一比看谁能把新书摆放得最整齐。在这认一认和摆一摆之间，渗透了怎样爱护新书的行为指导，也为后续突破教学目标做好准备。

3. 用好教材多处留白

教材中有多处留白，这既给了学生思考的空间，也是教师可以尝试做成课前、课中及课后学习单的有效资源。在课堂中选取重要的留白内容作为学生讨论、辨析和发挥的重点，有助于推进课堂的进展和认知的提升。

如二年级上册第一课《假期有收获》中，呈现了两个小朋友在假期中的不同态度和做法，最后，教材中出现了这样的留白：如果我是他，下个假期要做好学习计划……如果我是他，下个假期也要安排一些娱乐活动……教材的这一留白就是一次指导学生反思、回望自己生活的教学资源。教师可以组织学生根据之前的学习收获开展小组讨论，并在讨论之后再次回溯自己最初的假期安排表，补充或修改自己的假期计划。

（二）"慧"用家庭资源，深度挖掘生活经验

家庭生活是学生生活的重要组成部分，其中有着我们学科可以利用的丰富资源，如家庭生活经历资源、家长优势特长资源、家庭实践活动资源等。

1. 用好家庭生活经历资源

纵观《道德与法治》教材内容，关于家庭生活的占比还是比较大的，我们应充分收集学生的家庭生活案例，将其加工成真实、亲和、有针对性和说服力的教学资源。如一年级下册第三单元第9课《我和我的家》教学中，整个教学过程可以通过讲故事的方式来贯穿，可以是学生讲述自己出生时的小故事，讲述弟弟妹妹出生时的小故事，也可以用视频或音频播放家长讲述孩子出生时的喜悦心情等，这都可以帮助教师更好地让学生在自己的身边故事和经历中达成学习目标。

再如，学生可以在家庭劳动中习得不少知识。在学习一年级下册《干点家务活》时，学生平时在家庭中刷碗洗筷、整理房间、择菜洗菜等劳动瞬间就能够以照片、视频等形式收集起来，作为课堂学习资源来使用，学生既可以借助这些经历分享劳动的体验，又能够深刻体会劳动的责任和为家庭做出的贡献。

2. 用好家长优势特长资源

家长们的职业、兴趣、爱好等也可以成为我们道德与法治教学的可利用资源。如《安全记心上》一课中，可以请一位身为交警的家长在课堂上连线，现身说法，为学生解答疑问和困惑，普及相关法律法规。这样既增添了课堂的趣味感，也增强了法律法规在学生心中的神圣感。

3. 用好家庭实践活动资源

家庭中有着家庭成员的相互陪伴和关爱，有着家庭集体活动和经历，同时还有着丰富的家庭实践互动等，这些都能够成为道德与法治学习中必不可少的可利用资源。

比如，一次次外出旅行的经历，可以让孩子们体验四通八达的交通，饱览祖国的大好河山，体会各地不同的文化，这在学习三年级下册第四单元第11课《四通八达的交通》时，他们就能够根据自己的旅行经历来体会各种交通工具的优劣，根据具体情况来尝试设计旅行出行计划等。在学习《公民意味着什么》一课时，我们设计了课后实践作业——去尝试办理一张自己的身份证或银行卡，这就需要学生在家人的陪伴下，从各种身份资料的提供和办理的过程中，体会自己作为公民的权利和义务。

（三）"慧"用校本资源，支持学生深度参与

对于学生而言，大部分的时间是生活在学校内的，而学校内的资源是最为丰富且又最贴近学生生活的，凡是能够满足教学需求的有形无形资源均可以利用。

1. 用好学校场域资源

学校的场域资源为学生学习提供了优质环境和硬件支持，尤其在道德与法治教育中发挥了重要作用。以《我们的校园》一课为例，教师不仅依托教材介绍校园设施，更引领学生亲身感受学校各区域功能，使校园成为鲜活的课堂。学校在建的珍爱生命文化空间和道德与法治教育紧密贴合，涵盖生命追问、体验等多元主题，有助于培养学生健全人格和生命意识。其中，生命体验板块设计的交通、消防安全等互动学习系统，与《安全记心上》等课程紧密相连，为道德与法治教学提供了宝贵资源。这些校园资源不仅丰富了教学内容，更提升了学生的学习体验和感悟，有助于他们更好地成长为有道德、有法治观念的公民。因此，学校应充分挖掘和利用场域资源，为道德与法治教育注入更多活力和实效。通过整合校园资源，创新教学方式，我们可以为学生打造一个更加生动、有趣的道德与法治学习环境，让他们在轻松愉悦的氛围中掌握知识，提升素养。同时，这也需要教师们不断更新教育观念，提高

专业素养，以更好地引导学生探索校园、感悟生活、理解法治精神。

2. 用好学校校本资源

立贤小学一直以来在"3915 习惯课程"研究中做了不少探索，对如何培养学生的好习惯进行了深入的研究，不仅有朗朗上口的好习惯歌谣、图文并茂的"习惯墙"，还有榉娃好习惯课程系列绘本等，如学校特色绘本中的《榉娃爱劳动》《榉娃懂珍惜》《榉娃爱学习》《榉娃爱运动》等和我们道德与法治课中的多课主题相关，我们就尝试把这些校本资源融合到道德与法治课堂之中。

3. 用好学校德育资源

学校的德育资源中有许多是和道德与法治相关联的，如立贤小学一年一度的淘乐汇活动，在活动中学生亲身体验买卖活动，参与活动时的经历是鲜活生动、令人难忘的。在讲授四年级下册第二单元《做聪明的消费者》时，这一活动就可以成为导入课堂的特色资源，在其中两课《买东西的学问》及《合理消费》的学习中，学生也能够一起讲述一下自己在淘乐汇活动中挑选商品和分配金钱的经历。此外，学校在德育活动中多次开展垃圾分类的主题活动，这个全校参与的绿色环保行动也是和道德与法治的低、中、高各个年龄段的学习紧密相关的，从二年级的《我们不乱扔》到四年级第四单元的《让生活多一些绿色》，再到六年级下册第二单元《爱护地球　共同责任》等学习内容，绿色低碳环保主题内容呈螺旋式上升，引导学生做一个有责任感、懂环保的好公民。在垃圾分类活动中，学生精心绘制的小报、一起闯关答题、垃圾分类小短剧的表演等也是道德与法治课堂的一种延展。

（四）"慧"用地方资源，开阔学生学习视野

学校的博物馆课程和春秋游活动为道德与法治教学提供了丰富的素材。学生曾探访南京多家博物馆，完成研学单，这些成为课堂中的宝贵资料。如在讲授《骄人祖先　灿烂文化》时，学生

可分享工艺、技术、文化等相关知识，结合个人体验谈感受。此外，南京的红色革命教育基地也是重要的教学资源。学生参观过雨花台烈士陵园、南京国防园等地，这些经历使课堂延展到生活中。在学习《百年追梦　复兴中华》时，学生因了解革命历史而更易掌握重点。秋游时的老山红色教育基地重走长征路、玄武湖走湖活动，更是磨炼意志的好机会，也是道德与法治教育的珍贵资源。通过这些活动，学生不仅学到知识，更在亲身体验中深化了对道德与法治的理解。因此，教师应充分利用这些资源，创新教学方式，让学生在实践中学习、在感悟中成长，培养具有高尚道德品质和法治意识的公民。同时，这也体现了大德育观的理念，即德育应贯穿于学生的全部生活和学习中，实现整体课程观支撑大德育观的紧密互动与发展。

三、结语

道德与法治学科的可用资源是丰富的，需要教师把更多的精力和实践放在深耕教材、研究学生活动、筛选和巧用教学资源上，找到适切的教学资源，用好教学资源，这样才能真正地把道德与法治生活化、趣味化、实践化，才能真正地引导学生过更有意义的生活。

参考文献：

［1］孙万法. 小学道德与法治课程资源的开发与利用探讨［J］. 中文科技期刊数据库（引文版）教育科学，2023（02）：4.

［2］张悦，张新颜. 以"我"为主，将道德与法治教育融于生活——统编小学《道德与法治》教材分析［J］. 中小学德育，2017（08）：12—14 + 11.

［3］章乐. 引导儿童生活的建构：小学《道德与法治》教材对教学的引领［J］. 中国教育学刊，2018（01）：9—14.

"双新"视域下"能仁学堂"的系统建设与实践反思

◎沈　荣

摘　要　"能仁学堂"是新方案、新课标视域下海门区实验小学的课堂教学主张,其内涵包括四个方面:指向"能仁"目标,坚守"三学"理念,秉持"三在"原则,聚焦"三门"实践。其系统建设从五个方面入手:确定学堂靶向标,打造教学"工具箱",种下敦品砺学树,编制全员研修网,形成进阶建设环。其实践反思主要有三点:始终将学的研究作为基本前提,始终把教师认同看成关键节点,始终以系统机制引领课改行动。

关 键 词　能仁学堂;系统建设;实践反思

作者简介　沈荣,江苏省南通市海门区实验小学校长。

　　"能仁学堂"是海门区实验小学(以下简称"海门实小")在新方案、新课标视域下提出的课堂教学主张,也是海门实小在漫长的研究过程中培育出来的实践成果。"能仁学堂"的主张是一种回归,更是一种创造,其背后是我们对新方案、新课标中关于发展学生核心素养的目标指向和教学建议的思想认识及实践探索。

一、"能仁学堂"的内涵诠释

(一)指向"能仁"目标

　　"能""仁"是我们对标中国学生发展核心素养——正确价值观、必备品格和关键能力的校本表达。仁者爱人,"仁"是指一切在"爱人"基础上生长的美好道德与品格。"能"是指向问题解决与实际运用的知识与智慧。以"生仁长能"为目标指向的"能仁学堂"的建设实质是对中华优秀传统文化的大力弘扬,对立德树人根本任务的有效落实,对新时代课堂建设的校本创造。

(二)坚守"三学"理念

　　"学为中心"是教学改革的根本理念。我们认为"学"有三义:一是指学生。学生是学习的主体,是具有主观能动的生命,要想方设法让学生在课堂的时空内自主学习、合作探究、主动分享,教师要让主动权于学生。二是指学习。学习是一门科学,如何组织学习也是一门科学,两者均有其客观规律性,必须遵循遵守,警惕经验主义的想当然。三是指学科。每一门学科均有其内在逻辑和独当之任。因此要紧扣学科目标,精选学科内容,运用学科思想与方法,让教学过程始终洋溢学科味道。

(三)秉持"三在"原则

　　"能仁学堂"以"三在"原则引领具体实施。一在情境中。即通过创设丰富多彩的背景、环境、场景,激发学生的好奇心、求知欲、想象力,促进学生自主、合作、探究学习。二在思维中。思维是学习的核心,思维有长度,学习才有效度。因而,激发儿童的直觉思维、形象思维、逻辑思维、辩证思维、创造思维,帮助儿童掌握思维的一般方法、养成积极思考的习惯是教学的重中之重。三在互动中。这里的互动既指生生的同学互动、师生的教学互动，还指学生与教材的探究互动、原有经验与当下认知的建构互动，更指向个体知识、生活、生命的发展互动。

（四）聚焦"三li"实践

"实践"即学科实践。具体来说，是指在教学情境中，运用该学科的概念、思想与工具，整合心理过程与操控技能，解决真实情境中的问题的一套典型做法。聚焦"三li"实践：第一个"li"是指经历实践，即引领学生历经从不会到会、从生疏到熟练、从问题产生到问题解决的过程；第二个"li"是指磨砺实践，即像磨刀那样，在教学中突出重点、抓住关键，于一个点上重锤敲击，在多样变化的反复中力求学深学透；第三个"li"是指奋力实践，即让儿童遭遇学习的挑战，在学习中付出努力收获成果。聚焦"三li"实践的目的意在消除"假""虚""浅""僵"的学习现象，引领学生全面走向"真""实""深""活"的学习活动。

二、"能仁学堂"的建设行动

我们在广泛学习全国各地先进课堂建设的理念、策略、方法的基础上，结合学校的教学传统与实际，主要从以下五个方面建设"能仁学堂"：

（一）确定学堂靶向标

有的放矢才有针对性，"能仁学堂"的建设从明确标准开始。

1. 研制好课标准

我们确定了一堂好课的三条标准：第一条，人人诞生精彩观念，指向课中；第二条，任务作业完成度高（90%以上），指向课末；第三条，获得能带走的经验，指向课后。这三条标准意在用简约的方式聚拢广大教师的目光与行为，突显学堂的核心任务。

2. 确立评课标准

我们坚持"以学评教"，具体实施主要从六大方面展开：观察学生学习状态，是否全体参与、情绪高涨、注意力集中；观察自主学习情况，是否任务明确、学法清晰、时间充足；观察小组合作开展，是否内容恰当、机制有效、合作充分；观察展示分享情况，是否表达大胆、交流积极、形式多样；观察质疑反思情况，是否勇于质疑问难，是否善于积累经验；观察学习水平变化，前后比较是否有提高，作业效果是否良好。

3. 制定教学标准

海门实小的教学标准共分七大板块，其中"有效计划"的标准为：要素齐全完备、整体贯通呼应、内容准确具体、计划行动一致。"有效备课"的标准为：具有战略思维、目标预设准确、内容选择恰当、教学预设科学。"有效上课"的标准为：提前到班候课、严格执行教案、展开教学过程、教学效果明显。"有效作业"的标准为：内容设计精当、注重作业指导、批改方法优化、确保人人过关。"有效检测"的标准为：目标设定明确、组织操作规范、反思总结透彻、改进及时有效。"有效辅导"的标准为：实施全程辅导、利用学生资源、注重成功体验、建构补偿课程。"有效教研"的标准为：基于实际问题、形成研究合力、取得研究成果、转化研究行为。

（二）打造教学"工具箱"

我们坚持问题导向、目标导向和创新导向，从打造"工具箱"入手，全面系统地提升教师的教学能力。

"工具箱"是一个隐喻，其实质是解决教学问题所用的思路、步骤、手段、方法等的总称。到目前为止，"工具箱"为教师们提供了教学设计、课前准备、让学助学、情境创设、学程导向、小组合作、思维呈现、理答引导、教学默契、作业设计、经验积累、补偿教学等十二个方面的"工具"，共计五十多种。其内容丰富、形式多样，非常实用。

（三）种下敦品砺学树

为了激发每一位学生学习的愿望，获得强劲的学习动力，养成良好的学习品性，我们在每间教室都张贴了"砺学树""砺学贴"和"砺学班"奖状。

1. 以"砺学树"引领

我们用校园内一棵古老的国槐作为原型，在树上结五个智慧果，对应海门实小学风"广积""多思""好问""善用""合作"；而支持开花结果的则是粗壮的"坚持"树干。在每一个智慧果里，教师们还为抽象的学风注解了具体的路径，如"广积"要从"诵读""整理""反思"入手，"好问"要抓住"什么""怎么""为什么""非这样吗"这些关键词提问。

2. 用"砺学贴"规训

"砺学贴"由"砺学树"衍生而来，是一种贴在黑板上的学习便签，根据教学需要定期更换。"砺学树""砺学贴"两者目标一致，不同的是前者的规训更具长期性、反复性，后者的规训更具短期性、针对性。比如，一二年级贴的是"看着听、听着想、想着做"，中高年级贴的是"看着听、合着想、对着说"，前者侧重培养专注力，后者侧重培养合作力。至于便签的内容，学校鼓励教师根据班情自主设计。

3. 评"砺学班"推进

"砺学班"的奖状分三星、四星、五星三个等级，每学期评选两次。学校依据"砺学树""砺学贴"规训内容，设立标准，组织教师、学生、家长多方评价，评出星级"砺学班"予以表彰，以此激励获奖班级，引领其他班级。

（四）编制全员研修网

无教学不研修，"能仁学堂"的建设离不开全面的教研支撑。

1. 全覆盖

一是全员卷入。学校组织架构了"课程教学中心—学科组—年级组—教师"的研修体系，使每一个教师都身在其中。二是全纳教学。学校周密规划了"课标—教材—单元—课时""重点—难点—错点—分层点"的研修内容，使每一个教

学点都无一遗漏。三是全程研修。学校精心制定了"计划—备课—上课—作业—检测""学风—教风—班风"的研修重点，使每一个影响学堂建设的环节都能得到改进。

2. 小时光

除了定时定点的研究以外，学校鼓励教师利用课后茶余的碎片时间展开研究，并给它取了诗意的名字——"追景小时光"。黑板旁、走廊下、办公室、餐桌边不时传来的反思声、质疑声、议论声，折射出教师们认真顶真的严谨作风以及小心求证的研究精神。

3. 大推进

首先体现在课堂的"人人过关"。学校每学期都组织全员课堂展示，在晒课、议课、改课的反复循环中，切实提高每一节常态课的质效。其次体现在每次教研的充分展开。"每周一课"是学校的传统教研品牌，展开的是深度研究的画卷，具体分五个步骤：第一步，各学科组根据学堂建设主题确立研课要点和内容；第二步，依据研课要点，组织多维多轮的研究；第三步，推荐代表上课（有时会抽签决定），全体教师观摩；第四步，紧扣研课要点交流讨论，形成结论；第五步，成果应用，将教研结论有效地转化为教学生产力。

（五）形成进阶建设环

任何优质的课堂建设都是一个循环反复、螺旋式上升的进阶过程，不可能一蹴而就。"能仁学堂"的建设亦然，我们遵循目标导向下发现问题、分析问题、解决问题的思路，针对全体教师的日常教学，在日复一日、年复一年中展开。

1. 天天巡课

根据"能仁学堂"建设主题，学校每天安排一名行政人员进行巡课，发现问题及时解决，并作为实证材料记录存档，及时提交课程教学中心总结、研判。

2. 单周点评

在单周召开的教育会议中设"能仁学堂点

评"专栏。一方面，列举教师们在教学中的闪光点，为教学智慧点赞；另一方面，以问题为导向，剖析原因，为学堂建设对症下药。

3. 双周论坛

通过主题报告、教学叙事、案例分析等方式交流分享大家对于学堂建设的经验，共同增长实践智慧。其间，我们特别倡导教师们淬炼自己的教学主张，以增强自信心，获得成就感。

4. 首月聚焦

我们将每学期开学第一个月确定为"能仁学堂建设月"。课程教学中心在期初制订活动方案，围绕一个主题，全学科投入学堂研究。活动主要板块包括专家引领、校长示范、骨干展示等。

5. 年级视导

每个学期，依据经验总结或问题改进等不同目的，学校会组织视导一个年级。其中推门听课是重头戏，总结成绩经验、列出问题清单是规定动作，整改督查则是后续行动。

6. 学生问卷

重点围绕上述的好课标准、评课标准和教学标准设计问卷。通过调研分析，总结经验，发现问题，制定对策。

7. 定期反思

每次质量调研后，学校均要求每位教师从课改方向、学堂建设、砺学规训、作业管理、长时段机制、师生关系等方面进行分析，引领大家用系统思维为学堂建设的持续深化找到突破口。

三、"能仁学堂"的实践反思

（一）始终将学的研究作为基本前提

"学为中心"的课堂当然要研究如何"教学生学"，但其前提和基础应该研究"学生的学"。观察学生的学习，我们大致可以得到一条等式：想学+会学+同学+持续学+反思学=越学越好。观察学生素养的发展，我们大致可以得到三条相关的等式：经历过程+经历过程+经历过程=

获得经验；经验累积+经验累积+经验累积=生长智慧；智慧运用+智慧运用+智慧运用=发展素养。在此基础上，还要研究如何才能实现这些等式，以及了解在具体情境中这些等式产生的心理机制。

（二）始终把教师认同看成关键节点

课堂建设，对于教师来说不是迎接检查的应景项目，而是优化日常的终身课题。因此，任何一项课改措施只要得到教师们的普遍认同，就能有效落实、持续推进。而要得到教师们普遍认同的前提是必须让他们听得懂（道理）、用得上（教学）、看得见（效果）。另外，还应该鼓励倡导教师基于理念、范式的个性创造，不搞"一刀切、齐步走"。

（三）始终以系统机制引领课改行动

事实证明，系统性机制的设计、实施是决定日常课改成败的重要保障。我们只要多加留意国家、省市教育部门下发的文件、方案就会发现，这些文件、方案无不都是系统性机制的设计与推进。

四、结语

我们深知，课堂变革是学校教育的永恒主题。海门实小将切实担负起立德树人的核心使命，在新方案、新课标的引领下持续推进"能仁学堂"建设，努力将灿烂理念切实转化为生动实践，助力"减负"，赋能"增效"，发展学生的核心素养，为培养有理想、有本领、有担当的时代新人做出应有的贡献！

参考文献：

［1］黄宁花，禹旭才.系统思维视域下高校课程思政建设的价值意蕴、实践反思与优化路径［J］.高校教育管理，2022，16（05）：106—115.

［2］赵宜君.协同育人视域下高职院校实践教学体系的反思与重构［J］.中国成人教育，2020（24）：54—57.

为初中语文新课程高质量实施提供有力教研支撑的河南实践

◎董　琦

摘　要 教研工作是保障基础教育质量的重要支撑。在以教研助力初中语文新课程高质量实施的河南实践中，河南省基础教育课程与教学发展中心的教研员更新理念，潜心研究新课程实施的顶层制度设计；做实调查研究，理清初中语文新课程实施典型问题，不断完善课程实施推进机制；强化课堂主阵地作用，促进语文课堂教学提质增效；积极开展作业评价改革，加强作业设计指导，帮助教师不断提高作业设计水平。

关　键　词 新课程标准；高质量实施；教研支撑；河南实践

作者简介 董琦，河南省基础教育课程与教学发展中心教育评价研究部主任，中小学高级教师。

教研工作是保障基础教育质量的重要支撑。服务教师专业成长，指导教师改进教学方式、提高教书育人能力是新时代基础教育教研工作的主要任务之一。《教育部关于加强和改进新时代基础教育教研工作的意见》要求教研机构"加强对课程、教学、作业和考试评价等育人关键环节研究。强化国家课程研究，指导学校和教师准确把握国家课程方案和课程标准"[1]。作为省域教研的"指导者"和"示范者"，河南省基础教育课程与教学发展中心（以下简称"河南省课程中心"）的教研员落实国家相关文件要求，加强课堂、作业等关键环节研究，充分发挥教研支撑作用，为教研助力初中语文新课程高质量实施提供了河南实践。

一、更新理念，潜心研究新课程实施的顶层制度设计

省级教研员是将课程改革的顶层制度设计与省域学科教学实际相结合，将顶层制度设计落到实处的重要力量。为推动初中语文新课程高质量实施，河南省课程中心的教研员不断加强学习，潜心研究国家顶层制度设计，明晰培养时代新人的要求，准确把握课程改革方向；潜心研究教育理论，不断更新教育理念；深入钻研课程标准，落实新课标要求，推动语文教学变革，在初中语文新课程高质量实施中真正起到领航作用。

（一）以党的二十大精神为统领

党的二十大报告提出，培养什么人、怎样培养人、为谁培养人是教育的根本问题。育人的根本在于立德。[2]推进初中语文新课程高质量发展，必须以党的二十大精神为统领，坚持以人民为中心，坚持以人为本，落实立德树人根本任务，培养德智体美劳全面发展的社会主义建设者和接班人。

（二）以课程实施相关文件为指引

新课程实施的相关文件是顶层制度设计的重要内容。关于课程实施的文件很多，河南省课程中心的教研员特别重视对以下三个文件的学习，并在新课程实施中充分发挥文件的指引作用：

一是《中共中央　国务院关于深化教育教学改革全面提高义务教育质量的意见》。作为新时代我国深化教育教学改革、全面提高义务教育质

量的纲领性文件，该文件明确提出"严格按照国家课程方案和课程标准实施教学，确保学生达到国家规定学业质量标准""省级教育部门要分学科制定课堂教学基本要求""发挥教研支撑作用"[3]等要求，是省级教研员在语文新课程高质量实施中的根本遵循和行动指南。

二是《教育部关于印发义务教育课程方案和课程标准（2022年版）的通知》。该文件指出，"要大力推进教学改革，转变育人方式，切实提高育人质量。加大条件保障力度，保证课程有效实施"[4]，给新课程高质量实施指明了行动路径。省级教研员要强化新课标研究，宣传解读，指导学校和教师准确把握新课标，做好课程实施工作。

三是河南省教育厅2023年8月印发的《河南省义务教育课程实施办法（试行）》。该文件是新课程实施国家顶层制度设计落地的河南实践，强调"严格落实依标教学"，要求各地各校要准确把握国家课程标准的定位，切实将国家课程标准规定的课程性质、课程理念、课程目标、课程内容、学业质量和课程实施等内容，作为教学、考试评价以及课程实施管理的重要依据。[5]省级教研机构负责统筹河南省义务教育课程实施工作，河南省课程中心的教研员认真研究《河南省义务教育课程实施办法（试行）》，吃透顶层制度设计的要义，争做初中语文新课程高质量实施的"头雁"。

二、做实调查研究，理清不同发展水平教师在语文新课程实施中遇到的典型问题

为落实新课标精神，河南省课程中心的教研员积极开展调查研究，理清不同发展水平教师在语文新课程实施中遇到的典型问题，采取有针对性的对策，不断完善新课程实施推进机制。

（一）深入教学现场开展教学调查与教学指导

教师对新课标的认同和有效利用是新课程实施的重要保障。河南省课程中心的教研员认真制定新课程实施情况调研提纲，深入教学现场，在学校、课堂、教师和学生中加强调查研究，掌握第一手资料；在调查研究的基础上，理清课程实施中教师的困惑与典型问题，开展合作研究和跟踪指导。另外，河南省课程中心的教研员多次参加省辖市初中语文"学课标、用课标"专题研讨会、初中阅读教学研讨会等，利用送教下乡、听课调研等与农村学校结对帮扶，组织专家团队为兰考等省直管县制订帮扶计划，进行教学指导，切实把新课标理念转化成可行的教学行为。

（二）组织全省专职教研员暨骨干教师培训活动

河南省课程中心发挥新课程实施"头雁"作用还体现在对全省专职教研员暨骨干教师的培训方面。除了省级教研员进行跨学科主题培训，河南省课程中心还积极邀请全国知名专家给全省专职教研员暨骨干教师进行初中语文新课程高质量实施方面的培训，引领全省语文教研员和教师基于课程标准、用好教材，全面发展学生语文学科核心素养。例如，邀请上海市教育委员会教学研究室专家做专题报告《核心素养视野下的单元教学设计》，紧扣语文教学热点问题，以教材为抓手，以单元教学为切入点，指导教师改进教学方式，提高研读教材能力和教书育人能力；邀请山东省教育科学研究院专家开展过程性评价专题讲座。

（三）借助信息化教研平台开展省级语文网络教研活动

充分利用信息化优势，发挥教研团队智慧，有助于破解新课程实施的难点、堵点、痛点。河南省课程中心用"线下现场活动＋线上平台直播"的形式实施的系列教研活动，使更多的语文教师受益，如初中语文"语言文字积累与梳理""整本书阅读""难点突破之写作教学"等专题教研活动，省教研名家"立足小说体式，让阅读真正发生""重积累，强运用""九年级作文教学策略探究"等专题讲座；再如，河南省课程中心在全省语文优质课观摩活动后，提炼出共性问

题，借助教研平台展开专题研究，请省骨干教研员做"如何提高写作教学的实效性""核心素养视域下的名著阅读教学"等专题报告。

三、强化课堂主阵地作用，落实课堂教学基本要求

杜威认为，教室是学校的实验室[6]；斯坦豪斯则把课堂作为检验教育理论的理想实验室[7]。课堂是研究的前沿阵地，课堂是转变观念的最理想场所，课堂教学的各个环节，课堂教学的效率、质量，关系到新课程实施的成败。

为全面贯彻《中共中央　国务院关于深化教育教学改革全面提高义务教育质量的意见》等文件精神，切实提高学科课堂教学质量，河南省教育厅根据各学科课程标准和本省实际，印发《河南省义务教育学科课堂教学基本要求（试行）》（以下简称《教学基本要求》）。《教学基本要求》涵盖小学和初中22个学科，从教学准备、教学实施和教学效果三大环节整体设计，每个环节从不同维度对教学前、教学中和教学后的教学行为提出具体要求，明确教学规范和教学建议。其中，《河南省初中语文学科课堂教学基本要求（试行）》专门设置"对接课程标准"环节，强调教师要正确理解语文课程性质，依据课程标准中的课程实施建议设计教学，基于"学习祖国语言文字运用"创设真实而有意义的语文学习情境，体现语文课程的实践性和综合性，培养学生的创新精神和实践能力，促进学生语文学科核心素养全面发展，落实立德树人根本任务。同时，拟定的教学目标和重难点，要对接课程标准的课程目标、学段目标、课程内容、课程评价等相应内容，尤其是课程标准7—9年级的识字与写字、阅读与鉴赏、表达与交流、梳理与探究的学段要求，反思教学目标的方向性与针对性。

河南省课程中心组织全省语文教研员、教师认真学习研究《教学基本要求》，特别是《河南省初中语文学科课堂教学基本要求（试行）》，从教研入手，强调课堂落实，增强教师教材研究能力，优化课堂教学设计，提升课程实施能力。河南省课程中心组织围绕推进课堂教学基本要求，针对课堂教学各环节，编写初中语文学科案例解读，引导全省教师学有典范、做有示范、教有规范。

2022年3月，中央电视台新闻频道《新闻直播间》综合报道了河南省贯彻落实《教学基本要求》、规范课堂教学、着力提质增效的做法和经验。

四、积极开展作业评价改革，加强作业设计指导

作业是课堂教学活动的必要补充。河南省课程中心将义务教育学校作业设计及评价纳入教研体系，在课堂教学提质增效基础上，依据新课标和教学计划，切实加强对学校语文作业设计与实施的研究与指导，开展科学评价，助力语文新课程高质量实施。

（一）研制河南省初中语文作业设计与实施指导意见

为贯彻落实《教育部办公厅关于加强义务教育学校作业管理的通知》等文件精神，科学指导义务教育阶段广大教师和教研人员提高作业设计和实施的专业水平，河南省课程中心组织专家研究制定了小学语文等15个学科的作业设计与实施指导意见。其中，《河南省初中语文作业设计与实施指导意见》特别强调"精准设计作业"，要求依据课程标准各学段的学习内容和学业质量标准精心设计作业。具体来说，作业设计要能够"以点带面""以题带类"，用词准确、表述规范、要求明确；要充分考虑学生的年龄特点和认知水平，确保作业难度适宜；要关注学生校内外的个人生活和社会发展中的热点问题，创设真实的学习情境，设计动手操作、主题考察、人际交流、跨媒介创意表达等多种类型的作业；要在识记、理解和应用的基础上加强综合性、探究性和开放性。[8]

（二）组织编著高质量《义务教育阶段学生基础性作业》

根据《河南省教育厅办公室关于印发义务教育阶段 15 个学科作业设计与实施指导意见的通知》精神，河南省课程中心组织有丰富经验的教研员、一线骨干教师，联合人民教育出版社、海燕出版社，编写"符合年龄特点和学习规律、体现素质教育导向的"学生基础性作业。

该套基础性作业突出育人性，发挥作业育人功能，促进学生全面发展；突出基础性，遵循课标，帮助学生巩固必备知识，形成关键能力；突出趣味性，注重情境创设、自我评价等，激发学生学习兴趣；突出综合性，紧密联系学生学习及生活实际，设计以问题解决为导向的积累性、情境性、实践性、学科融合性学习活动，提高学生的综合能力。

目前，《义务教育阶段学生基础性作业》初中语文 7—9 年级已正式在河南省义务教育阶段作业评价改革实验校投入使用，为学生基础性学习目标的高标准达成提供了有力保障。

（三）开展全省作业设计优秀案例评选与展示交流活动

根据《河南省教育厅办公室关于开展 2023 年度义务教育阶段作业设计优秀案例评选活动的通知》精神，河南省课程中心组织实施了义务教育阶段作业设计优秀案例评选与展示交流活动。

参评案例基于课程标准、教材内容和学生认知特点，主体部分包括"学科核心素养细化""单元大概念架构""整体作业内容规划""作业具体内容设计""作业质量评估"等五个方面内容，既落实了《河南省初中语文作业设计与实施指导意见》要求，也提高了教师自主设计作业的能力，还加强了优质作业资源共建共享。

五、结语

为促进初中语文新课程高质量实施，河南省课程中心的教研员牢记"四个服务"使命，紧密联系教育教学实际，加强初中语文新课程实施关键环节研究，推进区域初中语文新课标落实落细，发挥了强有力的教研支撑作用，交出了一份满意的答卷。但新课程在实施中还存在不尽如人意的地方，还面临许多挑战，省级教研员还必须不断探索，提高教研服务能力，创新教研服务形式，继续助力初中语文新课程高质量实施。

参考文献：

［1］中华人民共和国教育部.教育部关于加强和改进新时代基础教育教研工作的意见［J］.中华人民共和国国务院公报，2020（08）：69—72.

［2］习近平.高举中国特色社会主义伟大旗帜　为全面建设社会主义现代化国家而团结奋斗——在中国共产党第二十次全国代表大会上的报告［J］.中华人民共和国国务院公报，2022（30）：4—27.

［3］中华人民共和国中央人民政府.中共中央　国务院关于深化教育教学改革全面提高义务教育质量的意见［J］.中华人民共和国国务院公报，2019（20）：6—10.

［4］中华人民共和国教育部.教育部印发《义务教育课程方案和课程标准（2022 年版）》［J］.山西教育（管理），2022（06）：5—7.

［5］河南省教育厅.河南省教育厅关于印发《河南省义务教育课程实施办法（试行）》的通知［J］.河南省人民政府公报，2023（17）：29—37.

［6］［美］约翰·杜威.民主主义与教育［M］.陶志琼，译.北京：中国轻工业出版社，2014.

［7］［英］劳伦斯·斯坦豪斯·宾特雷伊.当代教育科学译丛：课程研究与课程编制入门［M］.诸平，等，译.北京：春秋出版社，1989.

［8］张慧.浅谈"双减"背景下小学高段语文单元作业设计策略［J］.文科爱好者，2023（03）：99—103.

初中语文课堂"融学于境"的实施策略探究

◎沙金林

摘　要　本文以课堂实录和教学设计为例，探讨语文课堂"融学于境"的实施策略。文中根据新课标要求，依据学情和教材特点，创设引发学生兴趣的真实的语言运用情境，组织积极的语文实践活动，并落实学习任务群，注重鼓励学生"思—练—说"，以提升学生的语文学科核心素养。

关键词　课堂；情境；实践活动；学习任务群

作者简介　沙金林，江苏省盐城市大丰区西团初级中学教师。

盐城市大丰区教师发展中心围绕课堂改革推进"融课堂"建设，构建高品质"融课堂"教学新样态，引导教师在情、境、问、评等"融课堂"重要环节中形成行为自觉。"融课堂"理念要求教师坚持"问题解决""深度对话""用心倾听"的教学方式，摒弃"满堂讲"式的课堂，引导学生开展观察、探究、交流、反思等活动，让学习真正发生，这是融课堂"融学于境"的重要标志。

一、"融学于境"需要依托真实的语言情境

《义务教育课程方案和课程标准（2022年版）》颁布后，很多初中教师也开始积极尝试情境设计。下面以笔者执教的《小石潭记》课堂实录为例，说明"融学于境"需要依托真实的语言情境。

《小石潭记》语文教学课堂实录

1. 导入（背景音乐缓缓响起）

师：有这样一位文学宗师，他的座上，曾喧嚣着长安的繁华；他的小舟，也曾在万籁俱寂的寒江上独钓。无论是平步青云，还是身处低谷，他始终坚守理想。他就是唐代著名文学家、思想家柳宗元。

PPT展示：《小石潭记》原文

师：今天我们一起学习一篇文言文《小石潭记》，它的作者就是柳宗元。

2. 创设情境

PPT展示：视频《跟着课本去旅行》

师：同学们，读万卷书，行万里路，世界那么大，好想去走走啊！告诉大家一个好消息！

PPT展示：《跟着课本去旅行》剧组面向初中学生征集"走进小石潭，走近柳宗元"主题微视频。

师：同学们，想不想参加这个活动？

生：想！

师：我们报名参加主题微视频征集活动，我们一起做微视频！好不好？

生：好的！

师：我们一起先来读词。

3. 读词

伐竹取道　<u>下见</u>小潭　水尤清冽　青树翠蔓
蒙络摇缀　参差披拂　<u>怡然</u>不动　<u>俶尔</u>远逝
往来<u>翕忽</u>　<u>斗折</u>蛇行　明灭可见　寂寥无人
<u>凄神</u>寒骨　悄怆幽邃

师：我们齐读一下！（学生齐声朗读）

师：几个画线的字词意思，同学们都知道

吗？大家思考一下，马上回答！（学生回答重点字词意思）

师：很好，看来同学们对课文重点字词的意思掌握还可以。我们再次朗读一遍！（学生齐声朗读）

师：读了一遍，我们也没发现什么特别之处，这样，我们换个方式读。大家伸出双手，拍手两下，拍桌子两下，"1—2—3—4""1—2—3—4""伐—竹—取—道""下—见—小—潭"。嗯，不错！我们从头开始，"伐—竹—取—道，1—2齐"。

生："伐—竹—取—道""下—见—小—潭""水—尤—清—冽"。

……

"寂—寥—无—人""凄—神—寒—骨""悄—怆—幽—邃"。

师：四字词，和谐整齐，朗朗上口，富有……

生：节奏美！

生：韵律美！

师：对啊，节奏美、韵律美。我们在朗读中充分感受到文本的语言美，原来美是可以被发现的，就像柳宗元发现小石潭！现在，让我们一起走进小石潭！

4. 读句，走进《小石潭记》

依据课文内容，选择拍摄几幅画面，写一段赏析性的语句作为旁白，并给出拍摄建议。

举例：我们小组设计翠竹清潭图，依据是"隔篁竹，闻水声，如鸣珮环，心乐之。伐竹取道，下见小潭，水尤清冽"。

赏析：未见其水，先闻其声，翠竹流水，引人入胜。

建议：移步拍摄。

要求：小组讨论，成员合作，一人执笔，大声朗读，注意等级要求。

师：小组成员之间注意评价，看融学单上有关朗读等级的要求。

师：各小组组长可以到黑板书写本小组设计的图画名称。

生：我们小组设计的是"游鱼细石图"，依据是"日光下澈，影布石上。怡然不动，俶尔远逝，往来翕忽，似与游者相乐"，运用侧面描写，表现了小石潭溪水清澈、游鱼活泼的情态，建议运用特写镜头。

师：写游鱼活泼快乐，实际是写什么？

生：观看的人心情快乐！

师：很好！

生：我们小组设计的是"岸势曲折图"，依据是"潭西南而望，斗折蛇行，明灭可见"，运用比喻和拟人的修辞，动静结合，表现了小石潭两岸曲曲折折，建议从空中拍摄。

师：空中拍摄，你是说无人机航拍？

生：是的。

师：为你的创意点赞！

生：我们小组设计的是"竹林清冷图"，依据是"坐潭上，四面竹树环合，寂寥无人，凄神寒骨，悄怆幽邃"，情景交融，寓情于景，环境冷清，心生悲凉。建议移动环绕拍摄。

师：非常棒！我们各个小组的设计都非常棒！我们再读一下课文。

师：大家发现，作者的情感怎么样？

生：开始是快乐的，后来是忧伤的。

师：对，作者的情感是有变化的。为什么会这样呢？我们要请出风景背后的人！

5. 读人：风景背后的人——走近柳宗元

PPT 展示：资料链接

（1）《江雪》：千山鸟飞绝，万径人踪灭。孤舟蓑笠翁，独钓寒江雪。

（2）公元805年，柳宗元参加"永贞革新"运动失败后，被贬为永州司马。他在永州历时十年，贫病交加，政治理想无法实现，满怀愤懑。《小石潭记》即为他这一时期所作。

师：革新失败，自己被贬，母亲去世，幼女夭折，房子失火，朋友无靠，此情此景，辽阔大地，白雪茫茫，寒江孤影，这是一种孤独，一种孤独的美。小石潭地处荒野，伐竹取道，无人问津，坚守美丽，独自芬芳，这和柳宗元是何等的相似啊！同学们，这两篇作品都是柳宗元被贬永州时所写，你们觉得小石潭和柳宗元之间有何联系？

生：小石潭，永州的荒地；柳宗元，朝廷的弃儿。小石潭不只是一处风景，它更是柳宗元命运的象征。

师：真棒！是啊，我们不仅欣赏了小石潭的美丽，还感受到了柳宗元身上体现的人物美！

6.创意表达

PPT展示：撰写一段话，作为本班参加"走进小石潭，走近柳宗元"微视频参赛的推荐词。（推荐词一般包括内容描述、视频特点、推荐理由几个部分，注意语言要生动、有感染力。）

师：课后完成推荐词。大家齐读课文最后两节！（学生齐声朗读课文）

师：大家有没有发现问题？

生：有问题，"寂寥无人"和"同游者"好像有矛盾。

师：好的，欲知这是为何，且听下节课分解！现在我们小结本节课学习收获。

7.课堂小结

PPT展示：柳宗元的山水游记明亮清新，用文字创造了一个极致秀美的空间。他对山水的描写十分立体，不仅令人身临其境，而且真正做到了一切景语皆情语！

师：这一节课我们走进了小石潭，走近了柳宗元。现在，让我们轻轻闭上双眼，聆听优美的音乐，静静地在脑海中回想小石潭清新幽美的景色！（学生闭眼聆听《小石潭记》音乐）

师：下课！

对情境的设计应从学生的视角出发，依托真实的语言运用情境，激发学生学习的兴趣和热情，否则就可能成为"无情"之情，让学生味同嚼蜡。执教本篇文言文，融学于境，参与微视频设计，学生们表现出很大的热情，比如用打拍子的方式来体会文言文语言的韵律美，用微视频拍摄的方式体会景物美，用配画外音的方式体会人物内心美。

二、"融学于境"产生于积极的语文实践活动

《义务教育语文课程标准（2022年版）》在"语文实践活动"之前加上"积极"这个限定词，其目的就在于强调语文实践活动要有设计感、兴味感和语文性。有设计感、兴味感的情境活动，需要教师具备更为高超的教育智慧。下面以一位教师参加盐城市农村初中优质课比赛设计的《卖炭翁》教学流程为例，说明"融学于境"产生于积极的语文实践活动。

《卖炭翁》教学设计

1.创设情境，激趣导入

卖炭翁一车千余斤重的炭被强买后，他捧着半匹红纱一丈绫越想越气，决定哪怕拼了老命也要去大理寺讨回公道。大理寺受理此案，今日开庭公审，请同学们经过穿越之门，来到公堂之上，自主选择角色，可作为原告、被告、目击者或者大理寺卿，发表自己的看法。

2.调查案件，记录卷宗

（1）情境朗读。白居易目睹了整个事件，并以其为原型，创作了叙事诗《卖炭翁》。今天他也来到了公堂之上，有请白居易诵读诗歌，为我们再现事件始末。

（2）答疑解惑。我白居易为诗向来浅白易懂、坊间流传、妇孺皆知。现场的哪位朋友还有不懂的地方请尽管提出，我白居易现场答疑解惑。

预设：敕，皇帝的命令；叱，吆喝；直，同"值"，价值。

（3）记录卷宗。事件始末大家已了解，请大家帮助大理寺卿记录卷宗。

请大家继续用六个字概括情节：＿＿＿＿＿＿＿＿＿。

请继续用一个字概括卖炭翁的遭遇：＿＿＿＿＿。

设计意图：学生通过情境诵读，结合注释了解全诗意思，从整体上把握诗歌的主要人物和主要内容，训练概括能力。

3. 体察苦难，还原真相

（1）卖炭翁自陈悲苦。首先进行陈情的是原告卖炭翁，他一开口便直呼自己太苦了！

请同学结合第一段中的具体诗句进行讨论，以卖炭翁的口吻分析他"苦"在何处。以"你看我＿＿＿＿＿＿＿＿＿＿（诗句），苦在＿＿＿＿＿＿＿＿＿＿（具体分析）"的句式回答，回答时要代入人物角色，富有感情。

（2）大理寺卿总结：从卖炭翁的自述中，我们可以看出卖炭翁是个怎样的人？

预设：卖炭翁烧炭辛苦、运炭艰苦、生活困苦，确实是一个苦难又可怜的人！

（3）现场还原：卖炭翁自述完自己的苦难后，开始描述那天炭被抢的过程。请大家朗读诗歌第二段，帮助卖炭翁还原那天的情形。学生代入角色，进行情境表演。

（4）大理寺卿总结：从卖炭翁的炭被抢的整个事件经过中，我们发现使者是怎样的人？

使者是趾高气扬、仗势欺人、巧取豪夺的人。

（5）聆听辩解：看来抢夺情况属实，现在，你们这些宫使还有什么可辩解的吗？

预设：我们也是奉皇帝之命行事，迫不得已的，这一切都不是我们的本意。

设计意图："卖炭翁的陈情"这一任务的设计意在使学生站在卖炭翁的立场，以他的口吻讲述"苦"在何处，同时掌握人物细节描写对刻画

人物的重要作用。"现场还原"这一任务的设计采用改编课本剧的方式，让学生想象卖炭翁的炭被抢的过程，进一步领悟人物的形象，引导学生思考现象背后的黑暗现实。

4. 真相浮现，谏言请命

案件的真相已浮出水面，幕后主使竟然是皇上，这该怎么办呢？大理寺卿左右为难，这时，白居易给出了建议。

预设：写一封谏言书，请皇帝审查自我，体察民情。

请同学们尝试写谏言书，文言、白话、诗歌均可。

设计意图：跳出现象看本质，引导学生深入文章，思考主旨，感受诗歌背后揭示的社会现实，体会诗人对民生疾苦的同情和对统治者的不满，培养学生的思辨能力和写作能力。

总结：每个时代都不乏像卖炭翁一样受到不公平待遇却无处申诉的弱势群体，但每个时代也不缺少敢于为底层人民发声的英雄，希望我们每个人都能扛起肩上的责任，不对恶势力低头，不对不公平的事件妥协，在新时代做一个有担当、有责任心的人！

在《卖炭翁》教学设计活动中，教师从表面上看是身居幕后的，实际上却如影随形地陪伴着学生，并适时给予点石成金式的引导和点拨。从中可知，语文实践活动具有三个特征：第一，活动必须是"语文"的活动，是与读、写、听、说有关的活动，不能跑出语文之外；第二，活动必须以学生为主体，而不是教师用自己的讲解灌输或者机械训练代替学生的学习；第三，语文实践活动离不开教师的设计、组织、启发、引导。以学生为主体，不是不需要教师教了，而是对教师提出了更高的要求。

三、"融学于境"需要落实学习任务群

在语文课堂上，学生如果被教师牵着鼻子走，

往往会出现"牛不吃草强按头"的情况，学生非常痛苦，教师却常常浑然不知。下面以一位老师对《壶口瀑布》的教学设计为例，说明"融学于境"需要落实到学习任务群。

《壶口瀑布》教学设计

1. 创设情境，导入课文

身为旅游博主小语的后援团团员，为旅游博主小语运营账号出谋划策，导入新课。

2. 登山临水——取景（独学——展示）

任务一　根据小语的请求，快速阅读几篇素材，圈画出令你心中为之震撼的写景文段，为她选定取景处。

3. 描山摹水——摄像（群学——展示）

任务二　通过圈点勾画、做批注的方式探究写景句子的美点。

任务三　注意运用文段的重音、语气、语调等方式纵情朗读自己最喜欢的写景文段。

4. 感山悟水——配音（群学——展示）

任务四　为小语发来的关于壶口瀑布的视频配音（配音词为课文的第3段，分角色朗读）。

5. 课堂小结，自测练笔（独学——展示）

任务五　小语为感谢某初中学生的帮助，自愿为盐城做一个宣传片，请为她推荐一处盐城旅游景点。

6. 巩固升华（独学——展示）

回味今天所学到的学习方法，填写剩下几篇课文的读后感，并根据评价量表检测今天对所学知识的掌握程度。

学习任务群是由一个个活动组成的，是一"境"到底完成任务的。活动过程是学生完成任务必须经历的环节和步骤。从本课例任务群的设计看，并不是十分合理的：活动安排密度较大，数量较多，导致主体活动不够充分，学习过程如蜻蜓点水，缺乏深度体验。我们应注意任务群设计的三个"度"：一是合理安排活动的密度，一般学习任务以两三个为好，一节课能解决的问题并不求多；二是精心设计活动的梯度，前后活动之间应有一条明确的主线串联，按照由易到难的顺序一步步达成学习目标；三是保持开放的向度，任务的设计要有一定的开放性，以激发学生的创造思维和多元思考。

总之，"融学于境"就是创设真实的语言运用情境，产生于积极的语文实践活动，现代媒体运用灵活，教学方式适当贴切，课堂氛围和谐融洽，任务群活动有密度、有梯度，注重鼓励学生"思—练—说"，顺应学生学习语文的认识规律，这样可以极大地调动学生的参与意识和积极性，培养学生在生活中运用语文知识的能力，从而提升学生的核心素养。

"融学于境"，何累之有？

参考文献：

[1]高智华，丁善辉.盐城市大丰区"融课堂"中的教师推进策略[J].中小学电教（教学），2021（09）：50.

[2]丁善辉.语文"融课堂"建设的四个要点[J].江苏教育，2022（17）：70—71.

[3]高智华.高品质"融课堂"的区域建构与实践[J].江苏教育，2023（41）：38—41.

[4]中华人民共和国教育部.义务教育语文课程标准（2022年版）[M].北京：北京师范大学出版社，2022.

"行走的思政课"：落实核心素养的新路径

◎钱　铮

摘　要　"行走的思政课"强调与时代紧密结合、与实际紧密结合、与实践紧密结合，具有参与性、体验性、互动性和拓展性等特点。它紧紧围绕课程标准要求，体现跨学科主题学习理念，又充分应用各类资源，既可以将校外资源引入课堂，也可以将课堂搬到校外。"行走的思政课"包括课堂内的行走和课堂外的行走，立足核心素养、紧跟时代步伐、加强启发引导、促进知行合一、突出评价创新。"行走的思政课"在坚持主导性和主体性相统一、家庭生活和学校生活相统一，以及教育理论与学习实践相统一的原则基础上，探索出"议题式、思辨式、项目式、沉浸式"四种基本课型，并通过教学实践形成案例，提炼出"行走的思政课"实施的基本策略和评价方式，最终指向发展学生核心素养，发挥思政育人功能。

关 键 词　思政教育；核心素养；跨学科主题学习

作者简介　钱铮，江苏省常州市实验初级中学天宁分校教师发展处副主任，一级教师。

《义务教育课程方案和课程标准（2022年版）》（以下简称"新课标"）强调以社会发展联系学生生活为基础构建综合性课程，突出了道德与法治课程与学生生活和社会实际的紧密联系，体现了跨学科主题学习思想。新课标还指出，坚持教师价值引导和学生主体构建相统一，建立校内与校外相结合的育人机制。"行走的思政课"与这一理念和要求完全吻合。

一、"行走的思政课"内涵

"行走的思政课"包括课堂内的行走和课堂外的行走。课堂内的行走包括网络平台进课堂，邀请社区工作者、司法人员、行政人员等进课堂提升学生公共参与。课堂外的行走是指将课堂搬到校外，包括在特定场所开展思政课教学；带领学生参观社区、司法机关、行政机关、权力机关等，提高学生公共参与体验和认识；通过对社会问题的关注和研究，学会运用社会资源，参与社会问题的解决，增强公共服务意识，培养参与公共事务和管理的能力。在研究过程中要形成教学设计和活动方案，并通过实践形成案例，具有可操作性和指导性。

（一）立足核心素养，以铸魂育人为目标

教育无论发展到什么程度，第一位的是立德树人，引导学生树立正确的世界观、人生观、价值观，这是思考和建设高质量育人体系的逻辑起点，也是丝毫不能偏离的政治方向。"行走的思政课"以发展学生核心素养为宗旨，加强学习与社会生活的联系，充分发挥思政育人功能。

（二）紧跟时代步伐，以热点追踪为情境

知识的专业化推动了学科门类的细致化，容易形成"知识壁垒"。但现实世界具有复杂性、整体性和关联性，随着信息技术的发展，世界日新月异，这对人的科学理解和解决问题的能力提出了新挑战。"行走的思政课"所倡导的，正是着眼于学生运用知识解决问题的能力，特别是通

过追踪、关注热点问题，创设现实情境，引导学生紧密联系时代背景，从时代需要出发，突出中学生的使命担当。

（三）加强启发引导，以解决问题为任务

有了正确价值观的指引和真实情境的铺垫，"行走的思政课"的具体开展，就需要指向解决问题的任务，以大任务统领学习活动，以问题链推进任务开展。"行走的思政课"所倡导的任务，是具有指向明确、激发思辨、引发探究特质的发展性任务。

（四）促进知行合一，以学生实践为路径

"行走的思政课"强调学生学习与社会生活的联系，与新课标倡导的跨学科主题学习理念相一致，聚焦真实情境中学生发展需求和社会发展需求，观照学生的生活经验，鼓励学生动手实践、自主探究和建构，这一载体本身便是以实践为路径的，继承并发展了杜威的"做中学"的思想。

（五）突出评价创新，以素养导向为旨归

核心素养的评价一定是综合化的培育，"教学评一致"的原则也呼唤从"对于学习的评价"向"为了学习和作为学习的评价"的转型，将综合评价作为支架来实现评价育人，使"行走的思政课"学习始终紧扣"育人"，坚持以核心素养的培育为价值旨归。

二、"行走的思政课"实践策略

（一）"行走的思政课"实施原则

1. 坚持教师主导性和学生主体性相统一的原则

青少年正处于走向社会的关键时期，理应培养起参与社会的各项素质和能力，承担作为社会一员的责任，但初中阶段学生的生理、心理尚未成熟，社会经验不足，对事物的认识还停留在表面，离不开教师在课堂中的指导。同时，在思政课教学中，教师设计课程教学时，必须结合学生当前阶段的生理和心理特点，充分调动学生的积极性和主动性。行走的课堂设计区别于传统课堂，不仅涉及场所和活动的变化，而且是由学生全程参与活动的准备过程、实施过程、总结过程，通过全程直接参与，促进学生各项能力的提高、意志品质的培养和正面情感态度价值观的养成。

2. 坚持学校—家庭—社会三方协同共育的原则

坚持学校教育、家庭教育、社会教育三位一体，共同促进学生的成长。在初中道德与法治教育过程中，可充分利用校外资源，邀请家长、社区工作者等走进校园现身说法，如利用家长讲坛、法治讲座等方式；或者积极联系开放校外资源，带领学生走出学校，走入社会，如利用爱国主义教育基地、社区、养老院等阵地开展活动。

3. 坚持思政教育理论性和实践性相统一的原则

道德与法治是一门育人的学科，竭力试图通过该课程丰富学生的情感，培养学生正确的价值观、人生观。同时，该课程也是一门实践性很强的学科，最终指向的是学生能够运用所学的知识和能力，更好地在社会立足，拥有幸福生活，同时为国家发展奉献力量。这就决定了我们的课程不能只是宽泛地讲大道理，更需要通过实践培养学生各项能力。

（二）"行走的思政课"课型

"行走的思政课"，包含课程类型、课程资源、课程阶段，并研究出"议题式、思辨式、项目式、沉浸式"四种基本课型，这是我们探索"行走的思政课教学"的重要策略。

"议题式"课型是基于真实事件而确定议题进行探讨；"思辨式"课型则有利于思维碰撞，提升辩证看待问题的能力。"议题式"和"思辨式"思政课偏重将校外的资源引进来，让网络平台进课堂，邀请社区工作者、司法人员、行政人

员等进课堂提升学生公共参与意识，感受规则以及社会对未成年人的特殊关爱。

"项目式"课型含有"研究性学习"的特质，是学生在教师指导下，确立研究主题，运用科学方法开展研究活动；"沉浸式"课型强调学生的活动参与、体验、互动和感悟，具体又分为虚拟性沉浸，如模拟法庭、模拟听证会、模拟人大、模拟联合国等，以及真实性沉浸，如志愿者服务、义工活动等。

"项目式"和"沉浸式"思政课更多涉及校外的资源走出去，包括在特定场所开展思政课教学；带领学生参观司法机关、行政机关、权力机关等，提高学生公共参与的体验和认识；积极参加社区、社会公益组织的公益活动，培养学生亲社会的情感和能力；通过对社会问题的关注和研究，使学生学会运用社会资源，参与社会问题的解决，增强公共服务意识，培养参与公共事务和管理的能力。

（三）"行走的思政课"具体实践方法

1. 结合社会热点，引发学生兴趣

对于初中生来说，道德与法治课程的知识内容较为繁杂，影响育人质量，不利于学生公共参与素养的形成与发展。为此，我们应重视对教学形式的革新，积极引入优质的课堂内容，以更好地引发初中生的学习兴趣，助力其公共参与主动性大幅提升。我们可尝试在课堂中引入一些社会热点问题，并利用多媒体视频将其呈现在初中生面前，使其更为直观地学习、理解相应知识内容，提升他们的认知效率。

2. 深化实践教学，提升学生素养

在开展初中道德与法治课教学时，我们除了要引导初中生深入掌握教材中的知识内容，还应重视对实践教学的深化，以帮助他们将所学知识转化为实践能力，这样方可助力其获得更长远发展。在实践中，初中生对核心素养的认知程度将得到进一步提升，从而逐渐认清自己是社会的重要组成部分，更好地投入社会建设中去，为我国社会的进一步发展提供助力。

3. 结合课堂活动，培养学生习惯

若想进一步帮助学生形成良好的核心素养品质，我们应重视对其良好习惯的培养。在实践中，我们可以引入层次多样、内容丰富的课堂活动，以此引导初中生在不同活动中感受到核心素养的重要性，深化他们对所学知识的理解水平，从而助力其进一步完善自身课程知识体系，提升育人效果。

（四）"行走的思政课"实践案例

《服务社会》是八年级上册《积极奉献社会》的重要一课，侧重学生对奉献社会的理解与实践。本课通过五个核心素养的培养，使学生在政治认同、道德修养、健全人格、法治观念和责任意识方面得到提升。在教学设计上，本课基于人本主义、活动中心、辨析式教学和建构主义等理论，坚持教师主导与学生主体相统一，引导学生参与社会实践活动，辨析不同观点，主动建构知识。

为深入学生内心，本课结合"常州三杰"的革命故事，特别是张太雷的事迹，带领学生在张太雷纪念馆进行为期一个月的志愿服务，让学生真实感受社会服务的意义。通过文字、视频等素材，学生了解到一百多年前的中国背景和张太雷家族的人生抉择。同时，本课严格遵循《义务教育道德与法治课程标准（2022 年版）》的要求，通过张太雷这一主线，培育学生的主人翁意识和奉献精神，鼓励学生积极参与志愿者活动，并向团组织靠拢。为加深学生的理解，本课引入思辨性话题，让学生思考并明确服务社会的深远意义。最后，本课注重学生的行动实践，引导学生将所学落实到行动中。学生在大屏上按下红手印，与张太雷父子对话，穿越时空立下誓言，充分体现了他们以实现中华民族伟大复兴为己任的使命感和行动力。

总之，《服务社会》这一课不仅是对学生责任与关爱他人认知的提升，更是通过实际行动培育学生的核心素养，引导他们积极投身社会服务，为实现中华民族伟大复兴贡献力量。这样的教学设计不仅增强了学生的社会责任感，也让他们在实践中深化了对奉献社会意义的理解，真正做到了知行合一。通过这一课的学习，学生更加明白了自己作为社会一分子的责任和使命，也坚定了他们为实现中华民族伟大复兴而团结奋斗的决心和信心。这不仅是道德与法治教育的成功实践，也是培养学生成为有理想、有道德、有文化、有纪律的新时代好少年的重要途径。

三、"行走的思政课"评价标准

"行走的思政课"既是国家课程校本化实施，又是思政教育的全新探索，在评价方式上以"表现性评价"为主，是对学生在学习活动过程中形成的成果、学习状态、活动参与度、情感投入等方面做出的评价，并通过开展自我展示评价、教师反馈评价、同伴互动评价、家校激励评价等，建立多元评价体系。

自我展示评价：通过活动过程中的行动、表演、展示、操作等更真实的表现来评价学生的口头表达能力、文字表达能力、动手制作能力、思维能力、创造能力、实践能力等。

教师反馈评价：通过教师的观察，反馈学生在学习相关知识、参加相关活动上的表现，在此基础上引导学生自我反思，反思在活动中的收获经验和得失，以自我砥砺的方式达到日益进步的效果。

同伴互动评价：从同伴的角度出发，分析在集体活动中，团队成员在组织能力、团队协作、队员激励、成果分享等方面的表现，在团队内实行成员互评，最终得出综合评价。

家校激励评价：引导家长关注学生成长的过程，关注学生品格提升，邀请家长参加"行走的思政课"活动，让家长观察学生在活动中的行为，采用家长评语反馈等形式对学生的优点提出表扬，对不足给予鼓励，树立学生的信心，增强学生的主动性。

四、结语

发展学生核心素养必须在坚持正确价值观前提下，使学生直面现实社会的真实问题，在解决问题的过程中经受考验，从而锤炼顽强品格，最终依靠扎实的学识和技能化解矛盾、解决问题，增强规范意识，培养关键能力。这是一个涵养的过程，绝非在封闭、狭小空间内就能完成。只有坚持校内外教育相结合，以"行走的思政课"来引导学生积极参与社会实践活动，把知识真正运用于服务社会、服务人民，才能提高学生的实践创新能力，强化学生的使命与担当。

参考文献：

［1］中华人民共和国教育部．教育部关于印发义务教育课程方案和课程标准（2022年版）的通知［EB/OL］．［2022-03-25］.www.moe.gov.cn/srcsite/A26/s8001/202204/t20220420-619921.html.

［2］谢丽芳．公共参与素养培育的课堂实施路径探索［J］.成才之路，2019（19）：18—19.

［3］谢小健．公共参与意识下的道德与法治课程教学实践探索［J］.中学课程资源，2018（03）：8—9.

［4］朱志平．范导式教学：价值、内涵与实践路径［J］.上海教育科研，2019（04）：77—80.

驻足诗意场　解码英语林

——诗意英语大课堂创新实践探索

◎陈秋君

摘　　要　"诗意英语"是通过在英语教学中引入诗歌、文学作品、音乐等形式，让学生在语言学习的过程中感受到美的存在，从而激发对英语学习的浓厚兴趣。"诗意英语"教学方法有助于激发学生的学习兴趣，增强他们的语言表达能力，提升他们对英语文化的感知和欣赏。文章探讨了在教学实践中引入"诗意英语"概念的创新策略，旨在探索如何将诗意元素融入英语课堂，创造一个富有诗意和创意的学习环境，从而提升学生对英语语言及文化的理解和体验。

关 键 词　初中英语；诗意课堂；实践探索

作者简介　陈秋君，江苏省南通市通州区四安中学教师。

随着全球教育的发展，教学方法也在不断演变。传统的英语教学模式强调语法和词汇的学习，缺乏足够的文化和情感内涵。本研究提出了"诗意英语"教学理念，旨在打破传统教学框架，为学生创造一个更加丰富、生动和富有表现力的学习环境。

一、诗意英语课堂的价值追求

在英语课堂中追求诗意的价值，首先体现在为学生提供一个更加亲近自然、情感和文学的学习环境。通过引入诗歌、文学作品、音乐等形式，学生在语言学习的过程中能感受到美的存在，从而激发对英语学习的浓厚兴趣。这种亲近自然与文学的情感体验，有助于学生更深层次地理解语言。

其次，诗意英语课堂的追求在于培养学生的语感和表达能力。通过接触诗歌、文学作品，学生在欣赏的同时也能感受到语言的美妙之处。在课堂中，可以通过诵读、赏析诗歌等方式，培养学生对英语语音、语调、语感的敏感度，使其能够更准确、流畅地表达自己的想法和情感。

此外，诗意英语课堂也能够促进学生文学素养的培养。通过学习诗歌、文学作品，学生能够接触到不同文化背景下的作品，了解不同国家、不同时期的文学成就，拓宽视野，增强文学鉴赏能力。

二、诗意英语课堂实践探索

（一）诗歌融入课堂

在"诗歌融入课堂"这一创新教学策略的实践中，借助教学"Poems about pets"这一部分内容，我们可以首先将英语诗歌主题选定为"Pets"，通过这一有趣而贴近学生生活的主题，引导学生感受诗歌的韵律和意境，激发他们的情感共鸣能力和想象力。

在引入阶段，教师可以先介绍"Pets"主题，并与学生分享一些有关宠物的简短诗歌片段。随后鼓励学生分享自己养宠物的经历，讨论宠物在他们生活中扮演的角色，引导学生对宠物产生情感联系。为了增加学生对诗歌的兴趣，教师还可以设计一些简短的热身活动，如诗歌卡片匹配游戏，要求学生根据给定的诗歌片段匹配相应的诗歌主题。这有助于培养学生对诗歌韵律的敏感性，并提前引入"Pets"主题。随后进行创意诗歌朗诵比赛，把学生分组，每组选择一首与"Pets"相关的英语诗歌，并进行朗诵比赛。在朗诵过程中，鼓励学生注重语音语调、情感表达以及对诗歌内涵的理解。评价标准既包括语言的准确性，也包括情感的传递和团队协作。

在学生完成诗歌朗诵比赛和创作后，进行一场全班分享和讨论。通过分享，学生可以更深入地了解不同诗歌的表达方式，同时也能够从同学的作品中汲取创作灵感。讨论环节可以帮助学生更深入地理解诗歌内涵，并促使他们从不同的角度思考宠物在人们生活中的重要性。

通过这一课堂实践过程，学生不仅能够在愉悦的氛围中感受诗歌的魅力，还能够培养他们的语言敏感性、表达能力和创造力。这种以创意诗歌为主题的课堂设计既激发了学生对英语的兴趣，也促使他们更深入地思考和感悟生活中的细节。

（二）文学作品赏析

引入经典文学作品的教学策略基于文学作品能够提供深刻的文化和历史体验的理念。文学作品是一种窥视不同文化内涵和价值观的窗口，通过阅读和分析，学生可以更全面地理解语言背后的文化与历史。《绿野仙踪》（*The Wizard of Oz*）是美国文学的经典之一，以其奇幻故事和深刻的寓意为学生提供了一个丰富的学习宝库。

首先，教师可以介绍这本书的背景、作者等基本信息，激发学生的好奇心。可以使用一些图像或视频资源，展示与故事相关的经典场景，如黄砖路、红色鞋子等，以唤起学生的兴趣。然后学生阅读书内的精选章节，着重理解故事情节、人物性格和背后的寓意。在阅读过程中，教师需要指导学生注意作者的语言运用和描绘技巧，以及文学作品中反映的文化元素。

然后将学生分成小组，就不同章节的情节、人物、文化元素展开讨论。每个小组要总结并分享他们对文学作品的理解，强调文学作品对文化和历史的反映，这有助于培养学生的分析和表达能力。例如，分析"In the story, the Yellow Brick Road represents the journey of self-discovery and personal growth. It's a metaphor for the challenges we face in life"，每个学生可以相互交流他们认为的"黄砖路"，并进行创作和表达。也可以鼓励学生以各种方式展现对这本书的理解，如绘画、戏剧表演、写作等。这样的创意呈现有助于学生更深入地吸收文学作品的内涵，同时培养他们的创造性思维。

除此之外，教师可以将文学作品与其他学科知识相结合，加深学生对文学作品所涉及文化和历史的理解。具体实践中，可以通过音乐、美术、历史等多个角度进行探究。

通过这一课堂实践过程，学生不仅能够深入理解这本书中所蕴含的文化和历史元素，还能够培养对文学作品的鉴赏能力、批判性思维和创造性表达。这种结合创意和深度阅读的教学策略有助于构建一个更富有诗意和启发性的文学课堂。

（三）艺术元素的融合

诗意英语课堂教学设计追求科学和艺术的贴合，能最大限度地满足学生的学习欲求，致力于创设师生之间和谐愉悦的课堂氛围。诗意英语课堂按照布鲁姆的学习能力分级，注重认知过程的逐步深化，从回忆、理解、应用起步，引导学生的思维不断逐级攀升，顺势过渡到深层次的分析、评价与创造。

在初中英语课堂中引入艺术元素是促进学生创造力和语言学习的有效方式。以"Art World"这一单元为契机，融合绘画、音乐和戏剧表演等艺术形式，教师可以将英语文化更直观地呈现给学生。这种综合性的教学策略不仅激发学生的创造力，还丰富了他们的语言学习体验。

教育学和认知心理学研究表明，多元素融合的教学方法可以激发学生的多感官参与，有助于深入理解和记忆。同时，艺术元素的融入有助于创造愉悦的学习氛围，提高学习的吸引力和可持续性。在英语学习中，这种多元素融合还能够帮助学生更好地理解语言的情感和文化内涵，提升他们的表达能力和跨文化交流能力。

1. 绘画与诗意课堂

在"Art World"单元中，可以引导学生通过绘画展现各国文化中的特色场景或人物。这能让学生从视觉角度更直观地感知多种文化，并激发他们对所学内容的兴趣。随后，教师以这些绘画作品为基础，进行诗意课堂教学。学生可以根据自己的绘画创作，撰写相关的诗歌或描述，用英语表达对所绘场景或人物的感受和想象，从而巩固语言知识。

2. 音乐与口语表达

可以利用国内外的传统音乐或流行歌曲，引导学生感知不同文化的音乐韵律和情感内涵。学生可以分组进行歌曲欣赏和分析，然后展开口语表达，分享他们对音乐中表达的文化和情感的理解，同时提高口语表达能力。

3. 戏剧表演与口语交流

通过戏剧表演，学生可以扮演不同文化中的角色或情景，体验不同语境下的语言运用。教师可以设计简单的戏剧情景，让学生在其中扮演角色，用英语进行互动交流，培养他们的语言应用能力和情景模拟能力。

4. 跨学科整合

要多鼓励学生进行跨学科整合，将绘画、音乐和戏剧表演相结合，创作多媒体作品，如英语文化主题的视频、漫画或音乐 MV 等。这样的跨学科合作能够更全面地展现学生对英语文化的理解和表达，同时培养团队合作意识和创造性思维。

（四）个性化学习和评价

诗意英语课堂是师生积极互动和共同发展的课堂，是不急于求成，不轻易否定，尊重学生的个别差异和个性特点的开放式课堂。在推动个性化学习和评价的英语教学中，采用诗意英语课堂教学策略可以更好地激发学生的兴趣，发展他们的创造性和表现力，使学生在英语学习中获得更全面的发展。

1. 个性化学习路径设计

在课程设计上，教师可以为学生提供不同主题和任务，让学生选择符合自己兴趣和特长的学习路径。例如，一位学生对音乐感兴趣，可以通过歌曲学习发音和表达方式；而另一位学生可能更喜欢文学，则可以通过阅读文学作品提高语言理解能力。

2. 兴趣导向的项目学习

可以鼓励学生通过小组或个人项目学习的方式，深入研究与英语相关的主题，包括制作英语短片、写一篇英语小说、设计英语演讲等。学生可以根据自己的兴趣和特长选择项目，并在项目中运用英语进行创作和表达。

3. 多样化的评价方式

评价不仅仅应关注语言知识的掌握，更应注重学生的创造性和表现力。除传统的考试和测验外，教师可以采用学科综合评价、项目展示、口头表达等方式，全面了解学生在各个方面的表现。评价应当强调过程性，关注学生在学习过程中的成长和发展。

4. 创意写作与表达

通过创意写作的方式，学生可以在表达个人观点的同时提升语言运用能力。教师可以设计一些开放性的写作任务，让学生在文学、诗歌、散文等不同形式中发挥创造力，从而培养他们的文学素养和表达技巧。

5. 学生分享与互动

在诗意课堂中，要多鼓励学生分享自己的学

习心得、项目成果和创作经验。通过小组讨论、学生展示等形式，促进学生之间的互动与合作，建立起学习共同体。通过关注学生的兴趣和特长，以及强调创造性和表现力的发展，可以使英语学习更加贴近学生的实际需求，从而提高他们的学习效果。

6. 巧设生活化问题

在构建诗意课堂的过程中，巧妙设计生活化问题是激发学生兴趣、促进创造性思维的关键之一。通过针对课程主题提出引人入胜的问题，可以引导学生以更自由、更富创造性的方式参与课堂互动，同时营造出一种轻松愉悦的学习氛围。

这种创造性的课堂设计不仅仅关注知识传递，更注重培养学生的综合素养，使他们在学习中体验到乐趣，于不知不觉中提高了语言水平和综合能力。这正是诗意课堂创造性的体现，将学习与生活巧妙地融为一体。

三、成就与展望

在诗意英语大课堂创新实践的征程中，我们深刻感受到了教学的变革与成就。通过将诗意融入英语教学，不仅令学生在语言技能上取得显著提升，更唤起了他们对语言背后文化与情感的独特体验。这一创新带来了许多积极的影响，让我们对未来的教育充满了憧憬。

首先，诗意英语的教学不仅是对语法知识的简单灌输，更是对学生思维深度的激发。通过诗歌，学生们在语言的层面上得以尽情驰骋，充分展示了他们的创造力和想象力。这种深度的思考能力的培养，使学生在面对问题时更具有灵活性和独立思考的能力，为他们未来的学业和职业发展奠定了坚实的基础。

其次，文学作品的学习让学生更深入地了解了相关的文化背景。通过各种形式的英语课堂，学生们可以感知到不同历史时期、不同文学流派的文化体验。这不仅拓宽了学生的国际视野，也增强了他们对多元文化的尊重和理解。诗意英语的实践为学生提供了更广阔的文化视野，使他们在全球化时代更加游刃有余。

展望未来，诗意英语的实践将继续深入推进。我们期待通过更多创新的教学方法，让学生在诗意英语的海洋中畅游，激发更多的创造力和想象力。我们将致力于进一步拓展文化元素的引入，让学生在学习英语的同时，更好地了解世界各地的文化。我们也将不断探索情感教育的深度，让学生在语言学习的过程中，建立更为丰富和深厚的情感联系。

四、结语

通过对"诗意英语""诗意英语大课堂"创新实践的探索和总结，本文展现了一种更富有创意和情感体验的英语教学方式。这种教学方法不仅能够提升学生的语言水平，更能够培养学生的创造力、情感表达能力和跨文化交流能力。未来的研究可以进一步探索不同年龄段和不同文化背景下，"诗意英语"教学方法的有效性和实施策略。

参考文献：

[1] 闫立玲. 基于学生思维品质培养的初中英语诗意课堂教学研究 [J]. 学周刊，2021（23）：79—80.

[2] 许国红. 构建初中英语诗意课堂，有效提升学生思维品质 [J]. 学周刊，2021（23）：103—104.

立足真实情境　对话怀人散文
——统编教材初中怀人散文教学策略探究

◎田藏藏

摘　要　怀人散文是以故人亲友为书写对象的一种回忆性散文，在初中统编教材中占据着重要位置，具有独特的教学价值。在怀人散文教学中，依托真实适切的语言运用情境，可以有效驱动学生将已有的阅读体验、人生经验与怀人散文所传达的独特经验和深刻意蕴连接起来，提高怀人散文的教学效率。

关 键 词　怀人散文；真实情境；教学策略

作者简介　田藏藏，西安交通大学苏州附属初级中学教师。

《普通高中语文课程标准（2017 年版 2020 年修订）》提出，语文课程要引导学生在"真实的语言运用情境"中构建学科核心素养。所谓"真实的语言运用情境"是指由具体的教学实施者设计的，基于教学需要和学习需要设置，基于完成具体任务而创设的情境，具有必要性、切合性、明确性、驱动性的特征。[1]课堂中创设真实的语言运用情境，有利于激发学生的积极性与主动性，从而加深对文本的理解，在应用中不断提高语文要素的迁移能力。

在初中统编教材选文中，怀人散文集中分布在七、八年级，其数量和分量都不容小觑。怀人散文之美在于作者个性化的言说与个性化的抒情，内涵丰富，情感蕴藉隽永，但与学生的生活体验有一定距离，情感上难以引起学生共鸣，使得教学多停留在文本语言鉴赏层面，未能真正实现提升学生审美情趣的目的。而"情境化"任务在怀人散文阅读教学中则巧妙地搭建了教师与学生、学生与文本间的桥梁，驱动学生与怀人散文进行多元而深刻的对话，激发情感共鸣，从而体会怀人散文的深刻意蕴。

王荣生教授曾提出，教师可以从"作者个性化的言语表达、语句章法""作者的所见所闻及其个人化的言说对象""作者的所思所想，独特的情感认知"三方面确定散文教学内容。[2]结合怀人散文特质，笔者将围绕"发现人物之'真'、体悟作者之'情'、探究叙事之'妙'"三方面，探究怀人散文的教学价值和教学艺术。

一、怀人散文情境创设原则

（一）把握任务情境与文本语境的关系

读柳永词，宜十七八女孩儿，执红牙板，歌"杨柳岸晓风残月"；读苏东坡词，须关西大汉，执铁板，唱"大江东去"。品读宋词，有豪放与婉约的不同姿态，阅读怀人散文，亦有其适宜的姿态。创设一种情境，便是选择了一种阅读怀人散文的阅读姿态。《回忆鲁迅先生》的尊敬与依恋、《老王》的愧怍与自省、《秋天的怀念》的追思与超越、《背影》里的隔膜与和解都传递着怀人散文的不同况味，其语言风格或平实细腻、深沉热烈，或含蓄隽永、蕴藉悠长。因此，在创设情境任务时，要与文本语境相匹配，具体体现在要与文本的情感基调相配，以境引情，以情启思，以思促学，教出怀人散文的"美境"与"真情"。

（二）把握任务情境与目标指向的关系

教材中的单元导语明确了单元学习的价值取向和核心，对整个单元有统领作用，有助于我们切实把握本篇怀人散文的教学重点，设计科学有效的情境，真正提升怀人散文教学效果。

如《背影》位于部编版初中语文教材八年级上册第四单元，该单元导语提到本单元散文类型多样，学习这些散文要"反复品味、欣赏语言，体会、理解作者对生活的感受和思考"，教师在进行《背影》的教学时，就可以根据单元导语中的提示创设情境任务，将任务聚焦单元导语中提到的"反复品味、欣赏语言""理解作者对生活的感受和思考"，明确情境任务的指向，品读其中父子由隔膜走向和解的情感历程，理解当下两代人的情感世界。

（三）把握单一情境与整体情境的关系

怀人散文情思流畅、意脉贯通，教师可尝试将"情境点"连接成"情境链"，系统学习任务，形成更丰富完整的学习体验。

笔者在教授徐慧芬《多是人间有情物》一文时，尝试设计了"编辑一本外公的纪念册"的情境任务，依次搭建了复原草木笔记、定格人物剪影、续写草木情缘的情境链条，引导学生在完成情境任务的过程中，品读文章平淡冲和的语言，认识文中外公的医者、智者、师者形象，感受作者对外公的敬重与感恩之情，提升学生的审美品位和表达能力。

二、怀人散文情境教学要点及创设策略

（一）发现人物之"真"

怀人散文追忆了一个个鲜活独特的人物，他们或声名显赫，或平凡渺小，都闪烁着人性的光辉，在作者的生命际遇中留下了浓墨重彩的一笔。在认识散文中的言说对象时，运用简历制作和镜头定格的情境策略，可以帮助我们更好地了解人物的外在特征和内心世界。

1. 简历制作，概览人物生平

在怀人散文教学中，简历制作这一情境任务可有效避免琐碎的分析提问，以一种高效便捷的方式引导学生梳理整合信息，对人物的社会地位、家庭背景、生平经历、外貌特征、兴趣特长等方面有一个全面而直观的了解。

笔者在执教《阿长与〈山海经〉》一课时，品读完阿长"伟大神力"之后，设计了制作阿长简历的情境任务。学生通过梳理，对阿长的外在处境有了更清晰的认识：阿长本名不详，年龄不详，家庭住址不详，只知道她长得黄胖而矮。一个于"我"而言近似精神乳母的角色，"我"却对她一无所知，至此，课堂的感情高潮开始回落，此时学生再来体会鲁迅对阿长的情感便水到渠成了。相较于口头表达，简历制作用书面形式将阅读成果可视化，直观形象，便于课堂展开对话交流、质疑探讨，形成思想碰撞或情感激荡，这对学生实现深度阅读大有裨益。

2. 镜头定格，凝视人物风貌

值得注意的是，怀人散文中的人物打上了作者鲜明的主观烙印，是作者高度个人化的言说对象。教师要做的是引导学生透过文字，凝视作者眼中的人物风貌。

《义务教育语文课程标准（2022 年版）》强调"创设情境，应建立语文学习、社会生活和学生经验之间的关联，符合学生认知水平"。因此教师要根据怀人散文的文本特质，思考情境中蕴含的能量来建构路径，设计适合的情境任务，让学生更好地融入对文本主动探究的思维活动中，充分体现学生的主体性。

怀人散文以刻画人物为主要内容，而人物的刻画是以细节传其神韵，在品读人物时，通过镜头定格的情境方法，有利于我们聚焦细节，走入人物内心世界。正如每个人心中都有自己对于鲁迅先生的印象，但是阅读《回忆鲁迅先生》一

文，却需要我们感受萧红心中的"鲁迅先生"。在执教《回忆鲁迅先生》时，笔者设置了这样一个情境任务：如果拍摄一部回忆鲁迅的微电影，你会从文本中选取哪一镜头来还原鲁迅先生深刻与伟大背后的平和这一特点？在这一镜头中，哪些细节要特写？同学们纷纷选取了鲁迅等电车、看海婴、吃鱼丸等镜头，并对镜头进行深入细致的解读，读出鲁迅独特的精神风貌。围绕"伟大背后的平和"这一萧红眼中的鲁迅印象，进行镜头定格，可以化零为整，以"神"聚"形"，在涵泳文本细节中洞察人物精神世界。

（二）体悟作者之"情"

散文具有较强的抒情性，散文教学的重要目标就是引导学生品读其中蕴含的丰富情感。通过日记补写，我们可以更好地还原作者的真实心境；借助标点添加，有利于提升我们对文章的情感认知。

1. 日记补写，还原情感内核

日记补写贴合作者的心境进行补白，是引导学生与怀人散文进行时空对话的一种有效途径。需要注意的是，日记补写之前需要教师进行一定的指导和铺垫，以免补写漫无目的、不得要领。

在执教《阿长与〈山海经〉》时，为了调动学生的情感体验，更好地体悟鲁迅收到《山海经》时的"霹雳""震悚"，笔者设置了一个补写童年鲁迅日记的情境活动。在补写日记之前，笔者先引导学生聚焦关键句"别人不肯做，或不能做的事，她却能够做成功。她确有伟大的神力"进行分析，深入思考别人是哪些人、他们为什么不肯做或不能做、为什么她能做成功、成功的背后是什么等问题，给学生提示一些思考的角度和补写的方向。在对这些问题的思考中，学生会有意识地联系一些文本细节，如"三哼经"，来认识到阿长买书过程的艰辛，还会联系课文以及《朝花夕拾》中其他一些长辈的封建做法，认识到阿长的独特价值——她用艰辛的、纯粹的、真诚的爱，

满足"我"的心愿，呵护"我"的童心，这对孩子来说，就是一种伟大的神力。在这一过程中，学生为写而读，想要写得好必先真读、深读、细读，在真实的学习活动中，调动丰富的情感体验。

2. 标点添加，深化情感体认

文字是思想和情感的外衣，即使一个小小的标点符号也能折射出幽微深邃的情感世界。在怀人散文教学中，通过添加标点符号这一情境活动，我们也可以四两拨千斤地引导学生体悟散文的万般情味。标点符号的多次添加也能逐步深化学生对文章的情感体认。在执教《阿长与〈山海经〉》时，笔者设计了两次给文章标题添加标点符号的情境任务：在导入时添加标点，了解学生的阅读初感，如故事内容的新奇独特、意犹未尽、微微触动……在课堂临近结束环节，笔者让学生重新在文章标题后添加标点，这次的添加是为了引导学生深入理解鲁迅对阿长的多重情感，如深深的悲悯、隐隐的愧疚、哀婉的叹息、强烈的思念、无限的感激……相比于"你从中读出了作者的哪些情感"这类提问，添加标点的情境活动营造了一个更为丰富和生动的表达场域，更能激发学生的探究欲和创造力，进而深化学生对怀人散文的情感体认。

（三）探究叙事之"妙"

双重叙事视角是怀人散文的重要文体特征。所谓双重视角，是指文中有两个"我"在交替抒情，一个是现在的"我"，一个是过去的"我"[3]，现在的"我"对过去的"我"有一个再体认，视角的转换会带来一定程度上的"冲突"，具体表现在这两个"我"之间往往构成自我批判或自我发现关系[4]。双重叙事视角带来了情感认知的差异性和层次性，同时也塑造了怀人散文多重的语言风格，这也是怀人散文的教学重难点所在。

情境任务是语文学科核心素养形成和发展的重要载体，在怀人散文教学中，师生之间基于情境，在合作探究中不断拓展思维深度和广度。通

过表情切换和情境演读的活动，教师可以将抽象的理论化为具体的情境活动，引导学生对怀人散文的叙事艺术进行深入探究。

1. 表情切换，透视双重视角

在执教《阿长与〈山海经〉》时，笔者引入学生十分熟悉的微信表情，以"童年鲁迅看阿长……会选择……表情，因为……成年鲁迅看阿长……会选择……表情，因为……"这一句式训练，让学生设身处地地调动情感体验，感受不同阶段鲁迅对阿长的情感差异，体悟怀人散文交替叙事和抒情的艺术。比如学生提到了阿长逼小鲁迅吃福橘的事，在小鲁迅看来，会因为阿长的烦琐规矩而不耐烦，但在成年鲁迅看来，可能会微微一笑。这迷信的背后，何尝不是阿长对"我"的一种慈爱和呵护呢？通过表情切换，学生在生动的情境活动中将思考向更深处漫溯，对双重视角有了更直观而深入的了解。

在教学《老王》《背影》等怀人散文时，我们同样可以通过表情切换的方式，复现故事场景，体会当时"我"的感受与现在"我"的心境的差异，从而发现作者在追忆故人的同时，亦有对自己灵魂的深刻内省。

2. 情境演读，品评语言风格

在双重叙事视角的影响下，怀人散文往往会呈现出两种语言风格：一种是符合过去"我"的身份的语气，如孩子气的童真、青少年认知的片面；一种是写作时成年"我"的复杂感受，或深情眷念，或悲凉愧怍，或冷峻反思。两种语言风格的交替呈现，形成了文章审美趣味上的张力。通过体悟两种语言风格，能够更好地帮助学生把握怀人散文的叙事肌理。

《阿长与〈山海经〉》一文就鲜明地呈现了两种不同的语言风格。一种是小鲁迅幽默俏皮的语言，在叙述阿长踩死隐鼠、喜欢切切察察、睡觉摆大字、逼"我"吃福橘、讲长毛故事时，大词小用，如"憎恶""无法可想""伟大的神力"，

还原了小鲁迅彼时的孩子气，阿长的语言描写"啊呀，骇死我了，骇死我了……"再现了阿长愚昧可笑的一面。在这类语言风格中，教师可以分角色演读这一情境活动，模仿阿长、小鲁迅的语气、动作，既能真实展现人物的鲜活特点，同时可以活跃课堂气氛。第二种语言风格则主要表现在文章的最后几段，作者以成年人的口吻追思故人、追溯往事，语言深沉而克制。在对后者的品读上，则适合配以哀婉低沉的音乐，通过齐诵的方式体悟鲁迅对阿长喷涌而出的祝福、思念、愧疚、感激等丰厚深沉的情感，为课堂奏响一个意犹未尽、感慨万千的余音。

三、结语

真实的语言运用情境是学生与怀人散文进行心灵对话的驱动力，可以规避散文阅读的厌读、浅读、误读，与之相伴的是趣读、深读、慧读。在初中怀人散文教学中进行情境任务的创设，应以学生为主体，立足学生的需要和文本特质，创设与教学内容相符合的情境任务，在实践中不断检验，总结经验、细化改进，逐步完善。在进行怀人散文教学时，我们还需要对情境教学的策略进行深入探究，从而更好地培养学生成为能共情的阅读者、有思想的阅读者，助力学生语文学科核心素养的提升。

参考文献：

［1］孙国萍，黄厚江.对"真实的语言运用情境"的困惑和理解［J］.语文建设，2021（01）：67—71.

［2］王荣生.散文教学内容确定的基本路径［J］.中学语文教学，2011（01）：9—11.

［3］王荣生.散文教学教什么［M］.上海：华东师范大学出版社，2014.

［4］朱庆国.回忆性散文课堂教学策略的实践路径——以朱自清的《背影》为例［J］.中小学教师培训，2019（03）：38—41.

新课标视域下中华优秀传统文化融入小学英语课堂的策略探索

◎张　波

摘　　要　英语是语言的学科，也是文化的载体，它有着鲜明的人文性。在英语教学中，我们要聚焦素养，有意识、有针对性、有层次性地培养学生的文化品格，提升学生的跨文化交际能力，深化学生对文化的理解，促进学生对文化的传承。

关 键 词　中华优秀传统文化；小学英语；核心素养；文化品格

作者简介　张波，江苏省宜兴市城西小学教导处主任，一级教师。

英语是语言的学科，也是文化的载体，它有着鲜明的人文性。《义务教育英语课程标准（2022年版）》指出：英语课程要着力培养学生的核心素养，让学生能够了解不同国家的优秀文明成果，比较中外文化的异同，逐步形成健康向上的审美情趣和正确的价值观；加深对中华文化的理解和认同，树立广阔的国际视野，坚定文化自信，强化家国情怀和人类命运共同体意识，通过"人与自我""人与自然""人与社会"的主题学习，提升个人文化素养和社会责任感。

一、细化词汇内涵，探寻文化奥秘

词汇教学是文化意识培养的绝好载体之一，日常教学中应注意挖掘词汇的文化内涵，激发学生获取知识、探究中华文化奥秘的愿望。

如 yellow 这一颜色在古代象征着权力，是我国朝代更替中的颜色象征；对于 white 和 black 这两种颜色，延伸出我国古代表葬文化庄严肃穆的气氛；red 这一颜色是用于装扮喜庆节日的主色调。通过结合多媒体图片与文字，既加深了学生对各种颜色单词的理解，又丰富了英语教学的内涵。

二、深挖文本细节，探索文化元素

在小学英语教学中，我们要整合与优化教材，深度挖掘文本细节，将中华优秀传统文化有机地融入课堂，拓展学生的文化知识。在教学中，我们首先要能深度解读教材，在研读的过程中，将译林版教材中各学段、各单元中所涉及的传统文化元素找出来，连成串，在纵向整合与横向整合的基础上，深化知识点之间的联系，促进学生对知识的结构化认识，促进学生的融会贯通。

通读译林版教材，我们可以将教材中的中华文化元素分为五类：

（一）中华饮食文化

四年级上册："Unit 6　At the snack bar"——茶、面条；

五年级上册："Unit 1　Goldilocks and the three bears"——茶；

五年级下册："Unit 6　In the kitchen"——中华美食；

六年级下册："Unit 3　A healthy diet"——中国早餐。

（二）中华传统与文化精粹

五年级下册："Unit 1　Cinderella"——中国神话故事《西游记》《哪吒传奇》；

六年级上册："Unit 1　The king's new clothes"——中国寓言故事《愚公移山》；

六年级下册："Unit 1　The lion and the mouse"——中国寓言故事《猴子捞月》。

（三）中国非物质文化遗产与民间艺术

三年级上册："Unit 5　Look at me"——中国结；

"Unit 8　Happy New Year"——京剧脸谱；

四年级上册："Unit 1　I like dogs"——国宝大熊猫；

四年级上册："Unit 5　Our new home"——放风筝；

四年级下册："Unit 5　Seasons"——放风筝；

五年级上册："Unit 7　At weekends"——放风筝；

六年级上册："Unit 2　What a day!"——放风筝。

（四）中华传统节日与民俗

五年级下册："Unit 7　Chinese festivals"——中国的传统节日（春节、端午节、中秋节、重阳节）；

五年级下册："Unit 8　Birthdays"——中国人过生日；

六年级上册："Unit 8　Chinese New Year"——中国春节习俗。

（五）中华地理文化

六年级上册："Unit 3　Holiday fun"——中国名胜古迹（天安门广场、故宫、颐和园、外滩、上海博物馆等）；

六年级下册："Unit 6　An interesting country"——中国名胜古迹（长城）；

六年级下册："Unit 7　Summer holiday plans"——中国名胜古迹（天安门城楼、北京天坛）。

各学段中，中华优秀传统文化融入教学具有连续性、顺序性和进阶性。例如，在四年级上册"Unit 5　Our new home-Sound time"中，以传统的风筝图案为代表，表达了对放风筝的喜爱（I like to fly my kite）；在四年级下册"Unit 5 Seasons-Story time"中以一首小诗配图，描写了春天放风筝的乐趣；到了五年级上册"Unit 7 At weekends-Story time"中，外国朋友迈克通过好友对中国文化和习俗进行了传播，周末活动是和家人一起放风筝，放松心情；最后在六年级上册"Unit 2　What a day!"中，能用过去式来描述放风筝的活动和心情。风筝文化始终贯穿于各个学段，学生不但了解了风筝美好的寓意，还知晓放风筝能让人情绪开朗、心情愉悦。在了解了风筝后，我们可以举办校园风筝节，观看微视频《用英语讲好中国故事——风筝》或制作手抄报，讲述自己的风筝故事。

在单元教学中，我们还要能够深度研读文本，深挖单元中的传统文化元素。如在"Unit 8 Chinese New Year"这单元的主题教学中，我们可以插入微课"Chinese Story of Nian"，丰富学生对春节的认识，让学生能向外国朋友更生动地介绍中国传统节日春节的来源。在教学中，我们要能基于教材，研读文本，寻找文本中的文化元素，有机地融入中华优秀传统文化，在获取语言发展能力的同时，促进学生正确价值观念的形成。

三、延伸教学话题，丰富文化体验

译林版英语教学以话题整合单元教学内容，话题贴近生活，有着现实意义。在教学中，我们要能基于单元教学主题，延伸教学话题，将话题的触角延伸到学生生活的方方面面，在整合与拓展中补充相关的传统文化背景知识，并创设生动鲜活的话题活动，丰富学生的文化体验。在延伸教学话题时，我们要寻找到整合点，在自然的对话交流、话题活动中，融入中华优秀传统文化，提高课堂教学的整体性。

在教学译林版"Chines festivals"这单元时，我在"Checkout time"这个复习板块的教学中，就针对"the Dragon Boat Festival"这个中国传统节日进行了深度研究，在问题单中唤醒学生的知识背景，联结学生"过端午"的生活经验，引导学生在单元学习的基础上，对端午节这个传统节日的来历展开深度探究。

Q1: When is the Dragon Boat Festival in Lunar Calendar?（端午节的阴历时间）

Q2: Why do we have this festival?（节日的来历，在这个环节中导入微课）

Q3: What did Quyuan write?（Li Sao《离骚》）

Q4: What is the story of the rice dumplings?

Q5: How to make a rice dumplings?（导入微课，以微课视频的形式呈现制作粽子的步骤，设计步骤清单）

Q6: What do people do?（图片选项：赛龙舟、挂艾草、喝雄黄酒、佩戴香包）

在这个复习环节中，我选取"Story time"板块中的端午节，设计了一个探究活动，促进学生的深度思考，丰富学生对端午节的认识，引导学生掌握用英语向外国友人介绍端午节的方法。在课后，我还鼓励学生以问题清单的形式，对其他中国传统节日展开深度探究，设计具有"中国味"的英语小报。

四、对比文化异同，深化文化理解

对比中西文化的异同，能够促进学生对中西文化的理解，强化学生的感知与记忆，帮助学生更好地汲取文化精华。此外，在对比中西文化的过程中，还能够增强学生的民族自豪感，坚定学生的文化自信，增强学生对中华优秀传统文化的认识。

在教学译林版"At Christmas"这单元时，我设计了"Spring Festival vs Christmas"的节日大比拼活动。在这个活动中，我将班级分为两大阵营，引导学生通过对比春节和圣诞节这两个最具代表性的中西方传统节日，感受中西文化的异同。

在这个活动中，我引导学生从 Time origin、Special colour、Special things、Special food、Special activities 这五个角度展开比较。在这个比较活动中，学生纷纷结合自身的生活经验，发表

了自己的观点，如圣诞节的红绿（red and green）搭配，春节的中国红（Chinese red）；圣诞节中的布丁（pudding）和火鸡（turkey），春节中的饺子（jiaozi）等。接着，学生在讨论中整合这两个节日的相同之处，如这两个节日都是中西方最具代表性、最重要的传统节日；这两个节日都是中西方人民庆祝新年、家人团聚的节日；这两个节日前都需要大采购、大扫除、装饰房屋等。在比较异同的过程中，不仅能拓宽学生的国际视野，还能培养学生的批判、反思等高阶思维，促进学生对不同文化的理解与包容，树立学生的文化自信。

五、融入绘本故事，促进文化传承

绘本是贴近儿童心灵世界与认知水平的阅读素材。在实际教学中，我们可以尝试在主教材教学的基础上，融入以传播中国传统文化为背景的绘本故事。在教学中，我们可以开展形式多样的绘本主题实践活动，引导学生读中国故事、讲中国故事、演中国故事，在趣味配音、情境扮演、绘制故事地图等创造性活动中，提高学生的英语阅读能力和口语表达能力，促进学生对中华优秀传统文化的理解与传承。

如在译林版六年级上册"Unit 1 The King's new clothes"这单元的"Checkout time"板块时，我在中国寓言故事"愚公移山"的基础上，带来了有着异曲同工之妙的中国神话故事《精卫填海》（*The bird Jingwei trying to fill the sea*），这两个故事都表现了主人公意志坚定、锲而不舍的精神，非常值得学生学习。在这个绘本故事的阅读过程中，我为学生设计了学习单，引导学生以绘制故事地图的形式，向小组成员讲述这个故事。同时，在拓展训练中，我还设计了"假如精卫有朋友圈"的创意活动，引导学生以 DIY 绘本的形式，设计虚拟的"精卫朋友圈"，猜猜精卫在填海的过程中会发布怎样的朋友圈，如刚开始填海时的壮志、填海中遇到困难时的难过或自我安慰等。在这个拓展阅读活动中，可以融入中华传统文化，培养学生坚忍不拔的精神意志，促进学

生对优秀文化的传承；同时，以创造性的阅读活动，激活学生的发散性思维，增强学生阅读与实践的学习热情，活化英语课中的文化教学，促进学生文化品格的发展。

六、实现跨学科融合，厚植家国情怀

"双减"政策的出台，促进了教师观念的改变。我们可以在英语学科的课程建构上，开展"学科+"和"文化+"的融合和探索，积极开展英语学科与其他学科和文化的融合，探索"英语+语文""英语+音乐""英语+美术""英语+道法""英语+体育""英语+书法""英语+劳动"等学科和文化的有机融合，让学生用英语做事，用英语讲述自己的故事，提升学生的内在驱动力，弘扬中华优秀传统，坚定文化自信，将家国情怀厚植于学生心中。

自古以来，诗画为一家，诗中有画，画中有诗。在"双减"背景下，学习四年级上册"Unit 5 Seasons"后，教师可组织学生采用诗词配画的形式来描述四季的美丽，以画抒情。劳动创造美，在"Chinese Festival"后，可结合五年级的劳动课，举行"舌尖上的……"活动，制作传统节日美食和地方特色美食（如馄饨、各地的粽子），师生共同分享，体会传统节日之乐。体育教学主要以活动、游戏、运动为主，而"英语+体育"的课堂会生成多维语境，以主题引领，让学生在真实的语境中快乐地沟通与交流。习近平总书记提出过"绿水青山就是金山银山"的理念，六年级上册"Unit 6 Keep our city clean"和"Unit 7 Protect the Earth"这两个单元都是环保话题，我们可以从城市的污染切入话题，利用植树节宣讲环保的重要性，带领学生在校园内植树以美化环境，同时，周末用英语 vlog（视频博客）分享自己的绿色生活方式。课后实践活动中，要求学生从身边点滴做起，养成节约意识，实现绿色出行低碳生活，将优秀传统文化内化于心，外化于行，切实发挥英语学科和道德与法治学科结合的育人功能。

七、结语

党的二十大报告提出坚守中华文化立场，讲好中国故事，传播好中国声音，展现可信、可爱、可敬的中国形象，推动中华文化更好走向世界。"中国风"正吹入英语课堂，我们要做好学生语言学习与文化学习的"引路人"，帮助学生培养正确的价值取向，树立学生的文化自信，引导学生学好英语，用英语解决生活中的实际问题，用英语传播中华优秀传统文化。在这样的教学中，既能突出英语学科的工具性，也能发挥英语学科的育人价值。为此，我们首先要提升自身的文化素养，积极开发课程资源，精心制作以传播中华优秀传统文化为主题的微课、创意绘本等，活化英语教学形式，提升英语教学厚度，让学生能用英语讲好中国故事。

参考文献：

［1］中华人民共和国教育部.义务教育英语课程标准（2022 年版）［M］.北京：北京师范大学出版社，2022.

［2］万琰.教材视角下中华优秀传统文化融入小学英语教学的思考［J］.小学教学设计，2021（30）：4—9.

［3］姚梦怡.中国传统节日文化在小学英语教学中的渗透——以译林版英语 6A Unit 8 Chinese New Year 为例［J］.新课程，2021（22）：156.

［4］郑子嘉.用英语讲好中国故事——小学英语教学导入传统文化教育的探索实践［J］.校园英语，2021（06）：223—224.

［5］秦辉.浅论大学英语教学中融入中国传统文化教学的策略［J］.海外英语，2021（10）：213—214.

［6］李佩玉.在绘本阅读中渗透情感教育［J］.江西教育，2022（09）：70—71.

［7］邓振红.指向学生文化素养提升的小学英语教材开发研究——以译林版《英语》六（上）教材重建为例［J］.小学教学设计，2020（36）：7—10.

新课标背景下高中物理小组专题作业教学模式探索

张伟宏

摘 要 高中物理教育是我国教育系统的重要组成部分。随着教育改革的深入，新课程标准强调学生的主体地位，倡导学生通过实践活动来构建和发展知识，而小组专题作业作为一种有效的教学策略，正逐渐在高中物理教育中得到应用。本文基于新课程标准，探索高中物理小组专题作业的教学模式，以期为高中物理教师提供实践参考，进一步优化教学效果。

关 键 词 新课标；高中物理；小组专题作业

作者简介 张伟宏，江苏省江阴市山观高级中学物理教师，一级教师。

现代社会的发展要求学生不仅要掌握足够的理论知识，还要具备创新思维、批判性思考和协作能力，以解决实际问题。小组专题作业作为一种主动学习的教学方式，鼓励学生在合作中学习，通过解决实际问题来理解和掌握知识，从而提高他们的学习能力和协作能力。然而，如何设计和实施高效的小组专题作业，如何评估和反馈其效果，以及如何在实际教学中进行优化，都是需要深入研究的问题。

一、新课标对高中物理课程教学的要求

《普通高中物理课程标准（2017 年版 2020 年修订）》（以下简称"新课标"）对高中物理课程教学提出了全方位的要求，这些要求涵盖了知识与技能、过程与方法、情感态度与价值观以及实践活动四个主要领域。

首先，强调学生需要掌握核心的物理知识和基本理论，并具备进行科学实验和处理数据的基本技能。这一点重塑了传统的教学观念，强调理解和应用的重要性，而非仅仅依赖记忆。针对实验技能，学生需要具备一整套科学实验的能力，包括设计实验、操作仪器、收集和分析数据以及撰写实验报告。

其次，强调了过程与方法的重要性，学生需要掌握科学的思维方式和工作方法，包括观察、提问、假设、推理、实验、总结等科学研究的基本步骤。这一点也体现了新课标对于批判性思维和创新能力的重视，鼓励学生独立思考，勇于质疑，勇于创新。

再次，强调了情感态度与价值观的培养，认为物理学习不仅仅是知识和技能的获取，更重要的是情感态度和价值观的塑造。学生需要对物理学习有积极的态度，对科学有敬畏之心，对自然有爱护之情。同时，学生也需要了解科学的社会效应，认识到科学既可以带来福利，也可能带来问题，因此，需要有责任感和公正的科学态度。

最后，强调了实践活动的重要性，认为实践活动是理解物理原理的最好方式，包括实验、观察、研究、讨论等形式多样的活动。这些活动能够让学生直接接触和操作物理现象，从而更深入

地理解物理原理，同时也可以提高他们的动手能力和问题解决能力。

二、小组专题作业教学模式概述

小组专题作业教学模式是一种以学生为中心的教学策略，主张学生主动、协作和深度学习。该模式围绕一个具体主题或问题进行研究和学习，强调学生的主动性，让他们从被动接受知识变为主动探求知识。

小组专题作业教学模式强调学生的主动性，让学生从被动接受知识的受教者转变为主动寻求知识的学习者，增强学生的学习动机，激发他们的学习兴趣，有助于他们深入理解和掌握知识。小组专题作业教学模式强调团队协作，让学生通过小组合作，学习如何在团队中进行有效沟通，如何解决冲突，如何协同工作。小组专题作业教学模式鼓励学生展开深度学习，形成全面、深入的认识，提高他们的批判性思维和问题解决能力。小组专题作业教学模式可以提供丰富的学习资源和多元化的学习方式，满足学生不同的学习需求和兴趣，让学生从多角度、多层次学习，培养他们的多元智能和创新思维。

三、高中物理小组专题作业教学模式现状

（一）学生参与度不均衡

在高中物理的小组专题作业教学模式中，学生参与度不均衡是一个常见问题。产生这个问题的原因如下：首先，物理是一门对抽象思维和逻辑分析能力要求较高的科目，一些学生可能对其感到困惑和挫败，从而降低参与度。其次，如果小组的工作环境不具有包容性，或者小组成员之间的关系紧张，一些学生可能会感到自己在小组中的地位边缘化，从而降低他们的参与度。

（二）作业任务分配不当

在高中物理小组专题作业的教学模式中，任务分配不当是一个需要关注的问题。小组任务分配不恰当可能导致一部分学生负担过重，而另一部分学生则几乎没有任务，最终引发小组冲突，影响小组的和谐以及作业完成的效率。

（三）评估困难

在高中物理的小组专题作业中，评估困难是一个常见的问题。小组专题作业涉及团队协作，很难对每个学生的贡献进行准确评估。如果评估标准不明确，容易导致学生对评估结果的不满和困惑。这种不满可能会影响他的学习动力，甚至可能导致小组内部的冲突。

四、高中物理小组专题作业教学模式实施策略

（一）明确任务分配

在高中物理小组专题作业中，明确任务分配是核心环节，它确保每个学生都有明确的角色和任务，有助于提升学习效果，构建高效协作的学习环境。任务分配的首要作用在于平衡工作负担，防止出现"免费搭车"现象，即少数学生承担全部工作，其他学生几乎不参与。这既对努力的学生不公平，也阻碍其他学生的学习进步。明确任务分配，每个学生都能得到适量的工作，既保证每个人都有机会参与和学习，又防止学生负担过重。明确任务分配也能提升工作效率。[1]通过分工，每个学生可以专注于他们最擅长或最感兴趣的部分，既提高工作效率，又提升学习积极性。例如，善于实验的学生负责设计和执行实验，善于写作的学生负责撰写报告。每个人都能在他们擅长的领域发挥出最大的效用，更有可能享受到学习的过程。最后，明确任务分配加强了学习效果。每个学生都可以深入研究他们负责的知识点，深化理解，提高解决问题的能力。总的来说，在物理课程中，专题作业集团队协作和自我学习于一体，明确任务分配的方法大幅提升了教学效果。[2]

以第六章《圆周运动》为例，教师可以设定专题作业的主题为"探索和理解圆周运动的物理

原理"。在这个主题下，教师可以将任务细化并分配给小组中的每一个学生。首先，教师可以安排一个学生负责理解和解释圆周运动的基本原理。这需要他们阅读相关的教材和参考文献，理解力矩、角速度、角加速度等基本概念，以及它们如何应用在圆周运动中。这一角色需要具备良好的理论理解能力以及独立研究和学习的能力。其次，教师可以安排一个学生负责设计和执行一个能够展示圆周运动的实验，包括设计实验设备、安排实验步骤、记录实验数据等。这一角色需要具备实践能力、观察力以及一定的创新思维。再次，教师可以安排一个学生负责分析实验数据并撰写报告，包括对实验数据的统计和图表制作，以及对实验结果的解释和分析，他们需要在报告中明确显示实验的目的、步骤、结果和结论。这一角色需要具备数据分析能力和写作能力。最后，第四个学生可以负责整理和呈现所有的工作。他需要将所有的研究、实验和报告整合在一起，制作成一个完整的项目报告，并在需要的时候进行展示。这一角色需要具备组织能力和演讲能力。在分配任务的同时，教师还需要设定一个明确的时间表，每个学生都应该清楚他们的任务以及完成这些任务的期限。在专题作业进行过程中，教师可以定期检查每个学生的进度，并根据需要给出反馈和建议。这可以帮助确保每个人都在按计划进行，也可以在出现问题时及时提供帮助。通过这种方式，每个学生都能在他们擅长的领域中发挥出最大的效用，并且所有的学生都能深入理解和学习圆周运动的物理原理。这不仅能提升学生的团队合作能力和自我学习能力，也能帮助他们更好地理解和掌握物理知识。[3]

（二）给予深度学习的指导

深度学习是一种以学生为中心的学习方式，它着眼于理解、应用和创新，而不仅仅是简单地记忆和复述。给予深度学习的指导是一项至关重要的教学任务，因为它可以帮助学生真正理解并掌握知识，从而更好地应对现实生活中的问题和挑战。深度学习的核心是增强理解。[4]通过深度学习，学生能够超越表面的知识，深入到知识的内核，理解其深层的含义和应用。这种理解是持久的，可以在各种情况和环境中使用。深度学习也涉及发展思考技能。在深度学习中，学生需要运用批判性和创新性的思维去分析问题，寻找解决方案。这种思维方式不仅有助于学习，同时也是未来职场和社会生活中必不可少的技能。

在高中教育阶段，深度学习是一种强调理解、应用和创新的学习方式。以《匀变速直线运动的研究》为例，这个课程可以被分解为四个主要步骤。[5]首先，是理论引导阶段。在这个阶段，教师需要向学生解释匀变速直线运动的基本概念和公式。例如，教师可能需要解释速度、加速度、时间与位移的关系，以及这些概念如何在公式中体现。通过明确的理论讲解，教师可以帮助学生建立起对匀变速直线运动的理论框架，从而为深度理解提供基础。其次，是实验探究阶段。在这个阶段，学生将设计和进行实验，以实际操作和观察来体验匀变速直线运动。例如，学生可以通过滑动小车或滚动小球，记录位移和时间的变化，然后计算速度和加速度。这样的实验活动不仅可以提供直观的学习体验，更能让学生从实际操作中加深对匀变速直线运动的理解。再次，是反思和讨论阶段。在这个阶段，学生需要分析实验数据，讨论实验结果与理论的关系。例如，学生可以通过图表展示实验数据，分析数据的变化趋势与理论预测是否一致，讨论可能的原因。这样的反思和讨论，可以促使学生运用批判性思维，深化对匀变速直线运动的理解。最后，是扩展应用阶段。在这个阶段，教师可以引导学生探讨匀变速直线运动在实际生活和科学研究中的应用。例如，匀变速直线运动的原理在设计轨道、发射火箭等方面有重要应用。通过这种应用探讨，可以激发学生的创新思维，提高他们的实践能力。

（三）设定清晰的评估标准

在教育过程中，评估标准的设定是至关重要的，它不仅影响学生的学习动机和学习行为，也直接影响教学的效果。对于教师来说，设定清晰、明确的评估标准，并采用多元化的评估方法，是提高教学质量的有效策略。

首先，设定清晰的评估标准可以为学生指明学习的方向和目标。在项目开始前，教师应明确并解释评估标准，让学生清楚地知道他们的表现将如何被评估。这些标准可能包括知识理解、技能掌握、态度和行为等方面。例如，如果项目是关于匀变速直线运动的研究，那么评估标准可能包括学生对相关理论的理解、实验技能的掌握、数据分析的能力以及团队合作和沟通的能力等[6]。这些标准应该具体、明确、可操作，以便学生可以根据这些标准进行自我评估和自我调整。

其次，采用多元化的评估方法可以全面、深入地评估学生的学习效果。传统的评估方法，如笔试和口试，主要评估学生对知识的掌握和理解。然而，学习不仅是知识的获取，更是能力的发展和个性的塑造。因此，教师可以考虑学生的参与度、他们在小组讨论中的贡献，以及他们在解决问题和冲突中的角色等。例如，教师可以观察学生在实验中的行为，评估他们的操作技能和团队合作能力；教师可以通过小组讨论，评估学生的沟通能力、批判性思维和问题解决能力；教师还可以通过学生的自我反思和同伴评价，评估学生的自我认识和社会关系。这些多元化的评估方法，可以帮助教师全面了解学生的学习状况，从而提供更具针对性的教学支持。

总的来说，设定清晰的评估标准和采用多元化的评估方法，是提高教学质量的重要策略。通过这种方式，教师可以更好地指导学生的学习，更有效地促进学生的发展。

五、结语

综上所述，在新课标的背景下，高中物理小组专题作业教学模式的探索无疑是一项具有挑战性和前瞻性的工作。这种模式的实施，不仅有助于满足新课标对学生综合素质、主动学习和实践操作能力的培养要求，而且能够激发学生的学习兴趣，提高他们的学习动机，培养他们的团队合作能力和创新能力。然而，如何设计和实施有效的小组专题作业，如何评估和反馈其教学效果，以及如何在实践中优化这种教学模式，仍然需要教育工作者进行深入的探索和研究。

参考文献：

[1] 潘振东.核心素养视域下高中物理光学教学探讨[J].中国现代教育装备，2023（16）：41—43.

[2] 张超.新课标背景下初高中物理学科知识的有效衔接[J].中学物理，2023，41（04）：19—21.

[3] 覃海枫，张喜林.新课标背景下的高中物理教学研究与实践——以"液体的表面张力"为例[J].中学物理，2022，40（23）：19—20.

[4] 陈璐璐.新课标背景下高中物理高效课堂实践微探[J].畅谈，2022（15）：97—99.

[5] 张宇强.新课标背景下高中生的物理学科核心素养提升策略[J].中学生数理化（学习研究），2022（05）：30—31.

[6] 贾永峰.新课标背景下高中物理"小组专题作业"模式研究[J].中学生数理化（学习研究），2022（04）：49—50.

"梦想教育"下的小学数学"学·展"课堂教学实践与思考

◎贺旭东

摘 要 "学·展"课堂是在学生自主学习、小组结伴学习、大组合作学习的基础上，分阶段、分步骤进行学生个人展示，全班交流讨论，以达到学生在课堂上真正"动"起来的教学方式。"学·展"课堂注重学生知识习得的过程，注重学生学习的立体化构建。文章阐述了"学·展"课堂的含义、基本特征、实施步骤和实施路径，以期为新课标视域下的小学数学教学改革提供新思路和新方法。

关 键 词 "学·展"课堂；梦想教育；课堂模型

作者简介 贺旭东，江苏省镇江市蒋乔中心小学校长，一级教师。

《义务教育数学课程标准（2022 年版）》（以下简称"新课标"）提出：关注和促进学生的个性化、全面化和谐发展，培养学生数学核心素养是数学教育的终极目标，学生通过数学学习须达到"三会"，即会用数学的眼光观察现实世界；会用数学的思维思考现实世界；会用数学的语言表达现实世界。这就要求数学教师在数学教学中，要始终关注学生抽象思维、逻辑推理、数学模型等素养的培养和提升。"学·展"课堂教学主张让学生成为课堂学习的主人，让他们在学中思、在辩中悟、在展中延，充分体现、尊重和发挥学生在数学课堂学习的主体地位和作用，与新课标的要求一脉相承。

一、"学·展"课堂教学的基本特征与内涵

"学·展"课堂是在学生自主学习、小组结伴学习、大组合作学习的基础上，分阶段、分步骤进行学生个人展示学习感受、小组汇报学习所得、全班交流启发学习收获，以达到学生在课堂上真正"动"起来的效果。"学·展"课堂注重学生知识习得的过程性，注重学生学习的立体化构建。

（一）课前独立预习后的个人展示

课前预习自学是学生自主学习能力培养的重要环节。教学初，教师根据教学重点、难点和关键点，运用教学导学单等形式引导学生通过反复阅读教材、自己独立思考和认真观看教师推荐的平台教学资源等方式，完成导学单的学习任务，并用 QQ 向教师或同学进行个人学习情况的反馈。

（二）同桌交流学习后的合作展示

学生根据个人展示后教师提供的评价和反馈，修正自己的学习收获。同桌学生围绕教师提供的特定问题进行交流讨论，并在此基础上反馈学习收获。在此过程中，学生轮流承担汇报任务。在汇报时，同伴可以用插话式进行补充、修正和拓展。

（三）小组协作学习后的群体展示

学生在同桌讨论交流的基础上，组内成员针对某些特定的问题进行分享、探究和讨论。学生围绕本课的学习重点、难点和关键点在组内再学

习、再讨论、再探索，并将自己的收获进行梳理，对产生的新的困惑和问题，找出解决问题的途径和方法，在小组讨论的基础上进行学习成果展示、交流和评价。教师就学生在同桌学习和小组协作学习过程中的态度、情感、方法、效果等方面进行鼓励性评价，并就学生学习中存在的共性问题进行点拨和讲解，帮助学生答疑解惑、升华提高。

二、"学·展"课堂教学实践操作的范式

"学·展"课堂教学是以学生自主学习、合作交流和展示分享，促进学生数学核心素养的提高为出发点和归宿的教学实践。"学·展"课堂教学的操作范式简易明了，操作实效性强。在教学过程中，教师不必过于拘泥学生学习方式的程序和展示成果的顺序，可以根据教学进程的推进随机灵活处理。

"课前独立预习"是学生通过多种形式的自学，通过教师的自学任务单，找出"不会的"，并通过深入思考形成自己的问题。通过同桌交流学习后，若发现有自己在自学过程中理解不够深入或者理解有误的地方，再通过小组讨论学习，最后在教师的点拨、修正下正确掌握知识。

个人展示是学生与教材、学习资源对话的过程，是学生通过自学思考，将学习的成果通过完成导学单等方式向教师展示的过程。课堂中，教师在学生个人自学成果展示的基础上，组织同桌学生进行交流讨论，通过生生对话，相互启发、补充，拓展认知，使同桌学生间的知识进行融合。在学生认知不断深化的前提下，教师适时组织学生开展群体展示，并通过师生对话，使学生的知识建构不断完善。

三、从教师讲授到学生自主学习，阐释"学·展"课堂的确立动因

传统的教学方式是学生在教师的引导下，以线性的方式对知识进行程序化学习。学生学习的每个知识点都处在横向隔离和纵向精深的学科边缘。学生的学习是被动式接受，是以完成具体的学习任务和掌握特定的知识为目标。传统的教学方式只重视学生学习知识的结果，而轻视甚至忽视了知识习得的过程，忽视了学生在知识学习过程中能力的发展，忽视了对学生的数学思想、情感态度、价值观的培养。

（一）辩证教学关系的统一，实现教学观念的转变

教育教学的有效实施要以学生的身心发展规律和学生的教育教学规律为依据。我们在教学过程中不断地对自己发问：学生学习的起点和基础在哪里？我们要教给他们怎样的知识？我们将用怎样的方式、方法引导他们达成这样的教学目标？在发问的同时，我们进行教师角色的转变，教师要从所从事的数学学科的教师走向数学领域的导师；学生要从单纯的知识的学习者转变为知识的探究者和发现者；在学习的方式上，学生要从单独的思考探索者转变为探索发现交流的合作者；在学习的过程中，学生应当成为知识学习的协同者、资源的共享和开发者、深度学习的实践者和学习成果的共享者。

（二）基于课程建设，思辨学生的知识习得与实践活动的关系

在教学中，教师要积极引导学生真切地认识到知识的价值和学习的必要性，使学生学得情感迫切，学得扎实。在学习中，教师要通过各种方式使学生不断加深对知识的掌握和体悟，并使其学得深入通透，使学生真正进入到一种"真知"的状态。

（三）基于学习内容与形式，注重学生学习模型的建构

我们积极开展"学·展"课堂教学的实践研究，旨在遵循"学·展"课堂教学范式的基础上不被教学流程所拘泥，根据教学内容的特点、学

生的特质和教师擅长的领域，灵活选择教育教学方法。

四、注重兜底，着力发展，"学·展"课堂教学的基本路径

现代课堂是以学生为学习主体的生本课堂。教师是学生学习资源的提供者、学习过程的组织者、学习热情的调动者、学习中困惑的启迪者。教师要不断拓宽学生学习的时空，为学生提供必要的学习资源和平台，并赋予他们选择的权利，放手让学生自主探索发现，以实现学生的学习能从"被动裁定"到"主动赋能"的发展。

（一）注重积淀"学·展"课堂教学的文化

教育家陶行知曾经说过："我们要教人，不但要教人知其然，而且要教人知其所以然。""学·展"课堂教学旨在充分发挥学生在学习中的主体性、主动性和立体建构的特点，优化教学中教师与学生的关系，转变教与学的关系，建构学生学得轻松愉快、教师点拨引导有效的安全课堂教学。

（二）基于教学建模，"学·展"课堂教学的样态探索

新课标进一步指出：数学学习是一个学生知识的自主建构、完善的过程，新课程倡导数学学习积极采用自主探索、合作交流、观察发现的教学样态。"学·展"课堂教学实践首先是基于课堂学习中学生主体地位的凸显：通过课前独立预习、同桌交流学习和小组协作学习，同学之间组成学习共同体，在独立思考、探究发现、合作交流的同时相互进行思维的启发和碰撞，全面深化对知识的感悟和理解，从而提高课堂教学效果。在教学过程中，教师也在转变着传统的角色，充当着教学热情的点燃者、教学节奏的把控者、教学进程的推进者、教学智慧的启迪者，使教学设计为学生的学习而谋划，教学活动为学生的学习而展开，教学行为为学生的学习而响应。

1."学"——对接和融合课堂学习的点、线、面

"学·展"课堂教学中的课前独立预习环节，教师通过资源推送和任务下达，引导学生通过研究性自学、导向性思考，帮助学生理清教材文本的思路脉络，对学生的学习成果，师生间进行点对点的反馈交流和个性化指导，帮助学生在头脑中形成认知结构图；在同桌交流学习环节，则通过同桌间的相互合作，协同对教学重点、难点、关键点的突出与突破，理解和掌握知识，并能进行适度变化，举一反三地进行迁移性学习，以达到灵活运用知识的目标。

2."展"——度量和显示课堂学习的深度和价值

生本课堂的显著标志是课堂中学生能真正地、高效地、自主地"动"起来。学生愿意、善于、敢于展示其独特的学习内心感受和心理认知活动也是生本课堂的重要特征之一。"学·展"课堂教学通过个人展示、协作展示和群体展示，让学生不断地审视、认识、修正并接纳自己；在知识体系的重组、建构和完善的过程中，不断加深对自身价值的认识和肯定；在合作交流展示中，自尊、自信得以进一步获得，个人的认知图式得以进一步完善。

（1）助力课前独立预习，让学生提出个性化的问题。

美国学者布鲁巴克说过，学生学习的最高境界就是能提出问题。教师教学的最高境界和最精湛的艺术是启发和助力学生提出具有价值的问题，指导学生自觉学习。学生在课前独立预习后的个人展示过程中，通过与教材文本及教学资源的对话，再通过自己探索、初步理解知识，自己提出疑问和困惑，使学习的方向性、知识的指向性更加明确。

（2）同桌交流学习后的合作展示，让学生的认知体系得以不断完善。

教育家潘天寿说："学问，学问，就是要问，

又学又问。"学生在独立自学个人展示的基础上，教师组织学生开展同桌交流学习后的合作展示，通过有效的生生对话对之前刚产生的疑问进行合作解释。这样让同伴担任释疑者的角色不仅语言体系相近，知识相通，而且能激发学生学习的正能量，激活学生学习的内在驱动力，能得到许多意想不到的惊喜。

（3）小组协作学习后的群体展示，拓展知识结构与认知模型。

在教学中，教师要认真研究并缩短所学知识与学生之间的距离，或者设计出学生能够通过"跳一跳，够得着"的方法，激发学生自主探究、积极思考、启发智慧。在群体展示环节，通过教师和全体学生之间的共话，使全体学生都能展示自己的学习过程和成果，在反馈汇报中补充提问，在质疑辩论中拓展和完善知识体系的架构。

3. 从课内到课外的延伸拓展，促进学生智慧的生长

数学就是生活，生活充满数学，教师要积极创设具体的生活情境，指导学生学习具有生活气息的数学。"学·展"课堂教学内容要尽量贴近学生的生活实际，选择学生可触可感的现象和物象进行教学，这样能有效地帮助学生对知识的理解、内化和掌握；在课堂教学中，教师要经过适时、适当的引导，充分发挥题例的张力，将学生的学习内容有意或无意地向生活延展，使学生习得的知识在生活中能够得以致用。

五、结语

在"立德树人""五育并举"及"双减"的教育背景下，"学·展"课堂教学的研究与实施具有广泛的实用性和极强的生命力。教学有法而无定法，贵在得法。所谓得法，归根到底是教学要充分发挥学生学习的积极性、主动性和创造性，课堂上让学生唱主角。"学·展"课堂教学致力于教学实践的优化，着力于课堂教学方式的变革，着眼于学生核心素养的提升。在新的教育教学改革的大潮中，教师只有充分顺应和激发学生的天性，启迪和发展学生的智慧，才能更有效地推动适应人性、解放天性、实施理想的教育进程。

参考文献：

[1] 中华人民共和国教育部. 义务教育数学课程标准（2022 年版）[M]. 北京：北京师范大学出版社，2022.

[2][英] 乔纳森·巴恩斯. 亚里士多德 [M]. 北京：生活·读书·新知三联书店，2006.

[3][美] 贝洛克. 具身认知：身体如何影响思维和行为 [M]. 李盼，译. 北京：机械工业出版社，2016.

[4] 王守仁. 传习录全集 [M]. 天津：天津人民出版社，2014.

[5][苏] 苏霍姆林斯基. 给教师的建议 [M]. 杜殿坤，编译. 北京：教育科学出版社，1984.

[6] 徐明聪. 陶行知生活教育思想 [M]. 合肥：合肥工业大学出版社，2009.

基于"隐性情境"的阅读教学优化策略

◎王爱华

摘　要　"隐性情境"广泛存在于课堂教学之中，其中有未被教师重视或关注的情境要素，有对教学发展产生重要影响的情境要素。教师应该从学情出发，在课堂阅读教学中致力于从文本情境到经验情境的转化，从消极文字到语言图式的对话，从惯性思维到思辨思维的圆融，从封闭课程到全息课程的开发，从文本迁移到阵地迁移的建构，深入研究"隐性情境"，优化阅读教学策略。

关 键 词　隐性情境；阅读教学；策略研究

作者简介　王爱华，江苏省泰兴市古溪小学教师。

"隐性情境"是对情境内涵的进一步延伸，它不仅发生在任何学习环境中，而且建构在各种应用情境中。课堂是师生共建的生命场，借助创设的情境，学生能更好地理解文本和表达语言。但是情境是纷繁复杂的，它不一定按照执教者本人的意志而运行，往往有旁逸斜出的情况。因此，课堂教学需要分型辨证，有效利用"隐性情境"实现知识的迁移和教学的育人价值。

一、"隐性情境"的特点

"隐性情境"是指教师较少意识到甚至忽视的，但是却对人的发展和课堂教学发挥着重要作用的情境。这种课堂教学过程中的潜在的"隐性情境"，如果能巧妙利用，对教学效率的提高有着积极的作用；一旦处理不当，则有可能降低教学活动效率，甚至对显性知识的教学产生负面影响。"隐性情境"往往具有以下几个明显特征：

（一）内隐性

"隐性情境"是隐藏在学生的潜意识之中，没有表达出来或不知怎样表达出来的情境，然而它对于知识的学习起到重要作用，往往被冠以"直觉""第六感"等。它依赖于学生的视域和思维定式，往往在课堂中以某一部分学生"插嘴"的形式出现。例如在认识"桑"这个字的时候，有学生认为它长得像《西游记》里的"九头虫"，原来这个字形的三个"又"堆叠起来很像多头怪"九头虫"的样子，师生都领会了他的意思，学生也很快记住了这个汉字。可见，合理利用内隐的情境对联结教学内容、对接生活经验等资源能起到重要的作用。

（二）偶发性

"隐性情境"在课堂中时常呈现，它的出现有偶发性。有时是旁逸斜出的课堂对话，有时是突发的某个与课堂无关的事件。如有学生看到外面天气变化就探头张望，抑或教室里有鸟虫飞入引起学生惊叫，打断了课堂的正常秩序，教师如果没有及时处理好，那么刚开始创设的课堂情境就不复存在了。即使恢复秩序，学生也很难恢复到身心俱寂的状态。课堂中无征兆突然介入的情境，是锤炼教师智慧最好的资源之一，能引导教师去观察、去发现、去思索、去应变。

（三）差异性

随着个体的差异化发展，"隐性情境"的差异性也是十分明显的。有的学生有意注意时间较长，课外阅读积累丰富，对这部分学生而言，一些"隐性情境"能够恰到好处地渲染气氛，引发师生共鸣，很好地深化和提升课堂教学效果；有的学生有意注意时间较短，阅读面窄，水平偏低，就其而言，"隐性情境"则可能是无关的，甚至是错误、负面的情境，会阻碍阅读教学的正常推进。遇此情况，教师应有意营造学生"最近发展区"，通过对学生的点拨或同学之间的互助，助力学生寻找阅读能力攀升的落脚点。

二、当前阅读教学中"隐性情境"的缺失

（一）主体的弱化

学生作为主体，在课堂上有直抒胸臆、表达的需求，然而以显性教学为主要教学策略的课堂中，学生更多会隐藏自己的隐性知识、隐性方法、隐性情境，起点和落点都经教师的经验化处理，没有研究学生的已知和困境。所以，开展阅读教学前，教师应对学生的实际阅读状况进行"摸底"，找到学生阅读中遇到的困难，确定相应的教学目标，遴选合适的教学内容，化"隐"为"显"，组织学生参与学习讨论，在课堂上了解并运用相关知识，解决学生特定的阅读困难。

（二）功能的窄化

"隐性情境"不单单是作为一种背景知识或是一种教学资源被开发，而是一个个丰富而富有弹性的语言图式。它对于结构化的教学有着积极的推动意义，然而，在实际教学中，教师往往忽略了"隐性情境"的后续效应，不进行反思总结，限制了学生发展。有效的阅读学习很大程度上依靠特定语境中的语言实践活动。同样，对于阅读的指导与点评也应该在语境中进行。阅读教学应从实际语境出发，创设问题情境，磨砺和锤炼学生的阅读能力。

（三）效果的浅化

在教学实践中对于情境创设的研究很多，教师也非常重视相关情境活动的设计，这些活动往往能进行有效的迁移和再利用。然而，对于"隐性情境"的效果则一言以蔽之或者忽略无视。这固然因为有先入为主的印象，同时"隐性情境"的难以捉摸也确实对开展研究造成了一定的阻碍。

三、阅读教学中"隐性情境"创设的意义

（一）激发学习的自觉性

创设"隐性情境"立足于学生的学情，目标在激发个人潜能，能更加激发学生的学习兴趣。学生对于自我内隐的发现和体悟总是很珍视的，在学习中挑战和好奇并存，"隐性情境"对帮助学生培养自主学习习惯起到积极的作用。学生的言语交际能力不是在纸上写出来的，而是在问题语境中锤炼出来的。阅读教学的内容设计从语境出发，创设问题语境，这样就能促进学生语言能力的生长。

（二）寻求合作的完整性

"隐性情境"的存在，必然成为师生对话的关键话题，如何看待学生的已有起点，如何处理每一次的旁逸斜出，考量着教师的专业水平和教育智慧。学生在对话中提升表达力，反复实践、互动循环，以促发课堂动态生成。利用好"微"时代的"微"资源，吸引学生、家长、网络平台参与进来，能更好地提升阅读效率。

（三）启迪智慧的深刻性

为提升学生高阶思维服务，有效开发利用"隐性情境"意味着学习方式发生了转变，由教到学，服务于学。在此过程中，学生的思维在自己能听得懂、讲得通的逻辑思维中延伸，在碰撞中反省，有助于形成自己的语言图式和思维模式，构建"微支架"，帮助学生构建思维的显性支撑，也是将内隐的思维变成外显语言的直接手段，从而提升高阶思维能力。

四、"隐性情境"下阅读教学的优化策略

（一）转化：从文本情境到经验情境

优秀的文学作品，总能在审美体验、文化浸润

中影响读者，打造精神底色。文本中的花草树木、日月星辰、山川河流，无不展现生命的美好，成为读者念念不忘的精神家园。天真善良、心性纯朴的小读者总能对文本情境念念不忘，勾连自己的生活经验和阅读经验，对情境进行深入开掘，迁移情感，让文本情境驻留在自己的记忆中，成为精神怀恋。

以《草房子》读书交流为例，教师与学生聊书中的人物，学生先出示自制人物小报，标注了肉、生姜、帽子、广播操、表演成功等关键词，体现了他们对故事情节的高度概括。接下来筛选出影响人物的关键事件，学生不约而同都选择了"文艺汇演"事件，通过前后对比，发现秃鹤与同学关系变得融洽了，变得自信了，从自卑到释怀，秃鹤认同自己、尊重自己、发展自己，他成长了！阅读教学从外化实践到内化体验，正是经历了"转化"的过程，基于文本情境激发学生的经验情境，使导思、染情、益智、添趣成为学生的阅读历程，给予充分的审美体验，渗透真善美的人生价值。

（二）对话：从消极文字到语言图式

将静态的可视化的文本变成动态的想象体验，需要研究学生的"隐性情境"，使其构建从"线"到"边"再到"面"的阅读支架，再进一步开掘内涵，构建思维的立体空间，厘清局部和整体的关系，建立空间影像，使其成为"语言图式"。

以《少年王冕》为例，这是一个励志的好故事。

师：作者为什么用大量笔墨描写了这幅雨后荷花图呢？

生1：我觉得，这是王冕人生的转机，也是他人生最重要的时刻。从此，他不再是一个小牧童，而是开始了他的画画生涯。

生2：雨后的荷花和王冕的内在精神是一致的，他欣赏荷花的出淤泥而不染。

师：你们的意思是，作者重点讲的是王冕为什么会学画，略写的是王冕如何学画。他为什么要这样来写呢？

生3：我觉得作者是为了表现王冕在逆境中一直自强不息的精神，所以要对他为什么走上画画道路详细地介绍。

在这个教学片段中，我们能够清晰地看到学生在想象说话中体现的"共情"，他们和王冕一起经历学画路上的坎坷，又一起坚持练习直到成功。在谈论为什么要这样安排详略的问题时，学生的思维转向发现、比较、质疑、选择、分析，讨论也迸发出智慧的火花。教师通过激疑引思，让学生深入文本，与文本对话，在对话中发现并解决问题，这是学习过程观的生动体现，也是自主学习和探究式学习的成功标志。

（三）融通：从惯性思维到思辨性思维

对于文本的解读总是见仁见智，甚至是各执己见，唇枪舌剑。对此，教师既不可独断专行，亦不能信马由缰、不着边际；应当精心设置教学情境，巧妙引导，化争议点为个性阅读力的亮点、创新思维力的触发点。

如果不能示范性地揖出成功鼓励学生深入阅读的问题，那么，我们的学生永远只是表面的阅读者而已。教师应设计引人注意、可选择、可争鸣的问题，有时甚至有意创设一个与"真相"相反或相悖的情境，引导学生反思、反驳，提出自己的认识和理由。

以《林冲棒打洪教头》为例：

"林冲是真打还是假打？"一问激起千层浪。

生1：我觉得林冲是假打，因为他只"一扫"，就将洪教头打倒在地，如果真打，还不知道怎么样呢！

生2：我也觉得是假打，从"拨草寻蛇"可以看出这招式其实根本没有杀伤力，只是虚晃一下，根本没有显出真功夫来！

生3：应该是假打，"一横""一退""一扫"动作少，好像林冲是配角，洪教头倒是主角，林冲就用眼睛观察了洪教头的破绽而已。

生4：绝对是假的，因为洪教头"扑"的一

声倒在地上，棒也甩出老远，摔倒不久就能走路，可见林冲只是点到为止，并不是真打。

接下来的感悟人物形象就比较自然了。在这个教学片段中，教师所提的问题坦率、自由、具有探索性，激发了学生争辩的兴趣。学生充分抓住文本的绝妙处深入情境，进行剖析、引用和辩论，延伸了思维的触角，展露了全面多元的个性。所以教师应巧借"隐性情境"，对学生进行有质量的思辨性思维训练。

（四）开发：从封闭课程到全息课程

认知负荷理论认为，人在认知结构中的记忆容量是有限的，有一定的负荷区间。如果在学习过程中，学生所要提取、加工的信息太多，就会造成学生认知超载，从而妨碍有效学习。学生有时囿于认知水平、思维能力等因素，与文本对话时常存在误读的情况，教师须理性应对，既给学生大胆表达的空间，又要善加引导，设疑启思，让学生产生醍醐灌顶之感。

以《我和祖父的园子》为例，教师请学生寻找文本中的画面，分小组讨论，每一个小组拟一个自认为最精彩的标题，就有"天伦之乐图""憨妞铲地图""田园野趣图""万物生长图""言传身教图"等。这样的多元赏析更能调动有利因素，激发学生对阅读的兴趣。学生通过各种形式的反馈交流、评价赏析，对阅读课程有一个较为准确实在的认知和判断。在学习文本时，学生的整体观照能力也能得到较大提高，从而实现课程内隐的育人价值。

（五）建构：从文本迁移到阵地迁移

建构主义认为，教学不是教师对学生的单向知识传递，知识的获得亦非仅靠教师传授，而是学习者在一定的情境即社会文化背景下，借助外力，利用必需的教学资料，通过意义建构获得。其核心思想是，以学生为中心，强调学生对知识的主动探索、发现和对所学知识意义的主动建构。因此，关注到阅读时学生的思维是内隐的，而语言表达是有一定局限性的，要将内隐的思维准确清晰地表达出来是一个复杂的加工过程。学生先理解阅读任务，再由各自知识结构和生活经验建构不同的语言表达，需要充分运用一个个语文知识，积累自己的阅读经验。

以《三打白骨精》为例，同样是白骨精，在唐僧师徒眼中却迥然不同，猪八戒看到的是娇滴滴的美女，唐僧看到的是善良的村姑，孙大圣看到的却是凶神恶煞的妖魔。教师在解读文本时要关注此"点"，抓取原著中的信息："冰肌藏玉骨，衫领露酥胸。柳眉积翠黛，杏眼闪银星。月样容仪俏，天然性格清。体似燕藏柳，声如莺啭林。半放海棠笼晓日，才开芍药弄春晴。"学生用心阅读，便能想象到白骨精变成村姑后的美貌，教师可引导学生积累词语，如"沉鱼落雁""闭月羞花"等；同时启发学生思维认知，此乃"美人计"，白骨精"处心积虑""阴险狡诈"；还可以培养学生语感，放声朗读这些音韵悦耳的句子，从这些美妙的对偶和比喻句中领略祖国语言文字的独特魅力。

五、结语

"隐性情境"不仅包括学生已有的生活经验、语文学习经验等可持续生长的资源，还包括他们在课堂上生成的原生思维、语感直觉等新知雏形。教师应致力于从文本情境到经验情境的转化，从消极文字到语言图式的对话，从惯性思维到思辨性思维的圆融，从封闭课程到全息课程的开发，从文本迁移到阵地迁移的建构，深入研究"隐性情境"，优化阅读教学，从而实现教育价值的最大化。

参考文献：

［1］吴路.小学课堂教学情境创设的调查研究［D］.南京：南京师范大学，2016.

［2］童庆炳.谈谈文学性［J］.语文建设，2009（03）：55—59.

［3］李学斌.儿童文学"隐性课程"的价值迷失与复归［J］.中国教育学刊，2016（08）：73—76＋90.

基于新课标背景的小学英语单元整体教学探析

◎朱兰兰

摘　　要　《义务教育课程方案和课程标准（2022 年版）》提出，要推动实施单元整体教学，强化素养立意，围绕单元主题，充分挖掘育人价值。在这一背景下，教师要依据核心素养导向，对单元课程内容的组织形式进行优化，跳脱出教材区域进行知识罗列，融合多元化元素使单元知识紧密连接起来，实现教学内容整合与教学任务进阶设计，引领学生在逐步深入的实践活动中活跃思维，提升核心素养。本文围绕梳理单元内容、设计单元目标、关注问题生成、构建多元语境、知识内化迁移等方式对单元整体教学进行了研究分析。

关 键 词　新课标；小学英语；单元整体教学；情景

作者简介　朱兰兰，江苏省如皋市搬经镇常青小学副校长，一级教师。

随着课程的不断发展与改革，小学英语教师要聚焦新时代的育人要求，关注单元整体教学活动的开启，能够以学生核心素养为基准、以学生学习水平为线索构建情景交融、整合衔接、任务驱动的教学活动，从中有效强化学科实践，立足综合学习，促进学生核心素养的发展与建设。

一、新课标下小学英语单元整体教学的意义

（一）提升课堂教学效率

单元整体教学不同于传统单一课时类的教学模式，具有明显的整合性与结构性，是一种系统化的教学模式。而其中最大的一个特点就是"知识衔接"，能够充分把握知识点与知识点之间的内在联系，将单元知识点相互关联，使学生更好地去理解和探索英语知识，让学生学习英语的道路更加顺畅无阻。在此基础上，可以适时地利用学生在学习过程中获得的成就感来激活学生学习英语的兴趣，在单元课程的实践建构中，实现教学效率的提升。

（二）推动学生能力发展

单元整体教学具有情景融合、任务驱动的特性，非常考验学生的自主学习能力。教师要结合单元整体教学本身的特性与优势，引领学生沉浸于教学情景中展开分析探索等一系列活动，并可以借助多元任务，使学生可以自发与他人合作，聚焦学习任务进行深度学习，从而使学生获得丰富的学习经验，促进学习能力的有效提升。

（三）突破教材内容限制

单元整体教学能够使教师的教学内容不再局限于教材，而是会根据单元内的各个模块进行适时的内容增减，将英语知识以更加新颖、有趣的形式展现出来，形成独立而相互联结的学习模块，促使学生更加积极地参与到教学活动中。基于此，教师再进行适时的指导、启发、调整，能够让学生达成事半功倍的学习效果，并可以使英语教学体系得以完善。

二、新课标下小学英语单元整体教学的策略

（一）解析教材，梳理单元内容

在小学英语单元教学中，教师要注意教材研读，明确单元整体内容，并能够在对单元内容有所把握的基础上，立足新课标核心素养的要求，建构教学目标与教学活动。除此之外，还要关注单元核心主题与核心要素，能够以此为背景进行单元内容提炼，引领学生发现单元主题的意义。在学生对单元主题有了深度认知后，教师对单元内容进行梳理，明确单元教学结构，为接下来的教学活动打下一个良好的基础。

例如，在"My family"单元教学中，主要围绕"介绍家人"主题组建了"Story time""Fun time & Song time""Cartoon time""Letter time, checkout time & ticking time"等几部分内容，展开了一系列的教学活动。

Story time	Mike 在家通过相册向朋友介绍家庭成员的故事，通过这个故事来学习表示家庭成员的单词，并可以使用"This is..."句式来介绍家人
Cartoon time	讲述的是 Bobby 和 Sam 分别向对方介绍自己父母的故事，同样对"This is..."的句型进行了巩固，并引出了相关的问候语，主要目的在于在深化学生句式理解的基础上延伸出其他知识点，供学生学习
Letter time	Ll Mm Nn 的读音及书写
Song time	用家庭成员单词与相关句式组成了一首儿歌，主要目的是巩固学生对单词、基本句式的认识
Checkout time	主要是结合场景与听力资料让学生展开语言听力训练
Ticking time	在单元最后的部分以一个小项目作为结尾，总结学生在本单元内学到的知识点，具有巩固与迁移的作用

（二）着眼学情，设计单元目标

在单元整体教学中，目标是整个教学活动的起点，具有导向性与引领性的作用。在进行目标设计时，为使其更加适应时代背景以及学生发展规律，教师要着眼学生学情，探究核心素养，以此为索引，结合教学内容设计合适的教学目标，并可以围绕教学目标进行教学内容建构，指引学生很好地参与到教学活动中，使学生逻辑清晰地展开一系列学习行为，从而真正将核心素养贯穿于单元整体教学中。

例如在"Colour"单元教学中，在学生对单元内容进行整体分析之后，教师要对学生学情进行分析，能够以核心素养为基准，以学生学情为线索，聚焦单元内容设置单元目标。学生学情是指经过前面几个单元的学习，学生已经掌握了一定的英语知识。而本单元主要是让学生进一步强化对周围事物的认识，能够运用更多的英文词汇来描述周围的事物。但由于学生学习水平和理解水平都有所不同，在教学过程中，教师也要根据学生的情况随机应变，使教学内容更加适应学生。单元目标包括：①能够掌握关于"颜色（what, colour, red, orange, green, yellow, blue, brown, white, black...）"的词汇，理解并会用"What colour...""It's..."等相关句式；②能够听懂与教材难度相当的介绍颜色的句子；③能够辨识单词，并对自己喜欢的颜色进行描述；④可以根据新旧知识围绕"Colour"自主创作英文对话，并初步学习编撰小故事；⑤通过围绕与"颜色"有关的各种活动的学习，训练学生的思维能力与记忆能力，并在这一过程中让学生养成"说英文"的意识，可以将所学的英文知识实践到日常生活中，巩固学生对英文知识的迁移运用；⑥在单元学习中培养学生的知识建构能力与整合性思维，使学生的核心素养得以有效提升，并为英语学习奠定扎实基础。通过这种方式聚焦新课标与实际学情，构建合适的单元目标，指引学生的学习方向，让学生有一个清晰的学习思路，为单元活动的建构做出有效

铺垫。

（三）整合内容，关注话题生成

在新课标下的单元整体教学中，内容整合是其中最重要的一部分内容，能够将零碎、浅显的知识点进行整合连接，让学生发现单元知识点的内在联系，可以有效启发学生思维，让学生展开多维度思考探究活动，更加灵活地去应用英语知识。基于此，教师要关注核心话题生成，将单元内的重要话题提炼出来，构建对话情景，并能够以话题为引领，驱动单元知识整合与建构，启发学生思维。

例如在 "Is this your pencil?" 的单元教学中，主要是围绕 "Is this your pencil?" 这一话题进行了内容组建。在这一环节中，教师要围绕单元主题 "Is this your pencil?" 对单元内重要话题进行提炼，结合 "Is this your pencil? No, it isn't." "Is that your pencil? No, it isn't." "Is that a pencil? Yes, it is. It's a pencil." 等句式让学生在开放的语境当中主动输出与教室有关的单词与相关活动（主要目的是让学生能够主动建构、理解并运用与之相符的句式结构）。首先，教师可以创设情景，出示 "Pencil, ruler, rubber" 等图片与相关的图片情

景，让学生结合情景内容尝试展开角色扮演，进行对话交流活动。接着，教师利用多媒体对其中蕴含的重要单词进行解析，进一步深化学生对英文单词的认识。在学生对本单元核心话题有所了解后，教师可以设计语境，展开人机互动活动，在多媒体中导入相关的动画角色，通过随机对话来巩固学生对单元基本词句的理解与应用。

（四）聚焦话题，创设多元任务

通俗来说，语境就是使用语言的环境。随着核心话题的提炼，单元内主要句式就凸显出来，教师要以核心素养为线索，聚焦单元核心语言句式，探究单元内各个模块，创设多元化教学活动，并能够在此基础上将其转换为学习任务群，以任务驱动的形式给予学生充足的使用语言的机会。

例如在 "Whose dress is this?" 的单元教学中，教师带领学生对单元主要话题进行研究，并以此为线索让学生学习基本词句，对英语知识有基本的掌握。在这一环节中，教师要聚焦话题，建构整合单元内容，创设多元任务，让学生展开自主学习、自主探究活动。

学 习 任 务 单		
任务一	我的奇思妙想	出示 "Whose skirt is this?" 图片场景，让学生结合图片展开对话创编，进行对话表演
任务二	语言对对碰	同桌之间结合周围的物品，随机建构一个主题展开语言交流活动
任务三	我的角色扮演	小组合作试着理解教材内 "Cartoon time" 的含义，对其中的重点词句进行圈画，展开角色扮演，并可以仿照这一情景进行英文故事创编
任务四	看文填空我最行	教师随机出示一篇短文，学生要根据自己的知识经验，结合上下文将空白部分（单词、短语或句式）补充完整

（五）融合语境，知识内化迁移

随着单元教学愈发深入，教学活动已经迈入了后期阶段。在这一阶段内，学生已经对英文知识有了充足的理解与感悟。基于这一情况，小学英语教师要抓住合适的时机，展开自主检测活动，引领学生回顾整个单元教学活动与模块，构建多元化教学语境，引领学生在各类语境中巩固

对英文词句的理解与应用，并能够从中做到举一反三，真正将所学英语知识用于实际场景中，落实学以致用。

例 如 在 "Goldilocks and the three bears" 单元教学中，大单元教学已经进入结尾环节，教师要回顾单元教学，创设多元教学语境，引领学生在各个语境中对单元知识点进行巩固应用，让学

生实现知识内化迁移。教师可以结合实际生活设立模拟类语境、移植类语境以及创造类语境，让学生学以致用的同时实现举一反三。首先是语言模拟类语境，让学生结合自己的知识经验模仿教材中的重点段句，并将其组合成生活中可用的对话进行交流探讨；其次是语言移植类语境，教师出示一段简单的英语对话，对话中包含预留的短语空白部分，要求学生将合适的短语填入其中，并在此基础上展开对话阅读，看语言是否通顺，词性是否匹配，在巩固学生英文知识应用的同时培养学生的语言组织能力；再次是创造类语境，给予学生自由、充足的时间，让学生采用小组合作、同桌合作的方式展开对话创编、故事创编等活动，在这一过程中，教师要让学生结合自己的学习水平自主选择语境，展开语言交流活动。

（六）评价拓展，实现素养提升

教学评价是单元整体教学中非常重要的一部分。教师要结合教学评价管理、导向、指引以及促进的特点，融合过程性评价以及终结性评价，将教学评价贯穿于单元整体教学，有效助力学生反思提升，实现全面发展。

例如在"I like dogs"的单元教学中，教师要注重单元教学评价的导入。首先是"Process evaluation"，即过程性评价，是在教学过程中展开评价，其评测标准主要分为表现情况、学习情况、参与状态、合作探究、学习成果等几部分。在每个任务完成的结尾部分，教师要根据自己的观察对学生进行评分，同样也要让学生展开自评与互评，并将这一环节内不理解的知识点，实时记录到笔记本当中，由小组长汇总后交给教师，教师结合学生理解难点进行针对性讲述。在这一活动结束后，开启下一个任务，可以结合上述任务进行相应的调整，使其更加贴合学生的学习规律。同样在这一任务完成后，再次进行评分、评价活动，以此类推，展开过程性评价。除此之外，教师要将评测结果记录到学生档案当中，以便更加清晰地观测到学生的发展规律，为之后的学习活动做准备。

三、结语

总而言之，随着新课标的不断革新与发展，学生核心素养的培养显得愈发重要，在这一背景下，为使学生得到有效提升，单元整体教学势在必行。教师要利用单元整体教学，辅助学生建立对核心素养培养框架的认知基础，在这一过程中组建适合学生的整体性、情景性、任务性、连续性的教育活动，让学生在情景交融的背景下深入探索，展开体验、学习、理解与巩固应用等行为，从而丰富学生的语言与思维范式，真正将核心素养贯穿于小学英语教学课堂与学生发展进程当中，使学生实现全面提升。

参考文献：

［1］晋芳颖.新课标背景下小学英语大单元教学策略研讨——以人教 PEP 版小学英语四年级下册 Unit 3　Weather 为例［J］.新课程导学，2023（18）：83—86.

［2］黄慧.新课标背景下小学英语单元整体教学的策略探讨［J］.教育艺术，2023（09）：79—80.

［3］陆萍.主题引领　智慧启迪——"新课标"下小学英语单元整体教学的探索［J］.求知导刊，2023（16）：83—85+94.

［4］陈方园.新课标视角下小学英语单元整体教学的优化策略［J］.小学生（上旬刊），2023（03）：25—27.

［5］李慧琳.新课标背景下小学英语单元整体教学设计探究——以人教版 PEP 三年级下册《Unit 2　My family》为例［C］//广东教育学会.广东教育学会 2022 年度学术讨论会暨第十八届广东省中小学校长论坛论文选（二）.湛江市第二中学，2022：7.

高中政治教学中激发文本阅读兴趣的有效策略

◎刘　雁

摘　　要　文本阅读作为获取信息、理解知识的重要途径，具有非常重要的意义。学生在阅读文本的过程中获得学习主动权，在对信息自主提炼、加工理解的过程中提高自学能力。在高中政治教学中，激发学生文本阅读兴趣的策略主要有创设阅读情境、借鉴高考实例、引入时事热点、加强方法指导、拓展知识联结等。在教学实践过程中，要注意引导示范、营造氛围、提高针对性，适时适度地将阅读教学的形式与实效有机地统一起来。

关 键 词　高中政治教学；文本阅读兴趣；有效策略

作者简介　刘雁，西安交通大学苏州附属中学校长。

近年来，随着新课改的推进和高考命题改革的落实，高中政治无论在教材还是试题上都有文本量大的突出特点，因此培养学生的文本阅读能力成为高中政治教学的重要目标之一。如何提高学生文本阅读的兴趣，让学生喜欢阅读；如何提高学生自主阅读的能力，让学生学会阅读；如何让学生在学会阅读的过程中提升学科素养，这些问题需要教师持续不断地加以研究、改进。本文试从激发学生文本阅读兴趣的策略入手，结合笔者的教学实践浅谈几点认识，希望能对高中政治阅读教学有所裨益。

一、激发学生文本阅读兴趣的意义分析

（一）更好地走近和理解文本

高中政治作为一门社会科学，在教材内容的编排和考试题目的设置上，都具有较强的文本性，学生必须在阅读大量的文本后，从中抓住重点信息进行理解和探究。通过分析近几年的山东政治高考卷可以发现，无论是选择题还是非选择题，几乎每一道试题都有一定量的文本做基础，阅读量大，对阅读能力的要求较高。笔者在教学实践中发现，学生对文本阅读缺乏耐心和细心，往往只愿快速且粗略地阅读，不愿花时间精读，结果是既抓不住重点，也忽视了细节，解答问题常常出现较大偏差。可见，学生对文本阅读没有兴趣，以致方法不当，成绩欠佳。教育心理学认为，兴趣是学生开启学习活动的基础。因此，在政治阅读学习中，提高文本阅读兴趣是开展阅读教学的首要任务。兴趣能够维持学生对阅读的专注度，让学生沉浸其中，更好地抓住重点信息，提炼核心思想，理解文本意旨。

（二）能够开阔视野、陶冶情操

目前高中政治所学的内容范围较广，既有法治意识、公共参与，也有政治认同、科学精神等，如果能够很好地掌握现有的教材内容，学生的知识视野和综合素养会有相当大的提升。当然，为了帮助学生更好地理解所学内容，教师在教学过程中常常要适时地进行知识联系、拓展。但所有这些拓展，都是对课程标准所确定的基本知识和政治学科要求掌握的必备知识的有益补充，而不能喧宾夺主。这样，教材就成为我们教学的重要依托和第一课程资源。因此，文本作为课堂知识讲解和考试题目的基础，是重要的知识宝库，需要我们在反复阅读中品味、探究。阅

读文本的过程，是对话、交流、思考的过程，在不断的对话追问中，知识视野获得拓宽，思维能力得到训练，情感也在潜移默化中得以升华。总之，学生在阅读文本的过程中，获得的是知识和思想方面的多重成长，是知识、能力和素养等方面的综合提升。

（三）将学习主动权还给学生

在传统的政治教学中，由于政治知识点的理论性和抽象性较强，学生无论理解与否都采取大量的背诵式学习法。机械式的背诵不仅难以增进学生的理解深度，也会导致学生形成固化思维，甚至还会产生对政治学习的厌烦感和逃避心理。而培养学生对文本阅读的兴趣，恰恰能够转变学生对高中政治的错误印象，了解到高中政治内容的包罗万象和博大精深，认识到政治学科知识的趣味性和实用性，从而增加学生学习政治的主动性。那些与时代和生活相联系的生动文本，能够帮助学生更好地理解时代特点以及生活中出现的问题，更重要的是，通过阅读文本，教师把学习的主动权还给了学生，学生在自主阅读、思考中体会到学习的乐趣，获得成功的体验。让学生读后谈、读后写的过程就是思维训练和情感升华的过程，就是落实"教是为了不教"的教育理念。

二、激发学生文本阅读兴趣的策略应用

（一）借用高考例题引导学生重视

应试教育的功利化对高中政治教学的影响较深，突出表现为高考考什么，教师就教什么。这种功利化虽有诸多弊端，但对教学的导向作用不容忽视。因此，教师在教学过程中可以利用高考例题，引导学生重视文本阅读，提高阅读、理解和提炼、概括能力。近年来，随着高考命题改革的推进，高考试题的阅读量明显加大，对文本理解能力的考查在逐步增强，这为教师利用高考试题引导学生重视文本阅读、加强文本阅读训练提供了大量素材。如在与马克思理论相关的试题

中，除了对马克思理论的相关节选以外，还有与我国现阶段政策的结合，如果学生只是刻板地对理论知识进行背诵，那么势必难以把握这类题目的考查重点，教师可以在此类题目的讲解过程中，引导学生领悟到文本阅读的重要性，以及文本阅读的积累能够给自己带来的帮助，从而在教学活动中激发学生对文本阅读的主观能动性，从学生主观层面上推动文本阅读活动的开展。

（二）创设阅读情境提高阅读趣味

高中时期的学生正值人生中最重要的青春期阶段，这一时期的学生对独立性和自主性的需求更加强烈，在学习活动中也同样如此。如果教师忽视学生的这一特性，在教学活动中更多地以自己为主导，对学生发布命令，不仅会疏远师生之间的距离，还会引发学生对政治课堂的厌恶感，文本阅读兴趣和能力的培养自然也难以维持下去。因此，教师应当明确自己在课堂教学中的地位，给予学生更多主动权，以更加多样化的教学方法激发学生对文本阅读的热情。对此，教师可以通过创设问题情境，抛出问题启发学生思考，在问题的导向下对文本进行深度阅读，同时鼓励学生在阅读中进行发散性的思考，结合自己的生活经验，从自身的理解角度出发，对文本内容进行解读。例如，试题"推进碳达峰碳中和作为我国实现高质量发展的必然要求，同时我们长期以来也是全球最大的粗钢生产国，而有观点认为，要想推动我国经济的高质量发展，就要在钢铁行业上扩大粗钢产量并进一步增加出口量，请同学们对这一观点进行评析"，要解答此题，学生就必须结合教材中经济与社会、当代国际政治与经济知识的相关内容，在充分理解材料的基础上进行深度剖析。对此，教师可以借助启发性的问题创设情境，引导学生搜集相关文本资料，激发学生的阅读热情，帮助学生较好地解答问题。

（三）强化方法指导提升阅读实效

在阅读过程中，有的学生会因为文本词汇量

过多或者自身阅读能力有限等原因出现阅读障碍，比如阅读太慢、理解偏差，也有一些学生存在不良的阅读习惯和阅读方法等，这就需要教师加以必要的方法指导。如在文本阅读前，提醒学生做到"五读"，即读文本主旨、读文本选材、读文章结构、读重要概念以及读文本观点。这里的"五读"提醒我们，在文本阅读时要有强烈的目标意识，解决什么问题、采用什么方法，事前要有基本的思考，不能漫无目标地随意阅读。在学生练习的过程中，要及时检查、巡视，发现问题后及时纠正或个别指导。

在对学生进行阅读方法指导时，教师要减少单纯刻板的讲解，多从基于理解的学习角度介绍成功的案例来激励和启发学生。如利用"费曼学习法"来演示如何高效率地阅读文本，提高能力：第一步是能够概括文本的关键信息和过程信息；第二步是能够以他人听得懂的语言向他人传授自己在阅读中提炼出的重要信息；第三步是当自己在转述中遇到问题时，能够利用学习材料进行补充和完善；第四步是能够再次使用通俗易懂的语言更加清晰和完整地表达自己在阅读中学到的知识。这是利用同伴互助效应引导学生互教互学，方法简单有效。当然，学生在学习练习中更要学会总结，在不断的探索中形成最适合自己的方法。

（四）结合时事热点激发阅读热情

经常听到一些教师说政治课不好上，课堂上学生不愿意听、气氛不活跃，课后作业不愿意做等。这实际上是教育理念与方法上的问题。如果教师始终以学生为本，想学生所想，从学生认知和思维的起点出发，寻找容易引起共鸣的切入点，课堂教学就会是另一番气象。过程哲学认为，教育"只有一个主题，那就是五彩缤纷的生活"。没有生活联系的课堂，难以引起学生的共鸣。在这方面，政治学科具有先天的优势，近年的高考政治试题也多从时事热点切入。因此，教师可以在课堂上适时地引入当下的时事热点，引导学生讨论，并借助讨论引出几种互相矛盾的观点或开放性的问题，在问题驱动下引发学生对文本内容进行阅读。小到身边的生活琐事，大到国家社会矛盾，都可以作为引入的切口。例如，近年来广场舞噪声扰民引发邻里纠纷的事件屡见不鲜，对此，教师可以先设计问题，鼓励学生开展小组讨论或辩论，在讨论中引出法律与生活知识的应用，再引导学生结合讨论结果对题目文本进行阅读分析，以此培养学生的阅读习惯。

（五）加强意义联结拓展文本资源

笔者在教学实践中发现，影响学生对政治文本阅读兴趣的重要因素之一就是学生对文本阅读的积累量较少，知识储备不足，导致对文本的理解不全面、不准确、不到位。加强意义联结的重点是与课程、知识和生活的联结。与课程联结，需要系统研究学科知识体系，直面学科的内核与本质，即以大概念、大主题为核心的大单元式课程重构，弥合原有课程中可能出现的断裂，使得课堂教学的内容能够保持持续而顺畅的状态，以减少学生学习过程中不必要的逻辑障碍。与知识联结，需要关联课堂教学内容相关的其他知识、社会背景、历史事件及未来议题等，还要考虑到学情即学生的认知起点和思维起点，并将其嵌入课堂之中。与生活联结，需要强化学科知识与学生生活的联系，以此激活学生已有的生活经验，帮助学生理解、建构和应用。以知识联结为例，除了利用好政治教材本身的课程资源外，教师还可以利用高考典型试题进行拓展阅读。总之，只要是从学生认知起点出发，能够拓宽学生视野、激发阅读兴趣的都可以对学生开放。随着阅读量的增加和知识积累的增多，学生在学习的过程中，会不自觉将之联结起来，获得新的理解，形成新的知识结构或新的观点。

三、激发学生文本阅读兴趣的注意事项

（一）注意营造氛围

教师在课堂上要注意营造一种积极向上的环境氛围，让学生在民主、平等、新奇的气氛下投入文本阅读活动中，如播放《新闻联播》等时事片段、组织小组阅读大赛等。在积极情绪的铺垫下，学生的阅读效率和效果会明显提高。

（二）控制好阅读量

由于课堂时间有限，每次安排的阅读量要适度，尽量减少大容量的阅读。要坚持小步走、快节奏。大致而言，一节课安排的阅读时间不宜超过课堂总时长的一半，否则便会流于形式，不利于分析和解决问题，也不利于培养学生的思维能力。

（三）及时反馈成绩

学生是否沉浸于文本阅读？阅读的能力是否有所提升？最好的办法就是检测反馈。所以，教师在课堂上要多提问，让学生在文本阅读后当场回答，也可以书面作业的形式展示学习成果，让学生来评价优劣。这些可视化、能效仿的学习反馈，会成为学生进一步学习的巨大动力，引导学生在对比、总结中不断前进。

四、结语

良好的文本阅读能力能够拓展学生的知识积累，塑造学生的价值观念，提升学生的终身学习能力。文本阅读能力的提升不是一朝一夕的事，需要从培养学生文本阅读的兴趣入手，通过长期训练，才能养成良好的习惯和方法。对高中政治教师来说，一方面要提高认识，重视文本阅读教学，强化文本阅读训练；另一方面，在利用好现有教材课程的同时，要不断丰富文本资源，创新阅读教学设计，提高阅读文本的有效性和学习价值。从长远来看，培养文本阅读的兴趣和能力，是基于"不教而教"的教学目标，瞄准学生的终身学习能力。这是一条有意义、有价值的求索之路，需要我们持续不断地实践、探索。

参考文献：

[1] 陈嘉琳.对培养小学高年级学生英语阅读兴趣的几点思考[J].长春教育学院学报，2017，33（09）：70—71.

[2] 张艳婷.关于提升学生文本阅读能力的一点思考[J].华夏教师，2015（09）：27—28.

[3] 魏振刚.如何激发学生阅读文本的兴趣[J].文学教育（下），2019（12）：95.

[4] 唐雅琴.阅读文本，应读到文字背后的意义[J].小学教学（语文版），2019（09）：10—12.

[5] 欧捷.高中政治教学中如何培养学生的政治阅读能力[J].西部素质教育，2018，04（06）：230+240.

[6] 宗锦莲.深度学习理论观照下的课堂转向：结构与路径[J].教育学报，2021，17（01）：59—72.

[7] 丁小艳.重视政治阅读　提高教学成效[J].科教文汇（中旬刊），2011（20）：103+206.

[8] [英]怀特海.教育的目的[M].张亚琴，鲁非凡，译.太原：山西教育出版社，2022.

小学数学学科中抽象思维能力培养的实践探索

——以三年级上册《周长是多少》为例

◎朱 莉

摘　要 数学抽象思维是人们在认识事物的过程中借助于概念、判断、推理等思维形式，达到对具体对象数学本质的把握，进而认识客观世界。在这个过程中，学生运用概念、判断、推理等思维形式和比较、分析、综合、概括等思维方法的能力，即数学抽象思维的能力。本文以三年级上册《周长是多少》为例，浅谈如何通过引导学生在逐步建构、内化周长概念的过程中，培养发展学生的抽象思维能力。

关 键 词 小学数学；抽象思维；实践探索

作者简介 朱莉，江苏省无锡市扬名中心小学教师，一级教师。

《义务教育数学课程标准（2022 年版）》中指出："通过义务教育阶段的数学学习，学生逐步会用数学的眼光观察现实世界，会用数学的思维思考现实世界，会用数学的语言表达现实世界。"其中"用数学的眼光观察现实世界"指向的就是通过对现实世界客观现象的观察，发现其中的数量关系与空间形式，抽象出数学的研究对象及其属性，形成概念、关系与结构。它强调从数学的角度对问题进行整体把握和深入理解，而这个过程就是数学"抽象"。在数学教学中，教师应该注重培养学生的数学抽象能力，帮助学生更好地理解、掌握和运用数学知识，提高数学素养和思维能力。

一、抽象思维的概念

抽象是指"从众多事物中舍弃事物的个别的、非本质的属性，抽取出本质属性的过程和方法"。数学抽象思维则是人们在认识事物的过程中借助于概念、判断、推理等思维形式，达到对

具体对象数学本质的把握，进而认识客观世界。在这过程中，学生运用概念、判断、推理等思维形式和比较、分析、综合等思维方法的能力，即数学抽象思维的能力。抽象思维能力的培养对于学生数学学习具有重要的作用：一是数学知识是对生活不断抽象的过程，通过培养学生的抽象思维能力，有助于学生更好地认识客观世界；二是小学生的数学学习主要以形象思维为主，抽象性知识的理解对学生来说有较大难度，通过培养抽象思维，学生能够更好地理解知识本质、提高学习能力、发展数学素养。因此，教师在小学数学教学中应该注重培养学生的抽象思维能力。

小学阶段是培养学生抽象思维能力的关键时期，笔者认为，学生抽象思维能力的发展至少应经历由形象到抽象的概念形成过程来奠定抽象思维基础，经历将具体问题抽象成数学问题的思考实践过程来发展抽象思维，以及经历由抽象回到具体的创新运用过程来形成思维闭环的三个阶段。这是一个逐步深入的过程，需要学生的不断

努力和教师的不断引导帮助。

《周长是多少》是三年级上册学生学习长方形、正方形周长计算方法之后的一次实践活动。教材设计了"拼一拼""比一比""画一画""量一量"等丰富的探究活动，旨在通过活动，巩固对长方形、正方形的特征以及周长的含义和计算方法的认识，更完整地建构"周长"概念，同时在发现和解决问题的过程中，培养和发展学生的数学思考以及合作交流能力。下文将以本课为例，谈谈如何通过引导学生在逐步建构、内化周长概念的过程中，渗透学生抽象思维能力培养的三个阶段，培养发展学生的抽象思维能力。

二、直观感知，明晰"周长"含义，奠定思维基础

从学生的学习逻辑来看，直观感知是形成概念的基础，通过表现出的更具体、更形象化的信息可以概括出概念；同时，通过直观的方式呈现概念，又能进一步促进学生对概念的记忆和理解，以及掌握和应用。之前，学生经历了一个单元的学习，已经知道什么是周长，以及长方形、正方形周长的计算公式。本课可以看作是长方形、正方形周长的复习巩固课，因此，可以把这部分内容重点放在对概念的记忆理解以及掌握运用上。在此过程中，教师通过举例、比较、归纳等方法引导学生观察、分析、比较，帮助学生建立概念之间的联系和区别，形成清晰的概念体系。这也是学生培养抽象思维的基础，经历一个由直观到抽象的逐步深化的认识过程。

三、比较分析，构建"周长"算法，发展思维能力

要完整建构"周长"的概念，必须联系周长的计算方法，这也是抽象的第二个层次，将"一周边线的长"抽象成"算法"。这是学生抽象思维发展的一个新阶段，在此过程中，借助从一般图形到特殊图形的计算方法，以及一般算法到特殊算法的两次比较，学生尝试进行逻辑推理，从而进一步理解"周长"概念，进一步发展抽象思维能力。

（一）从"数格边"到用公式计算，实现概念到"一般算法"的抽象

学生能用语言来描述"周长"的概念，并知道通过"数格边"来明确具体的数量。当学生开始用计算公式来计算时，则不仅仅是依赖于直观的数数方法，他们开始理解公式背后的原理和逻辑，并能够运用这些公式进行计算和推理。这个过程反映了学生思维发展的连续性和阶段性。在这个过程中，学生对"周长"的认识由一句话变成一个抽象的计算公式，思维方式逐渐从直观、具体转向抽象、逻辑。

（二）从一般图形到特殊图形，实现统一"一般算法"的抽象

当学生作品中出现不规则图形时，大多数学生会选择用数格边的方式来进行计算，在此时引导学生利用"平移"的方法来巧妙计算不规则图形的周长，学生通过观察和分析不规则图形的特点，在脑海中构建出图形平移后的形状，将不规则图形转化成已知的一般图形，这个过程需要学生具备一定的逻辑推理能力和空间想象能力。

同样是拼成不规则图形，通过不同方法的比较，用"平移"的方法沟通了不规则图形和规则图形周长计算之间的联系，从一般的长方形、正方形到特殊的不规则图形，最终都转化成利用公式来进行周长的计算。而对于"凹"字形图形，无法直接转化成长方形或正方形，但不论何种图形，都是将一周边线的长合起来，这是对"算法"抽象的第一层次，也是周长计算的"一般算法"。

（三）从一般算法到特殊算法，实现概念到算法的抽象

将一周边线的长度合起来，这是基于学生对

周长概念的理解，也是大家能想到的"一般算法"，这种一般化的理解是思维发展的基础。随着教师的引导，学生进一步思考，对问题的分析更加深入，想到从不同角度去思考问题，找到不同的解决问题的方法，真正实现"概念"到"算法"的抽象。这种从一般到特殊的逐步深化过程，不仅提高了学生解决问题的能力，也促进了他们思维的成熟和发展。

学生是真正的学习主体，在教师的引导下，学生在一步步地深入、一次次比较辨析的过程中，逐渐建构出周长概念，在此过程中，学生的抽象思维能力不断发展，他们开始能够进行逻辑推理，尝试将具体的数学问题抽象化，找出问题的本质和规律，从而找到解决问题的思路和方法。

四、深化拓展，内化"周长"概念，形成思维闭环

实践应用是抽象的第三个层次，要真正培养学生的抽象思维能力，就必须将"抽象"再回归到"具体"，将建构的周长概念、抽象思维应用于实际问题的解决中，将"概念"与"算法"具体为"实践"。在此过程中，可以通过引导学生从画出"一般图形"到画出"特殊图形"，进一步内化周长概念。

学生的思维发展水平是参差不齐的，有些学生的观察只能触及表面，这也是我们在课堂中需要交流反馈的原因，思维只有经过碰撞才能激发出更好的思维。学生在探索的过程中，把抽象的计算公式又变成具体的直观图像，在思考的过程中寻找其中的数学本质。通过实践操作，内化"周长"概念，学生能够运用自己的想象力和创造力，从不同的角度思考问题，将所学的数学知识应用到实际问题中，并创造性地解决问题。通过反思和总结，从经验中生成更多的思考和经验，逐步转化为学生的学习能力，提升学生的数学素养。整节课从课上到课后，从结构化理解到综合性运用，再到创造性迁移，真正帮助学生理解知识本质，培养思维品质。

五、结语

培养学生的抽象思维能力不是一节课就能达成的目标，而是需要我们教师不断引导、培养、训练、反思，这是一个长期坚持的过程。而学生数学素养的培养，也不仅仅是抽象思维能力的培养，而是一个综合性的过程，我们还需要不断学习、思考、实践，给予学生足够的探索空间，为他们的素养发展奠定良好的基础。

参考文献：

［1］冯回祥.思维方法与数学教学：思维方法在小学数学教学中的应用［M］.武汉：华中科技大学出版社，2018.

［2］朱阳金.试论小学数学教学中学生数学思维能力的培养［J］.教育教学论坛，2012（36）：102—103.

问题解决视域下小学信息科技课程计算思维培养路径探究

——以图形化编程课《赛车游戏》为例

◎ 时　代

摘　要　《义务教育信息科技课程标准（2022年版）》提出，要倡导真实性学习，创新教学方式，以真实问题或项目驱动，引导学生经历原理运用、计算思维过程和数字化工具应用过程，进而建构知识，提升问题解决能力。解决问题是培养计算思维的有效途径，聚焦问题的解决过程是培养计算思维的有效载体。基于此，笔者通过小学五年级图形化编程课《赛车游戏》为载体，让学生亲历问题解决的过程，进而探索能够有效提升学生计算思维的教学途径和方式。

关 键 词　小学；信息科技课程教学；计算思维；图形化编程

作者简介　时代，江苏省南京市江宁区陆郎中心小学教师，教育技术室主任，二级教师。

在熊璋教授关于《义务教育信息科技课程标准（2022年版）》（以下简称"新课标"）解读的报告中，有一处表述令笔者印象深刻："面向课程实施，如果要抓一个最关键的问题，我觉得是信息科技中问题求解的思维方法——计算思维，计算思维是信息学科里最本质的，也是我们最该拎出来的。"由此可见，在信息科技课堂中培养与激活学生计算思维具有重要意义。

本文将从计算思维的功能性视角进行探究：将锚点链接于新课标的学科内容、学段目标，结合学生认知特征，摸清学生学习规律，以问题解决为目标，在问题解决的过程中培养学生的核心素养。

一、基石："源头活水"赋能计算思维培养

活跃的课堂氛围有利于产生良好的教学效果，而活跃的背后是教学元素的"活力"。信息技术课堂的活力不仅在于教师教学方式的"活"，还在于学生学习内容的"活"。从活力课堂的构建角度出发，由于问题的创设能够对学生的多元智能发展起到决定性的作用，而正是多元智能的发展促进了思维的发生，因此，问题情境的创设立足点应紧密地联系着计算思维的发生。笔者以《赛车游戏》一课为例，探究如何基于上述理念，通过合理有效的问题情境设置，激发学生的计算思维，培养学科核心素养。

（一）求真

小学生的注意力及兴趣可以用比较"宽泛"来形容，其在学习的过程中易受各种其他非主要因素的影响。作为教师，要把握好课堂初始导入，设计好问题情境，让学生产生解决问题的主动性，进而在全程中锻炼学生的计算思维。在此过程中，教师要抓住生活真实要素，与学生的生活真实情境产生共鸣，进而更好地投入教学。

例如，在《赛车游戏》这一课当中，笔者将"赛车游戏"问题转化成汽车的无人驾驶问题探究。首先，通过展示国内首款为城市开放道路设

计的无人驾驶小巴，将学生的注意力从"游戏"创编转移到生活中的无人驾驶技术讨论。针对这一思考聚焦点，教师与学生一道将问题进行抽象与转化，从生活情境进阶到生活应用，不仅巧妙地锻炼了学生的计算思维，还活化了知识，让学生感受到知识的价值。

（二）设疑

在问题情境的设置当中，设疑这一环节即教师对问题进行主观的设计，进而给学生提供思考的空间。在真实的情境创设之后，教师应该及时地提出相关的情境问题，引导学生对具体的问题进行探讨，促进思维活动的产生。

具体而言，在确定了无人驾驶的课堂探讨主题之后，教师即刻抛出相关联的主题问题：如果由你来设计模拟无人驾驶汽车，你认为它应该具备哪些基本功能？针对此问题，学生会通过联系生活实际来试图解答，如参考家中有人驾驶汽车的功能等，并由此得出很多要点：汽车能够前进后退、汽车能够转弯、汽车行驶时要躲避障碍……当学生能够给出上述符合预期的要点，其思考过程就已经为计算思维的发展提供了一定的基础。换言之，通过灵活迁移已有知识，学生自主调动了计算思维以解决实际的问题。

二、框架：剖析思想助力分解能力内化

（一）分解

新课标中提到具备计算思维的学生，能够对问题进行抽象、分解、建模，并通过设计算法形成解决方案。为此，在课程教学的主线问题确定后，教师需要引导学生思考、回忆是否碰到过类似的问题。如果学生已经解决过类似的问题，则可以直接提炼问题的解决方案；如果没有，那么则需要对问题进行分析。在此过程中，教师应当适当引导学生尝试对问题进行分解，将大问题分解成小问题，将较难问题分解成容易理解或者易于解决的问题。

例如，在《赛车游戏》这一课当中，首先确定了主线探讨锚点是无人驾驶汽车应该具备哪些功能并且如何实现；同时，学生也给出了相应回答：能前进、会转弯、行驶稳且快……由此展开，学生通过生活中的知识，尝试理解汽车行驶过程中的要求，进而思考如何通过编写脚本来实现上述需求。此时，需要解决的具体问题随之而来且逐渐细化。具体而言，思考的要点聚焦于以下几点：小车从前进直行到右转与左转，以及最终完成一整个不规则赛道的行驶。上述几个分散的问题思考点，构成了小车赛道行驶的全部要素。通过上述过程，学生将不难发现并且相对轻松地分解出其中的小问题：小车如何在赛道中做到不偏离，即按照预期方向行驶？此时，对问题的思考将自然转向对问题的解决，而关于问题的解决将顺畅地延伸到对工具的寻找，进而引出对传感器的学习。

（二）内化

思维的培养从来不是一蹴而就的事情，而是一个长期、持续的过程。因此，教师在课堂教学中要目标明确，通过不断地渗透能够对学生计算思维培养产生正向效果的要素、内容、工具和方法，帮助学生在亲历问题解决的过程中，有效地培养计算思维。[1] 上述过程中，学生将对掌握的实践方法和思维，通过结合自身理解，建立起符合其个性化发展规律且具有特定价值的认知体系。此处提及的个性化理解、特征性思维，便是内化这一过程产生的。

进一步地，当学生掌握并领略剖析问题的方法和思想之后，需要真正地学会分解问题。那么在实操层面，如何分解问题就是重要的课题。一般来说，分解问题的依据和规律是学生在无形当中掌握的，重点在于内化，即授人以鱼不如授人以渔。因此，在分解问题的过程中，教师需要适时地帮助学生将看、听、想得到的思维观点进行抽象、提炼、总结与内化，进而使得学生在课堂

中能够更深切地感受到参与的过程，以进一步助力其计算思维的培养。

举例来看，在《赛车游戏》课程中，面对"小车如何在赛道行驶的总任务"，学生借助教师的提示以及小组的讨论启发，得出了相应的结论。这便是一个典型的、将大问题分解成小问题的过程。换言之，通过从简单问题入手，学生在相对轻松化解较难问题的同时，通过将大任务转化为小任务，领略到上述方法的精髓与精妙。这种思维方式及其带来的成就感和满足感，将在学生未来面对不同问题时，为给出具有针对性的有效做法提供有力辅助。而这一方法及其背后的思维，以及进一步就新的问题通过自己的个性化内化思考进行举一反三，就是学生应该掌握、教师希望授予、学科期望赋予的重要内容。与此同时，学生计算思维的发展，将在这一次次迭代当中，在一次次问题的解决过程中，不断增长和强化。[2]

三、算法：提炼抽象加强求解思维深化

新课标中值得反复咀嚼的内容之一就是"计算思维是指个体运用计算机科学领域的思想方法，在问题解决过程中涉及的抽象、分解、建模、算法设计等思维活动"这一表述。由此可见，计算思维不局限于科学研究，还包括对显性生活问题的思索与解决。[3]作为教师，我们要想带领、引导学生达成这样的目标，并培养核心素养，就必然要通过计算思维去探究分析问题，遍历合适的方式方法去探索解决问题。

（一）算法

算法是有目的地解决问题的方法和步骤，在我们的生活、学习和工作当中均发挥着至关重要的作用。为了探究小车行驶"稳又快"的"秘诀"，在已知小车行驶的稳定性与速度和旋转的角度有关这一基础之上，笔者提供了表格，以帮助学生探索赛车性能提高的因素。由此开始，学生将可能的参数取值情况一一列举填写后，通过

编写脚本进行测试，并获取小车行驶的时间，以此来测试小车的性能。概而言之，在测试过程中，学生通过修改程序中的数据进行对比，进而调整参数让小车行驶得又稳又快。在此过程中，设计的内容不仅展示了解决性能问题的探究切入，也通过"可见"的方式启发了学生算法思维的转变，进而提升学生解决问题的能力，可谓事半功倍。

除此以外，流程图也是值得使用的重要工具。具体而言，流程图是由若干特定的图形符号以及说明，将程序执行算法进行描述的一种图示技术。它可以通过图形化的形式，将解决问题的思路和流程清晰明了地展示出来。流程图这一形式的呈现将是锻炼和提升算法思维能力的有效方式。在本课例当中，学生在分析完小车前进的基本要素之后，随即需要面对如何在图形化编程软件当中进行脚本编写和实现的问题。在此过渡阶段，笔者通过与学生共同探讨，助力其最终完成有关程序脚本编写的操作。

（二）抽象

新课标的总目标之一是提高数字化合作与探究的能力，发扬创新精神。因此，在课堂教学中，培养学生的创新探究精神同样特别重要。在《赛车游戏》课例的第二课时当中，笔者从第一课时的无人驾驶转到智慧驾驶，从课本的基础内容学习转到实际生活问题的解决。因此，学生在解决问题时所掌握的抽象思维能力将显得尤为重要。

基于学生在第一课时得出的关于小车如何实现无人驾驶的相关功能，笔者和学生共同联想现实路况，得出如红绿灯、斑马线、行人等要素。那么，顺理成章地，第二课时所要讨论的智慧驾驶，即可以把分析聚焦于如何识别红绿灯以及如何测量障碍距离。以实现小车识别红绿灯这一功能为例。学生根据生活经验以及第一课时所得知识，很快联想到使用颜色侦测来实现上述功能。于是，新的问题随之而来。小车不能实际触

碰红绿灯，这意味着小车无法采用颜色侦测来实现这一功能。此时，笔者引导学生从生活的角度思考、发现交通灯的特征，并将其抽象到脚本程序的设置编写上。具体来说，通过新增交通灯角色，变化造型，并在侦测模块中找出"造型编号"这一侦测控件的组合关系运算，实现"红灯停，绿灯行"的效果。在此过程中，学生能总结出搭建信号灯程序语句的经验，学会举一反三，从"造型编号侦测＋判断"联想到"距离侦测＋判断"，紧扣行车问题的解决过程，其逻辑抽象能力也得到了很大的锻炼和提升。

四、闭环：复盘迁移强化计算思维落实

（一）回溯

基于问题解决过程的计算思维培养，能够有针对性地培养学生的学科核心素养。[4] 在经历了界定、分析、解决问题的环节之后，学生已经初步具备了主动思考的意识。而在教学的不同环节中，教师可以适当安排、灵活调整教学内容，引导学生"回头看"，即通常意义上的复盘，以此帮助其做到在面临相似或不同问题时，能够调动之前解决相似问题的经验完成任务。举例来看，因为在《赛车游戏》课程探究小车稳又快的因素时，利用算法列举思维解决了问题，所以在同系列单元中可以适当穿插与其相关的教学内容，锻炼、提高学生的知识与技能迁移能力以及利用计算思维解决同类问题的能力。

（二）落实

相较于直接知识理论的学习，学生更加倾向并擅长在实践中通过反思真实生活的经验获取知识及掌握技能。基于此，无论是真实性问题的设定，还是过程设计，都应当指向并落实到生活这一朴素的目标上。实际上，了解无人驾驶和智慧驾驶后，学生若能够主动留心观察并注意生活中的实际交通路况，加以思索并形成信息意识，将是我们期待看到的重要效果。与此同时，学生若能够在问题解决的过程中，总结抽象计算思维，并将其运用于其他方面的问题上，获得学科综合素养的提升，则是我们追求的理想状态。总而言之，一切都要落到实处。

作为教师，我们在教学中要时刻思考：我们希望以及学生实际需要具备哪些能力，学到哪些知识，在哪些方面应当且能够得到收获。用问题解决统合信息科技学科与生活，建构信息科技课程学习意义。只有这样，我们才能充分调动学生，调动自己，调动课堂，达到满意的教学效果。

五、结语

本文以图形化编程课《赛车游戏》为例，通过聚焦问题解决的过程，从基石立足、问题剖析、实际求解、迁移强化这四个部分探讨了课程中计算思维的激活和培养。本文完整地阐述、分析了"源头活水"的基础性价值、难题分解的框架性作用、求解思维的实践性效果以及抽象提炼的迁移性意义，以问题解决为主线设计教学，促进了学科知识、思维与核心素养的形成，希望能够为实际教学工作提供实践价值，并从教学理念、思维等方面提供一定程度的理论启发。

参考文献：

［1］唐斌，付兴容.问题解决教学中学生计算思维的培养［J］.教学与管理，2021（05）：62—64.

［2］华荟.基于真实问题解决的初中计算思维教学策略——以"智能声控灯"项目为例［J］.中国信息技术教育，2021（21）：58—59.

［3］缪亚军.以信息技术课堂为梯，让学生迈向计算思维的殿堂［J］.新课程导学，2022（08）：53—55.

［4］张冬冬，饶世海.基于问题解决的初中生计算思维培养策略探究——以《Micro：bit加速度传感器》为例［J］.教育信息技术，2022（Z1）：33—36.

整合微课，建构魅力音乐课堂的策略探索

◎王德萍

摘　要 信息科技的飞速发展让人们步入"微"时代。在教育领域，微课的出现为课堂教学带来了一次革命，让师生之间的互动变得更加灵动，让学生学习的时间、空间变得更加自由。对此，在音乐教学中，教师也要主动地为微课寻找落脚之处，彰显微课的力量，让音乐课堂更有魅力。

关 键 词 微课；小学音乐；课堂教学

作者简介 王德萍，江苏省如皋市搬经镇搬经小学教师，一级教师。

社会的不断发展和新课程标准的落实越来越让教师们意识到培养学生综合素养的重要性。作为小学一线音乐教师，我们也开始提升对音乐课的关注度，期望学生透过动听的乐曲、灵动的音符，发现世界的别样魅力，以使审美鉴赏、自主创编等多种能力均获得成长。

与此同时，信息技术的飞速发展为教师教学带来了更多新颖的方法和策略，例如微课的运用。在音乐课上，教师应该紧跟时代的脚步，利用微课粉刷过去的导入、施教等环节，让这些环节焕发出新的光彩，以便学生在微课的辅助下强化音乐素养，深刻体会音乐的魅力。[1]

一、利用微课导入，激活学习动力

课堂导入环节是新课的敲门砖，当导入的内容对学生极具吸引力时，学生也会主动地将目光放在新课上，积极地汲取新课中的养分。相较于过去口述等导入形式来说，基于微课设计的导入环节更加灵动，更能轻松地触动学生的神经，让学生对新课内容产生探索的欲望。对此，教师不妨在导入环节融入微课技术，实现为导入环节"穿新衣"。

（一）呈现直观画面，吸引学生目光

音乐知识带有强烈的抽象色彩，在教师直接为学生引入音乐知识时，会让学生对音乐竖起心墙，加大学生与音乐课之间的距离。许多教师尝试在导入环节点燃学生的学习热情，让学生对音乐课放下戒备之心。微课具有较强的视觉性，能够弥补音乐课的不足，为学生呈现直观的画面，缩短学生与音乐之间的距离，使学生主动地漫步在音乐的云端。[2]

例如，在《忆江南》这首乐曲的教学前，教师先利用互联网收集江南风光的图片、视频等资料，并利用这些资料进行微课的制作。在课堂上，教师便可以将事先准备好的微课呈现给学生，使学生被微课中的美景所吸引，主动地跟随微课的镜头领略江南的小桥流水。伴随微课的播放，教师引导学生思考"我国地广物博，每个地方都有属于这个地方的独特美景，透过视频中呈现的内容，江南的景色给你留下怎样的印象呢"的问题，请学生围绕微课中呈现的景色，对江南的美景进行描述。当学生更加沉浸于江南的美景后，教师顺势引入《忆江南》的诗词，并向学生介绍《忆江南》的文学常识，以便学生顺其自然地开启新课之旅，在浏览江南风光之余欣赏歌曲，从而主动地卸下对音乐知识的戒备之心，燃起学习音乐的欲望。

（二）巧妙引出问题，调动学生思维

将学生看作课堂的"主角"，需要根据学生的学习思维、学习特点，为学生安排学习活动。众所周知，问题情境能够激活学生的思维，唤醒学生的求知欲，当教师在导入环节就提出问题时，往往能让学生对后续的内容产生极高的探索欲，使学生自觉成为课堂上的主人公。对此，教师不妨围绕音乐课的教学内容，巧妙地以微课为媒介设计导入环节，利用微课向学生提出相关问题，构建问题情境，促使学生在思考问题中自然地过渡到新课的内容，完成与音乐知识的衔接。

比如，在《天下的妈妈都是一样的》这一首乐曲的教学中，教师先为学生播放微课，伴随微课的播放，教师设计"微课中呈现了怎样的画面呢"的问题，请学生根据自己的观察与教师建立互动。在学生对微课中的画面进行描述时，整个微课也即将播放完毕，而在微课结尾时，画面定格在"你知道妈妈的生日吗""妈妈的工作是什么呢""妈妈的一天都是如何度过的呢"等问题上。通过浏览微课，学生会主动地思考微课上出现的问题，初步感受妈妈的辛苦与不易。这样，在后续欣赏音乐作品时，学生也能轻松地感受歌曲中流露的情感，深刻体会母亲对子女的爱。

二、使用微课施教，活化教学模式

在以往的音乐教学中，教师总是先为学生播放音乐作品，再为学生分析其中的音乐知识，期望学生在教师的讲解下步入音乐的殿堂，感悟音乐的魅力。然而，这样的教育方式会削弱音乐本身的特色，让音乐课失去原本的味道，以至于学生学习音乐知识的兴趣被扼杀在摇篮之中。相较于过去的教学手段来说，微课能为学生呈现灵动百变、短小精悍的视听资源，改良学生接触音乐知识的方式，让动听的歌声、美妙的音符以及迷人的音乐知识悄无声息地浸入学生的心脾，加深学生的印象。因此，教师有必要发挥微课的优势，利用微课为传统教学活动注入新鲜血液。[3]

（一）辅助学生自学，强化学习能力

过去的音乐课堂上，许多教师独占"讲台"这一舞台，导致学生成为课堂上的"观众"，只能静静地观看教师的表演，长此以往，学生的思维逐渐趋向于僵化，学习能力也难有成长空间。新课标的提出让教师意识到培养学生学习能力的重要性，许多教师也开始积极地引入多样化的教学资源，辅助学生完成自主学习活动。微课在众多教育资源中独领风骚，在音乐教学中，教师可以根据教学内容进行微课视频的制作，引导学生完成自主预习，以便学生带着自己的思考走入新课，加快学习音乐知识的进度。

例如，在《牧场上的家》的教学中，教师先结合教育大纲的要求对教材进行分析，指出本节课的重难点知识是"歌曲中表达的美好情感""弱起小节的含义""弱起小节在乐曲中的表现效果"等。围绕上述内容，教师进行微课视频的制作，并按照学生识记知识的特点，按照由易到难的顺序，合理地安排微课中出现的各个知识点。在做好微课后，教师将其分发给学生，请学生基于自身的音乐素养，对微课中的知识进行理解，并提出自己的疑惑，如有些学生借助微课清楚地理解了歌曲中流露的思乡之情、对美好生活的向往之情，但对弱起小节仍旧存在疑惑。之后，教师使用调查问卷建立与学生之间的互动、交流，了解学生当前的预习实效，以便根据学生自主学习的效果，精准安排课堂上的教学活动，在针对性地弥补学生的不足中，提高学生学习本节课的质量。

（二）补充额外知识，丰富知识积累量

只有符合学生成长需求的学习资源才能够成为学生的沃土，滋养学生。教材是教师开展教育活动的主要依据，然而，教材上安排的内容相对有限，当教师仅依靠教材带领学生欣赏音乐作品时，会丧失音乐本身的魅力，难以引发学生与作

词者、作曲者的情感共鸣。通过对教材的分析能够发现，安排在小学音乐教材上的作品大多有着深厚的文化底蕴和丰富的创作背景，带领学生了解这些常识，能够弥补学生的不足，拉近学生与作词者、作曲者心的距离，提升学生审美鉴赏的质量。对此，教师不妨围绕音乐常识进行微课的制作，促使学生在浏览微课中汲取有效养分，丰富音乐常识积累量。

比如，在《我的祖家是歌乡》这首乐曲的教学前，教师可以先在网络中收集有关高山族民歌的相关知识，如音乐在高山族生活中的重要作用、高山族的音乐文化、高山族的民歌特色等。随后，教师对收集到的资料进行整理，完成微课的制作。在课堂上带领学生欣赏本首乐曲前，教师先向学生提出"你们对高山族的音乐文化有什么了解吗"的问题，引导学生根据自己日常积累的音乐常识进行回答。当学生简单地描述高山族的音乐文化后，教师再为学生播放微课，引导学生透过微课了解相关音乐常识。之后，教师再为学生播放本首乐曲，让学生基于相应的文化语境，轻松地理解乐曲中表达的情感。

三、巧用微课，优化课后服务

"双减"政策的提出让教师更加关注学生的学习态度、学习情绪，期望学生基于轻松愉悦的氛围，建构基础知识，收获快乐童年。微课的出现如同一剂良药，让学生做作业的方式变得更加灵活，也让学生的学习空间、学习时间变得更加自由，使学生的音乐素养如雨后春笋节节攀升。[4]

（一）完善作业，提升音乐素养

作业是学生巩固知识、夯实基础的环节。在音乐教学中，教师要认识到学生做作业的过程是他们二次成长的过程，透过这一过程，他们能够真正地在心底埋下音乐的种子，对此，教师不妨打破作业与微课之间的隔阂，鼓励学生利用微课进行自查，以便学生清楚地认识到自己做作业的

质量，从而在利用微课进行补足中获得音乐素养的持续成长。

例如，在教学《唱得幸福落满坡》这一课中，教师先锁定"北方民歌的特点""歌曲中渗透的情感"等需要学生着重掌握的音乐知识。围绕上述内容，教师先进行作业的精准设计，再结合作业的内容进行微课的制作，使微课对应作业的答案，如当教师设计"口述北方民歌的特点"的作业后，则在微课中利用图文结合的方式介绍北方民歌。当学生自主完成作业后，教师为学生提供微课，请学生参照微课上的内容查看自己做作业的效果，以便及时地明确自己已经掌握了哪些音乐知识，对哪些音乐知识仍旧存在不解，从而利用微课健全自己的音乐知识体系。教师根据音乐课中的重难点知识进行作业设计，再进行微课程的精准制作，能够在精准打靶中帮助学生弥补不足，真正地加深学生对重难点音乐知识的印象。

（二）聚焦重点，形成复习资源

课后复习环节是延长课堂生命力的重要环节，透过复习的过程，能够延长知识在学生脑海中存留的时间，逐步让音乐之花开遍学生的心田。微课让学生的复习方式变得更加多彩。在音乐教学中，教师可以根据课堂上学生的反应，有的放矢地选择音乐知识进行微课的制作，丰富学生的复习资源。同时，微课的便捷性也能解放学生的学习空间、学习时间，让学生根据自己的需求，随时随地观看微课，加深对音乐知识的印象。[5]

比如，在教学《李玉莲调》这一课中，教师先在课堂上观察学生学习苏北民歌特点的效果，以及学生学唱歌曲的过程，判断学生的音乐素养发展水平。之后，教师根据学生的学习实效，有选择性地进行微课程的制作，如透过课上的观察发现大多数学生仍旧不能精准把握歌曲的旋律，对此，教师可以在微课中着重介绍歌曲的旋律，

增强微课的实用性。接着，教师将其发送给学生，鼓励学生根据自己的节奏对微课进行浏览。如此，学生能在复习环节夯实基础，加深对本节课知识的印象。在完成复习后，学生也可以将教师分发的微课上传到云端，在后续遗忘本节课的内容时，随时调取微课进行观看。

（三）挖掘兴趣，张扬学生个性

陶行知先生将学生比作是花木，认为教师应当像培育花木一样教育学生，绽放每个学生的光彩，让整个校园姹紫嫣红。近些年，随着音乐课程改革进程的不断加快，越来越多的教师开始挖掘学生的个性，期望更多的学生能够拥有绽放光芒的机会。然而，学生的音乐素养仍旧有较大的成长空间，依旧需要教师的指导、点拨，才能够"平步青云"，释放个性光彩。在音乐教学中引入微课时，教师有必要根据学生的兴趣爱好，为学生制作多样化、可选择的微课资源，促使每一个学生都能够通过观看微课的方式，开发音乐潜能。

教师可以先进行调查问卷的设计，并在问卷中安排"你最喜欢的音乐风格是什么""你喜欢通过怎样的形式表现音乐呢"等问题。基于对调查问卷中数据的整理、分析，教师发现有些学生对流行音乐较为感兴趣，有些学生对民间传统音乐较为感兴趣，有些学生喜欢用歌唱的形式表现音乐，而有些学生则喜欢用演奏乐器的方式表现音乐等。结合学生反馈的信息，教师为学生设计流行音乐组、民族音乐组、演唱组、乐器组等多个兴趣小组。接着，根据每一个兴趣小组的活动内容进行微课的精准制作，如针对乐器组，围绕"不同乐器的演奏方法"进行微课制作；针对演唱组，围绕"演唱技巧"等内容进行微课制作。之后，教师将这些微课发给不同的兴趣小组，请每个兴趣小组根据自己的需求，有序观看微课，并依靠微课开展小组活动。教师充分尊重学生的兴趣、爱好，进行微课的个性化制作，能够充分满足不同学生的学习需求，让每一个学生的音乐潜能都拥有被开发的机会，绽放个性光彩。

四、结语

微课的引入让小学音乐教学玩出了许多新花样，对于教师来说，微课是我们的好帮手；对于学生而言，微课是他们的加油站。在信息化进程不断推进的当下，实现教育现代化建设已经成为教师进行课改的主流方向，在实际带领学生学习音乐知识时，教师也应当继续挖掘微课的应用价值，主动地改良过去的音乐教学手段，以便为教学增添新的光彩，打造更有魅力的音乐课堂。

参考文献：

［1］王帅."小"微课，"大"用处——小学音乐微课教学案例分析与研究［J］.中国音乐教育，2021（11）：62—66.

［2］雷彬彬.营造微课堂　彰显美音乐——略谈小学音乐课堂微课教学的有效策略［J］.基础教育论坛，2022（11）：75—76.

［3］林萍.微课程　精教学——浅析微课在小学陶笛多声部合奏教学中的应用［J］.文科爱好者（教育教学），2022（02）：154—155.

［4］丁翔.新时代背景下微课在小学音乐教学中的应用路径探讨［J］.学周刊，2022（19）：175—177.

［5］杜媛梅.小学音乐教学中本土音乐微课的应用策略［J］.中小学数字化教学，2022（08）：31—34.

数字化赋能学生精准作业指导的模式探究

◎杜青山

摘　要　作业是教师依据一定的目标布置给学生完成的学习任务，是从有教师指导的课堂教学过渡到没有教师指导的学生自主学习的过程，对学生的发展具有重要作用。本文阐述了教育数字化背景下实施小学生精准作业指导的意义，并从学情分析、作业过程、作业反馈三个模块，从基于个体的分级测评、基于个性的有序推进、基于实证的整体提升三个角度展开论述，提出了"作业内容科学性、作业方式多元性、作业手段先进性、作业要求分层性、作业设计开放性"创设的具体方法。

关 键 词　教育数字化；大数据；个性化作业；精准作业

作者简介　杜青山，江苏省南京市宇通实验学校行政管理中心主任，二级教师。

当作业邂逅信息技术，教育的力量便有了科技的加持，在现行的学校班级授课形式下，能兼顾一个个独特的"个体"需要，"量体裁衣"地实现"点对点"的教学指导，从而有效地提升学生的学习能力，促进学生全面而有个性地发展。

一、数字化赋能学生精准作业的意义

（一）政策依据

习近平总书记在新时代呼唤"教育现代化"。2019 年 2 月，中共中央、国务院印发了《中国教育现代化 2035》，中共中央办公厅、国务院办公厅印发了《加快推进教育现代化实施方案（2018—2022 年）》，突出强调了教育信息化的重要性。[1] 2021 年 7 月，中共中央办公厅、国务院办公厅印发《关于进一步减轻义务教育阶段学生作业负担和校外培训负担的意见》的政策文件，强调减掉模糊的、经验化的低效、重复的教学内容[2]，这就需要对学生的日常学习数据进行分析，精准把握学生学情和学习需要，因地制宜进行精准作业设计，有效减轻学生作业负担，落实"双减"相关任务。

（二）时代要求

当前，我们已经进入了信息时代，各类技术手段层出不穷，拓展了教育教学的广度和深度。移动互联、大数据、人工智能的普及颠覆了传统的知识承载和传播手段。在此背景下，教学环境、教学方式和学习方式都在发生革命性的改变。早在 2012 年 10 月，美国教育部发布了题为《通过教育数据挖掘和学习分析技术来提高教与学：问题简述》的报告，主张通过教育数据挖掘、学习分析和可视化数据分析来改进自适应学习系统，实现个性化学习。[3] 我国政府也大力主张人工智能、大数据等信息技术与中国教育深度融合，以推动教育教学多方面变革，且变革目的统一指向"精准教学"。

（三）学生的需求

中国传统教学长期以来缺少数据支撑，偏向教师的经验分析和定性分析。例如作业的设计缺少分层和个性化，导致出现两段学生"吃不饱""吃不了"的现象。同时，在后续的辅导过程中，某些知识点重复过手，已掌握的同学进行着低效、乏味的训练，未掌握的同学则做着无奈的迎合和无效的重复，形成教学辅导怪圈。在"双减"背景下，要做到练得高质、练得有效，就需要借助信息化手段优化作业设计，加强作业管理，在发挥作业的巩固功能基础上进一步强化作业的诊断功能，以改进教学。

（四）教师的需求

自"双减"政策实施以来，一线教师受到的冲击和影响很大。现在，国家要求开齐、开足国家课程、地方课程，丰富完善课后延时服务，必然影响传统学科的课时安排。因此，提高教学质量的核心就在提质，提质的核心就在课堂。在现代教育技术的理论支撑下，要提升教育教学质量，需要通过大数据、人工智能深入了解学情，精准掌握学生的学情信息，根据数据指导教师改进课堂教学策略，实现精准作业指导。

二、数字化赋能学生精准作业的方法

笔者以为，人工智能、大数据等信息技术支持下的小学生个性化作业指导具体分为学情分析、作业过程、作业反馈三个模块进行。三个模块循环推进。学情分析模块主要依据大数据的精准测评，分析学生个体的学习风格、认知水平和先决条件，并据此确定个性化作业的起点。作业过程模块中，通过个性化作业内容、作业策略和作业路径的精细管理，以满足学生个性化学习需求。作业反馈模块主要采集作业行为、作业成效、作业状态的相关信息，反馈作业结果，更新学生学情。在整个过程中，教师通过人机协同合作，对学生的作业情况进行动态管理，并根据数据反馈进行针对性的作业指导，最终实现精细作业模式。

三、数字化赋能学生精准作业的具体实施

个性化作业是最贴近学生作业能力的一种科学选择。基于人工智能、大数据的智能化作业平台不仅可以从技术上优化传统作业方式中诸如内容筛选、互动体验、结果反馈等影响作业的因素；同时，依托移动终端设备，便捷作业模式也

可促进学生精准作业的实现。

（一）学情分析——基于个体的分级测评

美国著名认知教育心理学家奥苏伯尔在其著作《教育心理学》的扉页中写道："如果我不得不将教育心理学还原为一条原理的话，我将会说，影响学习的最重要的因素是学生已经知道了什么，我们应当根据学生原有的知识状况去进行教学。"[4]个性化作业的先决条件是要解决个体真实起点问题。学情分析模块就是对同一年龄阶段的学生，利用人工智能、大数据测评结果进行数据分析，定位作业能力，并在此基础上推荐适合其心理和认知能力的作业内容，让不同作业能力的学生都能得到理想的作业，建立其作业信心。2022 年教育部发布的《义务教育课程方案和课程标准（2022 年版）》，既是目前我国国家层面的学科课程标准，也是开展各类学科教育教学、实践探索、分析检测等活动的方向标，同时还是一个标准化学生作业能力分级标准。然而，需要注意的是，新课标是以学生的年龄为标准来划分学生能力级别，但实际上一个学生的作业水平和年龄不一定是相匹配的。因此，这种分级无法实现对同一年龄段的学生个体的精准作业分级。

为此，我们必须探索更切合学生实际作业水平的分级标准，以实现对学生作业能力的精准指导。对于这一难题，人工智能、大数据等信息技术无疑是吹面春风，我们利用数字化技术，能对学生进行作业能力精准测评，以了解学生真实的作业能力和水平，实现学生个性化作业。

（二）作业过程——基于个性的有序推进

解决了学习起点的问题，就可以开启个性化的作业之旅。个性化作业过程就是在学情分析基础之上，利用人工智能、大数据等信息技术为学生提供适切的作业内容、作业策略和作业路径，以支持个性化作业需求。

1. 个性化作业内容的定制

想要实现学生的作业能力分级，就要有与其作业能力相匹配的文本。实现学生个性化的作业

设计，可以在数字环境下对学生过往的作业情况进行分析，并结合教学实践中对学生实际作业进行情况观察总结，从"必做"和"选做"两个维度提供个性化作业建议；同时，学生也可以根据自己的学习情况、作业兴趣等，选择适合自己的作业。通过这种双向选择，让不同能力的学生都能匹配与之能力相当的作业模式。

2. 个性化作业策略的引导

作业策略是个体实现有效作业的重要条件，也是实现个性化作业的先决条件。作业策略需要经过有针对性的个别指导和螺旋式的实践上升，经过反复的"提取—运用"，才能最终内化成为作业者在作业时的自觉行为。在作业过程中，教师、作业伙伴等适当的互动有助于激发学生作业的兴趣和动力。当干预行为按照一定节奏持续出现时，就能够很好地引导作业者持续的作业行为。年龄越小，这种作用力越大。因此，教师应结合学生作业实践，通过智能化教学平台大数据的分析，对不同学情的学生进行不同作业策略的推荐和引导，让学生在真实的作业过程中实践"学习—运用—内化"的作业策略，以更好地推进作业。

（三）作业反馈——基于实证的整体提升

在作业反馈模块中，通过人工智能、大数据等信息技术，持续采集学生的作业行为和状态，同时对阶段性作业成效进行监测与评估，对所采集的数据和作业成效进行分析，诊断和把握学生的认知情况和学习状态，建立学生作业行为、作业偏好等数据模型，在对学习过程和结果数据进行分析后，通过图谱等方式呈现反馈结果，进而更新学情。本模块主要通过作业反馈，将学生的作业行为转化成可见、可感、可判断的图谱形式，精准量化学生的作业时间、作业态度、作业能力和作业水平，同时建立数据函数，通过数轴图谱呈现作业时间、作业行为和作业能力、作业水平之间的关系。教师可根据图谱进一步优化个性化的作业内容、作业进度和作业建议。

在作业指导中，为了了解学生在跟进课中的

学习效果，改进作业指导策略，教师可以从跟进课中的课堂作业表现、课后持续作业时间、作业答题互动情况、平台资源使用情况、课后自主作业和交流情况等多个维度分析本班学生的作业效果。学生在完成相对应的作业模块之后，还可以通过教师推送的练习题来检测自己的作业成效。

三、结语

信息技术与教育的深度融合，构建起人本、开放、平等、可持续的教育新生态；运用人工智能技术助力因材施教、实现大规模的个性化教育，已经成为新时代教育的重要方向。技术赋能，建立个体化教学预设、适切性情境创设、多样化课堂互动、个性化作业指导、智能化答疑解惑等"识才、施教、发展"的层级模型，以人为本、科学引领，有助于实现基于个体的个性化作业指导，并将其融入小学语文作业教育教学中，引导学生科学作业，养成终身作业的良好习惯，助力学生个性化发展。

参考文献：

［1］中华人民共和国中央人民政府.中共中央办公厅、国务院办公厅印发《加快推进教育现代化实施方案（2018—2022年）》[J].中华人民共和国教育部公报，2019（Z1）：6—8.

［2］中华人民共和国中央人民政府.中共中央办公厅　国务院办公厅印发《关于进一步减轻义务教育阶段学生作业负担和校外培训负担的意见》[J].中华人民共和国国务院公报，2021（22）：14—19.

［3］M. Bienkowski, M. Feng, B. Means. Enhancing Teaching and Learning through Educational Data Mining and Learning Analytics：An Issue Brief [J]. Office of Educational Technology, US Department of Education, 2012.

［4］[美] 奥苏伯尔.教育心理学 [M].北京：人民教育出版社,1994.

基于大数据应用的学生精准作业校本模式探讨

◎夏建平

摘　要 信息技术在教育教学中的应用研究方兴未艾，其巨大作用也正被教师群体所认同。基于此，我们需要进一步思考如何利用大数据服务于学生的作业设计，探索适合义务教育阶段的精准作业模式。本文从大数据系统分析入手，探索了基于学生经验和数据分析而开展的有效作业设计模式，更好地为教育教学服务。

关 键 词 大数据；学生经验；精准作业；校本模式

作者简介 夏建平，江苏省镇江实验学校教育集团总校长，正高级教师。

伴随着信息通信技术的创新和发展，以大数据为核心的第四次技术革命以前所未有的态势变革着人们的生活、工作和学习等各个方面，在大数据背景下，人们的各种现象和社会行为都可以被"数据化"。大数据技术可以精准识别公民需求，进而提供具有针对性的公众服务，这在教育领域同样如此。

中国教育大数据的发展始于实践，相关政策的大力支持也为大数据的茁壮成长奠定了基础。2022 年，教育部颁布《义务教育课程方案和课程标准（2022 年版）》（以下简称"新课标"），明确提出"要以学生核心素养发展为出发点与落脚点"，减轻学生作业负担，科学设计单元作业，体现作业设计的整体性、多样性、选择性和进阶性等。[1] 为深入贯彻国家关于教育数字化的重要部署，落实国家新课标的要求，合理地设计、组织、评定学生作业，实现"教学评一体化"，真正做到教师精准地教、学生个性化地学，成为每个教育工作者必须研究的根本性问题。

一、基于大数据的精准作业数据采集与存储

在大数据环境下，多种多样的学习资源和方式方法为学习者提供了学习便利，但是由于网络的错综复杂，往往会给学习者带来知识迷航现象。因此，这需要教师对相应的教学资源进行归纳和整理，调整相应的策略和方法，并对学生的作业情况进行相应的引导。

（一）基于大数据的精准作业数据采集步骤

在校本实践中，对学生的学习数据的采集是第一步，也是最为重要的基础工作。在采集数据时，教师需要规范作业的题量和题型，每道题目考查的知识点应力求精准，覆盖每个学生可以达到的能力层级。此外，教师也应规范作业样式，例如指导学生采用正反两面 A4 大小的活页答题，从而提高每天扫描作业的效率。再次，教师应选取高精度的扫描设备提取信息，确保扫描的正确率达到百分之百，不出任何遗漏和差错。其中，教师可以灵活运用多种多样的作业批改方式，既可以采取先扫描再网上批阅的形式，随时随地完成批阅工作；又可以先手工批阅再扫描，保留批改痕迹，便于学生重温教师的批改思路，从中总结出改进的方法。

为了保证教育数据采集的常态化，每天、每周、每学期的阶段性测试的数据都可以纳入被采集的行列，按测试进行的日期进行有效归类，让学生每一段时期的作业完成情况都能有迹可循，

并形成相应的趋势，帮助教师更好地预估学生在未来学习活动中的发展状况。

（二）基于大数据的精准作业数据采集相关技术工具

在大数据时代，采集学生学习数据的工作是长期且持续的，并且教育教学过程中涉及的数据不仅类型多样，结构复杂的数据也被视作采集的趋势。因此，传统数据存储、读取工具难以适应较大的数据量，而大数据技术可为这一问题提供解决方案。其中，在学生学习数据的采集里，手机 App、微信小程序、网阅系统等工具具有实用性高、针对性强等特点，在诊断学生学情方面均有不俗表现，是精准帮扶教学的能手。

1. 手机 App 和微信小程序

手机逐渐成为人们生活中最为常用的电子工具，因此很多技术公司将软件开发成移动端 App，以便于使用者随时随地操作。因此，部分手机 App 在学校自主选定的教材数字化的基础上，增设学生学习大数据系统，配制了学生作业、测试卷的测试系统，可以系统搜集学生每天学习数据，尤其是作业和测试题目数据，部分实现学生学习大数据的搜集，为教师精准辅导、学生个性化学习提供依据。[2]

此外，现有的相关软件中，很多公司为了方便数据采集，将 App 简化成了微信小程序，让使用者不需要下载安装即可使用，如"智题本""作业帮"等。在学校的具体操作中，通常以上两种采集方式共用，如在收集学生导学案预习数据时，学生既可以登录手机 App，也可以使用微信小程序将作业拍照上传，教师可通过电脑或者手机登录教师评阅系统进行查看，方便教师及时了解学生预习情况，从而做好针对性的教。

2. 网阅系统

这一方式主要针对测试成绩的收集，阅卷老师通过网上阅卷分配阅卷任务，高效率地通过阅卷系统完成答卷的批改任务，同时尊重教师批改习惯，客观题无须教师批阅，主观题按原来批改习惯，可打叉、打勾、画线、写批语等传统方式。[3] 这样的操作方式大大帮助了教师的阅卷工作，也在很大程度上避免了因教师个人疏忽而出现阅卷失误或者分数统计错误等情况。

（三）基于大数据的精准作业数据采集方式

结合学校教学实践，学生的作业数据采集可以使用"线上数据采集"和"线下数据采集"两种方法相结合，前者采集"电子数据"，后者采集"纸质数据"，通过数据采集，可以获得学生学习过程中最鲜活、最丰富的真实数据，如学生解答的痕迹、教师批改的痕迹等。

1. 线上数据采集

线上数据采集主要通过数字化在线课堂教学平台以及学习终端设备，记录学生在在线课堂上的提问互动、习得反馈、在线作业等情况，生成相关学习数据。如为了及时了解学生对知识点的掌握情况而调整教学进度，教师可以在智能学习平台上发布题目，学生在学习终端上作答后，平台可迅速收集学生答案。

2. 线下数据采集

线下数据采集主要通过记录学生每一次作业、每一周练习、每一次考试的解答痕迹，反映学生课后学习和学习效果的全过程。线下数据采集有两种模式：一种是对日常的大量作业采用"先批后扫"的数据采集模式，在不改变学生和教师原有的学习和工作模式基础上，进行常态化的数据采集，甚至可以保留教师的批改痕迹和学生的订正痕迹。整个流程是先将学生的日常作业或练习卷在传统批阅基础上，通过高速扫描仪采集学生作答情况以及教师批改痕迹保存至云端，教师通过手机、电脑等终端 App 随时查看教学诊断云平台上收集到的学生数据，学生也可以通过手机、电脑终端等 App 查看自己的作业反馈。另一种是网上阅卷系统在不改变学生原有作答模式的基础上，对学校规模较大的考试采用"先扫后批"的方式，组织教师进行集中的网上阅卷，并同步实现考试数据的采集分析。

二、基于大数据的精准作业数据分析及呈现

作为大数据的一大分支，教育大数据与大数据的功能相同，最主要的就是通过对采集到的数据的挖掘分析，得出相应的结果或论断。通过在线学习平台获取的大数据是海量的、零碎的，需要运用技术手段对大数据进行归纳和筛选，从中生成对教学有价值的信息。

教育大数据作为教育相关的数据，在对学生的学习活动数据进行分析之后，可以发现学生在学习过程中的薄弱环节以及欠缺的地方，也能够让教师因势利导，对学生提出更加有针对性的建议，提高学生学习的效率。《通过教育数据挖掘和学习分析促进教与学》报告指出，教育数据的分析可应用于学习者知识建模、学习者体验建模、学习者行为建模、学习者建模和教学策略分析、趋势分析、适应化和个性化。[4]

在校本实践中，通过对教育大数据的分析，构建学习者知识模型需要采集学习者与在线学习系统之间的交互数据，如答题正确率、所用时间、误答重复率等；通过对学生在线学习时长、课程和习题的完成情况、在课堂或学校环境中的学习行为变化情况和学生线上线下考试成绩等数据，建立学生的学习行为和学习成果之间的联系，帮助学生对已有的学习节奏进行调整和改进；通过对学生在线学习系统中以及线下的基本信息算法分析，梳理个体学习特征，对于特征相近的学习者加以聚类和分组处理，最终达到为不同类型学习者提供个性化环境并促进有效学习的目的。[5]

通过教育大数据分析结果的可视化呈现，教师能清晰直观地了解到自己所教班级在所有题型上的得分情况，并与年级的得分率进行对比，能够推理并掌握本班学生现阶段的知识水平和能力素养，以及知识点和能力薄弱区。

三、基于大数据的个性化作业制定

利用大数据分析和处理技术，可以构建由学生预习情况、课堂表现情况、作业情况、各个知识点掌握情况、互动交流等要素组成的学生模型。教师透过对学生学习模型的分析，为学生提供个性化的作业设计策略，促成其能力的提升。

个性化作业不同于传统的线下作业练习方式，它具有以下几个方面的显著特征：练习环境多样化、知识载体数字化、练习内容层次化、练习主动性、练习高效性、过程评价立体化。例如，学生在课堂学习之后，教师首先会对学生新学习的内容布置作业；然后对学生掌握不好、经常做错的知识布置作业；在一段时间之后，会对已经学习过的知识进行一定的复习，同时根据复习内容布置作业。据此，学生的作业可大致归为三类：新知识点练习、易错知识点练习和知识点巩固练习。

（一）新知识点练习

学完新课后，学生可以进入按照知识点分类的练习系统，完成相应的作业练习。新的知识点是整个练习的起点，通过知识点练习，学生可以对课上所学知识点进行巩固，同时教师可以根据每个学生的做题情况了解他们的学习情况，可以及时对每个学生做出针对性的专项辅导。知识点练习的目标是把所有能做的试题都做到足够多的次数。在实际使用的过程中，由于每个学生不断地学习新内容，新的知识点题库不断开放，而且教师可以源源不断地扩充新的题目，所以学生会一直有习题可以练习，处于良性循环中。[6]

（二）易错知识点练习

在学生完成作业练习后，如有错题，错题将自动进入错题库中，试题属性发生变化。系统在挑选试题时，先从错题库中选择，再去试题库中

选择，让学生对错题库中的习题进行多次重复练习，学生在错题练习中每道错题答对一定次数后，系统将自动对该试题判定为已掌握，并把该试题从错题库中就此删除。如果答错，系统将惩罚性地增加该题需要答对的次数。当学生完成所有新知识点练习和错题练习之后，就可以认为学生在短期内已掌握该知识内容。

（三）知识点巩固练习

而在达到复习时间时，教育大数据系统将自动选取复习范围，并从中随机抽取 20% 的试题，从而组成试卷，让学生在规定时间内完成所有练习。其中，学生做错的练习将自动进入错题库，出库机制和普通错题一样。

四、结语

随着大数据时代的到来，通过数据采集和数据分析等先进技术，对海量数据进行收集、处理、分析、挖掘、预测、呈现，进而推动教育教学实践的变革与发展，为学习和教育带来了不同于传统模式的优质化反馈和个性化定制等独特功能，真正意义上促进了学生的全面发展。总体看来，教育大数据可以基本满足在线用户管理和学习的需求，也可以为教育教学研究提供不可或缺的辅助作用。

大数据技术与教育的融合被认为是教育改革和发展的有效途径，在融合过程中不断出现优秀学校的应用案例。例如，上海闵行区是教育部首批 8 个"智慧教育示范区"创建区之一，近两年持续推动"数据驱动的大规模因材施教"的"1258"工程，通过选取高频的作业场景为切入点，构建集线下内容资源建设、作业生产、布置、作答、分析、评价于一体的系统性应用；围绕作业的减负提质，从差异化教学、个性化学习、精细化管理、智能化服务等方面开展创建工作。[7] 在基于大数据的校本化过程中利用新的思维方式、新的方式手段来突破传统教学模式所制造的瓶颈，这些优秀的校本化实践案例为大数据在教育领域的应用发展提供了参考和依据。

参考文献：

［1］中华人民共和国教育部.义务教育课程方案和课程标准（2022 年版）［M］.北京：北京师范大学出版社，2022.

［2］江丽.学习评价的数据采集方法分析［J］.信息化建设，2016（07）：204.

［3］吴朝，高业艳.试卷网阅与传统阅卷的对比研究［J］.青年与社会，2019（05）：1.

［4］任庆东，王璐璐.通过教育数据挖掘和学习分析促进教与学［J］.自动化与仪器仪表，2016（10）：193—194.

［5］张燕南.大数据的教育领域应用之研究［D］.上海：华东师范大学，2016.

［6］汪新平.基于最近发展区的个性化练习系统设计与实现［D］.武汉：华中师范大学，2019.

［7］朱靖，刘太如.作业数据驱动的大规模因材施教——上海市闵行区"智慧教育示范区"创建实践［J］.中国教育信息化，2023，29（10）：73—82.

PCK 视域下中小学教师语言素养之"外炼"与"内修"

◎钱静霞

摘　要　PCK 视域下教师专业素养包括教师的专业阅读素养、专业写作素养、专业实践素养、专业科研素养、专业整合素养等诸多方面的素养，而语言素养是教师专业实践素养的重要标志之一。近年来，笔者以小学语文教师"语言素养"提升为目标进行了一系列调查研究，发现课堂教学中教师语言素养存在诸多"漏洞"，须着力"外炼"：改变"独白模式"，增强语言幽默亲和感；给予"感性温情"，形成真诚谈话风；激活"直接现实"，智慧培养新思维。同时也须致力"内修"：阅读，丰满"语料库"；实践，实现"脱口秀"；反思，增加"会诊率"；行走，拓展"新视野"，从而促进教师语言素养整体提升。

关 键 词　PCK；中小学教师；语言素养

作者简介　钱静霞，江苏省常熟市琴湖小学副校长，高级教师。

美国教育研究者舒尔曼认为，学科教学知识（Pedagogical Content Knowledge，PCK）是教师如何把自己掌握的学科知识以学生理解的方式进行加工、转化和表征为学生的知识。这种知识不同于学科专家、教学法专家的知识，是教师特有的知识，是教师在实践中逐步积累的知识，具有实践性、个体性、情境性、综合性，是教师专业素养的核心知识。

笔者在学校"十四五"规划课题"PCK 视域下教师专业素养图谱的构建与应用研究"的实践过程中发现：教师专业素养包括专业阅读素养、专业写作素养、专业实践素养、专业科研素养、专业整合素养等诸多方面的素养，而教师的语言素养是专业实践素养的重要标志之一。核心素养背景下，笔者从区域教师"语言素养"情况的调查研究中发现，教师语言素养水平参差不齐，存在诸多"漏洞"。本文以小学语文教师教学为例展开分析。

一、现实诊断：教学语言之"漏洞"

（一）现场听课观察透视

笔者就近两年区域现场观课（教师家常课，教研组"种子课""发芽课""苗苗课"，教育协作区展示课，名师导航课等不同层级的公开课）68 节统计分析发现："风格即人"，占听课人数 14.7% 的名师、导师，他们知识素养高、经验丰富，大多拥有了独特的"教学语言风格"，在自身的知识、语言储备、用气发声技巧、课堂形象等诸多方面均有了较为稳定的表现，能充分体现自己的教学理念、教师观和学生观，素养培养目标导向比较明确。

55.3% 的教师还相对"普通"，他们的课堂语言亟待锤炼，尤其是工作五年以内的青年教师，存在着各种语言"漏洞"：对"教学语言的特征"认识不够清晰,不能很好地遵循教学语言的教育性、科学性、简洁性、生动性、情感性来预设、组织、调控和实施课堂教学。他们往往表现为对"教学语言的语体"有所关注,但"导入""过渡""评价""结束"能力相对薄弱,具体表现为:忽视教育目的和交流对象,随意衍生琐碎话题,叙述不规范,有科学性错误,啰唆并反复重复同一句话,对学生课堂生成不能做出有效和及时应对,语调缺乏抑扬顿挫或者过于做作,表情和体态夸张、不自然,评价语言机械、缺乏感染力……在诸多问题中,"生成、解疑肤浅形式""体态语调做作夸张""讲述、解释啰唆繁复""节奏、情味平淡无奇"方面的问题最为明显。

(二)学生、家长问卷透视

教师的语言是"一种什么也代替不了的影响学生心灵的工具","它不是蜜,却可以粘住孩子的心灵"。在对不同年级的孩子以及进入课堂开展过家校互动的家长的问卷调查中发现:95%以上的孩子和家长都喜欢教学语言幽默、风趣、灵动、有想象力的老师,这些老师的课堂语言规范、准确、轻松、自然、走心,有共情力和感染力,易被听者接受。例如,一位家长进班经历了课堂互动后给学校写下了这样的一封信:"我们的语文老师是一位非常睿智的语言'精灵',不仅深深捕获了孩子们的心,也把全体家长震住了,好多年没有听到这样幽默、风趣、生动、精彩的课了。"

可见,教师语言素养直接影响了一堂课的质量,也成了评价是否"好课"的重要标准,对监测课堂教学的效果有直接的显性价值。

二、科学寻策:教学语言之"补丁"

随着《义务教育课程方案和课程标准(2022年版)》的颁布,以学生核心素养提升和教育高质量发展为导向的课堂教学改革成为每一位教师

的历史使命。教师语言的开放性、多元性、生态性、实践性,决定了我们的课堂是否直接指向学生核心素养的培养。每一个教师都需要对自身课堂教学的语言问题进行合理诊断、精准归因,在此基础上科学寻策、靶向改进,并在后续教学实践中不断检验,推动自身专业语言素养的良性发展。

教师语言素养的提升没有最好,只有更好。它是教师推进优质课堂的保障之一,更是教师提升自身专业实践素养的关键环节。针对以上教师语言素养的种种"漏洞",每一位语文教师必须潜心修炼课堂语言,及时打好"补丁"。

(一)着力"外炼"

1. 改变"独白模式"——幽默的亲和感

戏剧中的"独白"大都指自言自语,也指角色独自抒发感情和表达个人愿望的话语。而课堂教学中的"独白"指教师漠视学生立场,教学语言教师本位、随心所欲、目中无人、心中无生。尽管学生的语言素养提升不完全来自教师语言的素养,但是学生能从教师生动形象、抑扬顿挫、灵动传神和富有亲和力的语言中吸纳无穷的语文元素和精神元素。因此,教师应该摒弃以语言灌输、单一传授的"独白模式",让课堂从单一控制走向多维交互。

改变"独白模式"就要从启而不发、生硬呆板、居高临下、平淡无味的教学语言向学生喜欢的幽默风趣、生动传神以及富有感染力、亲和力和启发性的教学语言转变,充分调动学生的主观能动性,让课堂从单向度教学走向多维交互的主体性对话。

【例】课堂语言的幽默与亲和

全国著名特级教师孙双金在执教古诗《望庐山瀑布》时,用灵动智慧、幽默诙谐的教学语言征服了在场所有的老师和学生。

新课伊始,孙老师说:"今天,我给你们上一堂'李白是仙'的课,下次再来,咱们就上

'李白是人'的课。"幽默的语言让学生们瞬间笑翻，须臾，便思考起来，今天的李白怎么就不是"人"而是"仙"呢？这便是问题聚焦。

一个学生谈到李白是浪漫主义诗人时，孙老师说："你真会发现，李白的诗是大浪漫，那我们同学就是小浪漫了，多有情调呀！"学生们被逗得前俯后仰，一下子就在"大浪漫"和"小浪漫"之间产生了契合感。

在抛出"'日照香炉生紫烟'为什么是'紫烟'而不是'白烟'"这个问题后，有学生说："可能是李白酒喝多了才把白烟当紫烟的。"孙老师立即表扬："看来你也有一个酒仙的脑袋。"另有学生回答："是光的反射原理。"孙老师赞扬："你有一个科学家的脑袋。""可能是李白惯用的夸张手法。"孙老师故作夸张地说："你也有一个李白式的夸张的脑袋！"顿时，教室里欢声笑语迭起，学生个个小脸通红、精神亢奋、跃跃欲试，智慧的光芒闪耀。

诸如此类的课堂语言就是高级智慧，充满了幽默感、诙谐感，能促思、能启智，更能营造积极向上的良好氛围，真可谓"老师的眼里尽是学生，学生的心中尽是语文"。

2. 给予"感性温情"——真诚的谈话风

黑格尔认为："声音只有通过把一种情感纳入它里面去又由它共鸣出来，才成为真正的意味深长的表现。"很多年轻的教师，在课堂上往往做不到情感自然而然地流露和抒发，会陷入一种过度预设的情态之中，表情夸张做作，甚至故弄玄虚、拿腔拿调，呈现出情感泛滥与堆积成的"戏剧风"状态；有经验的教师则明白，真正能够走进学生内心的是情感，而不是那些程序化的东西。能在学生心中经久不衰的教育语言，是真诚、温情、自然、真心诚意的，师生间形成轻松的聊天式的"谈话风"交互，才会激起学生相应的积极的情感体验，产生相应的情感共鸣，有利于形成生动活泼的、和谐愉快的课堂气氛，从而

使学生充满激情地开展智力活动，使学习真正走向深度。

【例】课堂语言的自然与真切

曾听一位老教师执教《永远的白衣战士》一课，为了引导学生体会"高风险、高强度、高效率，叶欣像一台永不疲倦的机器全速运转着"这句话中的"高风险"一词，教师采取了多次角色互换和移情的方式，把学生带入了真实的高度传染的危险境地，使学生内心产生了巨大的恐惧感，从而深刻体会到叶欣临危不惧、身先士卒、舍己为人的高贵品质。

师：同学们，你们也许并不知道，有一年，我太太得了严重的肺结核，生命垂危，由于结核病很容易传染，我们家里人谁都不敢接近她。但是，传染病医院的护士却很勇敢，每天给她擦拭痰液和身体的污垢，让我们一家人特别感动。记得有一次……

老师深情地讲述着亲身经历的真实故事，脸上显现出由衷的感激之情。

师：我知道，我们班 W 同学的妈妈是市传染病医院的护士，我们请 W 同学来说说此时此刻的心里话。

W 同学：我一直很担心妈妈会不会被肝炎病人传染，每天妈妈下班回来，我都要先看看她的脸色，如果黄黄的，我就会害怕妈妈是不是得了黄疸肝炎；如果惨白惨白，我就担心她是不是要发烧。有时候我因为担心妈妈，夜里会失眠，睡着了也会说梦话，甚至会因噩梦惊醒。

说着，W 同学的眼睛里泛起了泪光。

师：大家一定也替 W 同学妈妈担心，我们希望他妈妈能在工作中好好保护自己。其实，叶欣阿姨所面临的"非典"病毒更可怕，你最想对叶阿姨说些什么呢？

生：叶阿姨，您一定要小心呀，一定要做好所有的消毒防护工作，让病毒远离。

生：您面对危险，没有后退半步，这种临危

不惧的精神，让我钦佩。

生：叶阿姨，您有想过您家人的安危吗？

……

说到这里，学生们的脸上，有了坚毅、勇敢、义无反顾的力量。

3. 激活"直接现实"——智慧的新思维

教师的语言是教师思想的"直接现实"，同时，它也激活着学生的思维和"直接现实"。正如苏霍姆林斯基所言："教师的语言修养在极大程度上决定着学生在课堂上的脑力劳动的效率。"因此，教师的语言应具有开启智慧、发展思维品质的针对性和深刻性。

【例】课堂语言的理性与智慧

在执教部编版小学语文《松鼠》一课时，为了培养学生运用方法巧妙提取信息、整合提炼的能力，我努力运用富有智慧的语言开启学生心智，引导他们在层层递进的思考中提升语文关键能力。

限时训练：默读第一自然段，圈画与松鼠有关的信息。（1分钟）

学生交流：漂亮、乖巧、驯良、讨人喜欢、面容清秀、闪闪发光、身体矫健……

师：同学们捕捉重要信息的本领可真大！有没有哪些信息可以被一个词语包含在里面？

生思考片刻后交流：面容清秀、闪闪发光、玲珑、美丽尾巴——可以概括为"漂亮"。

师追问：还有哪些词语也像"漂亮"一样能包含很多信息？

生：乖巧、驯良。

师：哪里可以举证松鼠是乖巧、驯良的呢？

生："乖巧"可以从"身体矫健，四肢轻快，非常敏捷，非常机警，尾巴底下歇凉"等词语看出；"驯良"的反义词是野蛮，如今它却"竖着身子坐着，像人们用手一样，用前爪往嘴里送东西吃"，很有吃相。

师小结并迁移：通过努力，我们已经把第一段的信息归纳成了三个词语"漂亮、乖巧、驯良"，看来，我们需要将说明文的相关信息进行整合，才能提取出最为关键的词语来。现在我们就用刚才这个方法，借助研学单，默读课文的2—5自然段，圈画关键词来整合信息。

生迁移学习，交流分享。

师：看来，整合信息也是有方法的，那就是语言要高度凝练、精准。

教师指向思维培养的语言能刺激学生大脑，让学习者打开思路，并连接自身的"直接现实"，在高质量的语文实践活动中激发他们的创新能力、问题求解能力、决策力和批判性思维能力。这便是知识时代对人才素质提出的新要求——高阶思维能力的培养。

（二）致力"内修"

语言是教师文化修养的一面镜子。语文教师良好的语言素养并非来自天赋，大都是后天修为。一位教师看似信手拈来的妙语连珠，背后定藏着艰苦卓绝的磨砺；相反，一位教师胸无点墨，那他的课堂语言必是一口枯井。

1. 阅读，丰满"语料库"

每一个人都拥有一个独一无二的"语料库"，里面存放着属于自己的语言材料：词汇、句型、修辞、语法等。有效的阅读能使"语料库"鼓鼓囊囊，蕴含力量。

语文教师的阅读内容大体可以分成以下几类：

第一类：文学类书籍。语文教师要对汉语言有总体上的基本认识和了解，对中外文学名著要广泛阅读，尤其是古典诗词的积淀和儿童文学的深度阅读。

第二类：教育专著类。语文教师要有选择地阅读国内外教育专著，尤其是心理学、教育学、本学科专业理论的框架知识，以及最新教育动态、课改进程中的前沿信息等。

第三类：社会学、人文学、哲学类专著。一

个语文教师，唯有自身广阔、思维开拓、视野宏大，语言才会饱满，"杂读"带来的知识的厚重会让语文教师的课堂底气十足并充满魅力。

2. 实践，实现"脱口秀"

知识丰富的人不一定个个都锦心绣口。从"慧于心"到"秀于口"还有一个从思维表达到加工的过程。特级教师于漪曾指出：思想、情感、语言是同时发生的；语言是意识、思维、心灵、人格的组成部分。可见，一个人对语言这一思维工具掌握的数量越多，程度越深，他的思维能力就越强。因此，语文教师要多渠道地在语言实践中提高思维品质，即思维的条理性、开阔性、深刻性、敏锐性，努力实现"脱口秀"。比如，努力练好普通话，让自己伶牙俐齿；认真进行家常课、微课的语言实践；教研活动时，大胆与同伴交流、思辨；努力与大师对话，感受教育智慧；敢于和学生一起评课，反馈语言……

3. 反思，增加"会诊率"

语言之锤炼非朝夕之事，要持之以恒，更须反复持续地反思，即自我反复"会诊"。所谓"会诊"，是指对自己课堂的自我诊断，包括勇敢地自我聆听、实事求是地自我甄别、恰如其分地自我评价，由此来实现语言的自我检验，而后做合理的调整。

以下几个方面值得反复关注：开场语言是否引人入胜、启人心智；诠释语言是否科学规范、清晰明确；交流语言是否幽默风趣、情真意切；应变语言是否润物无声、机智灵动；评价语言是否严谨生动、恰如其分；总结语言是否融会贯通、留有余地……

4. 行走，拓展"新视野"

英文单词"peregrinate"（徒步旅行）最早发端于拉丁语，意思为"信念坚定的移动者"。我理解的"行走"是与日常的一种背离，能造成一种疏离感，这是个体接纳不同文化、汲取新鲜知识、磨砺自我意志、建构崭新体系、开阔眼界、提高生命感悟、提升人生境界的重要途径。草木有情，山川有志。自然之营养，语言之灵魂。语文的外延即生活与自然的外延。人与自然的融合，是大道。因此，语文教师除了阅读各类书籍，更要阅读自然生活这本最好的教科书，时刻怀有"语文的情怀"，将行走感悟成文成诗，并将学生一同引向生活浩大的缤纷之中，积跬步以至千里，向"青草更青处漫溯"。

三、结语

PCK 视域下，教师专业语言素养的提升是一个系统工程，每一位教师唯有内外兼修，提高自己的知识修养，锤炼语言的技巧和能力，才能使自身的语言素养得到全方位提升，从而整体推动个人 PCK 水平不断进阶。

参考文献：

［1］金荷华.语文教师 PCK 发展与聚焦［M］.南京：南京大学出版社，2016.

［2］张斌，陈萍.论教师专业发展视域下的语言素养修炼［J］.中国教育学刊，2015（10）：83—87.

［3］谭轶斌，王林.教师语言修养的涵育［M］.长春：东北师范大学出版社，2020.

小学项目化习作教学的意蕴、原则与策略探绎 *

◎李　笋

摘　要 在小学项目化习作教学中，教师指导学生采取探究式、挑战式、小组合作等学习方式，调动其知识、技能、品质等创造性解决一系列习作驱动性问题，形成公开的习作成果，形成对习作核心知识的深度体验与学习经历的深度理解，促进了学生综合素养的提升，发展了学生的创生能力与表现能力。

关 键 词 项目化学习；习作教学；原则；策略探绎

作者简介 李笋，江苏省泗洪县归仁中心小学校长，高级教师。

　　项目化学习是 14 世纪意大利的建筑学专业培养学生的一种方式，20 世纪初，美国教育家克伯屈与杜威引入到基础教育之中。该学习方法旨在通过多元目标，营造真实情境，运用综合性的内容，激发学生的主体力量，实现教育教学评价的全面性。

　　把项目化学习理念有机地引入到习作教学中来，也是一种创新的尝试。这一创造打破了传统习作教学单一的授课形式，从课程的建构、课堂的创生、学生精神素养的培育上实现了突围，使习作教学有了生机与活力。笔者对小学项目化习作的意蕴、原则与策略进行了不断探索，做了如下阐述：

一、小学项目化习作教学的意蕴

　　小学项目化习作教学是指教师指导学生采取探究式、挑战式、小组合作等学习方式，调动其知识、技能、品质等创造性解决一系列习作驱动性问题，形成公开的习作成果，形成对习作核心知识的深度体验与学习经历的深度理解，能够在具体的情境中进行迁移运用的一种做学合一、知行合一的习作教学实践活动。

　　小学项目化习作在低学段主要表现为写话，在中高学段表现为习作。项目化习作教学研究内涵丰富，是教师指导学生针对一系列习作驱动问题，强调"做""学"配合战式、小组合作方法，激励、引导、调控学生的习作行为，形成对习作核心知识和学习历程的理解，并在新的情境中进行迁移运用，生成公开成果，力求使学生的习作素养与关键能力得到发展的一种实际研究。其呈现出如下意蕴：

（一）通过项目化习作的策略来带动语言建构与表达

　　利用项目化习作策略，如问题解决、认知创见、体验决策、思维提升、审美表现、感悟表达等来促进学生习作核心素养的形成，培养学生的

＊ 本文为江苏省教育科学"十四五"规划 2021 年度重点课题"小学中高学段项目化习作教学的实践研究"（XC-c/2021/19）、江苏省中小学教学第 13 期立项课题"基于全息理论的小学生项目习作群建构的研究"（2019JK13-L408）与江苏省教育学会"十四五"教育科研规划课题"小学中高学段项目化习作教学设计的研究"（21A07YWSQ125）的具体成果。

语言运用能力。

（二）通过小学生经历有意义的项目化习作实践，培养学生习作的关键能力

利用五类实践，如探究性实践、社会性实践、审美性实践、技术性实践、调控性实践等来培养小学生习作构思、表达、调控、创造的能力，使习作为学生的生命成长服务。

（三）通过丰富的小学中高学段项目化习作教学的评价方式来展现习作的成果

利用素养性评价方法，如多元评价、生成性评价、分析性评价、整合性评价、自我评价、互助评价等方式科学有效地评价小学生的习作创造成果，促进评价的公平性、生成性、适合性与本质性，使习作教学改革走向深入。

二、小学项目化习作的原则

（一）整体性原则

小学项目化习作教学强调整体性，首先要把学生当作一个完整的人来教育，注重对学生的知情意行的引导，注重学生身心健康的发展。其次，要注重语文习作课程内容与其他课程的联系，与生活教育的联系，让习作从空洞的单元讲授走向多元化的表达，帮助学生在习作的实践中积累素材，发现生活的真谛，然后把自己的真情抒发出来。在讲授统编版语文教材项目化习作单元时，教师要引导学生开展好内容的整体规划，要注重单元内容的整合，把握好精读、例文、交流平台、初试身手、阅读积累与习作训练各环节的关系，做到整体化推进。在习作指导时，教师要利用多媒体课件或真实场景的准备，让学生的习作与生活真的连接起来。项目化习作只有来源于生活，写于生活，才能够有真切的表现，学生才能有"真话"可说，学生的整体素养才能够得到发展，学生的生活才是完整的，习作的表达才是完整的。

（二）全息性原则

全息论是研究事物所具有的全息关系的特性和规律的学说，反映了整体包含部分、部分反映整体特征的规律。项目化习作教学正是利用这一特征，很好地实践了整体与部分的关系。在进行习作教学时，既要重视整个习作的规律性，又要注重个别习作的"全息元"。在习作的创生教学中，可以探索整篇习作的规律，再突出反映语文训练要素部分的点。以点面结合进行习作创造，习作表达就会趣味横生。

（三）融情性原则

"情动而辞发。"把情融入课堂教学，融入文本解读，融入学生的学习体悟之中，让学生的学习不再枯燥无味，这样学生就遇见了有情的教师、有情的语文课堂、有情的自我，感触到"情语"之美。教师在习作教学指导时要画龙点"情"，打造情语人生，建构学生情意生活的家园。

（四）项目化原则

项目化原则要求习作是基于真实情境的，激发学生自主、合作、探究能力的一种深度的学习。其视角是新颖的：把项目化习作融于教学目标，做到以素养为起点，培养学生的文化自信、语言通用、思维能力、审美创造等关键能力；把项目化习作融于教学内容，在项目化习作的引导中注重开发几种学习任务群，包括基础型学习任务群、发展型学习任务群、拓展型学习任务群等。

任务群的项目化融合要注重语言文字的积累与梳理、实用性阅读与交流、文学性阅读与创意表达、思辨性阅读与表达、整本书阅读、跨学科学习等任务学习群的有机整合，做到互相融通、互相促进；融合于教学方法，为学而教，依学而教，学生在课中央，教师要顺应学生身心发展规律具身而教；融合于教学评价，习作教学的评价要能够以学生的生命成长为本，激活学生的综合素养。总之，项目化习作要立足于学生核心素养的发展，为了学生生命更好地生长，为学生的生活与学习服务。

（五）差异化原则

差异化原则强调关注每位学生不同的差异，依据学生的不同特点进行教学，把孔子的因材施教原则、加德纳的多元智能原则、华国栋老师的个性化发展原则、陈红老师的共生成长原则加以灵活地继承与运用，发展学生的差异，为学生的不同而教，为学生的进步而教。

（六）适合性原则

《国家中长期教育改革和发展规划纲要（2010—2020年）》提出"为每个学生提供适合的教育"。这种适合教育是符合学生自身实际的，对学生成长阶段来讲是合宜的，是能够促进学生全面而有个性地成长的，是为了社会主义培养优秀人才、为实现祖国伟大复兴的中国梦培养社会主义接班人的适合教育。笔者对于项目化的适合教育原则有这样的思考：①为学生进一步升学打好基础；②建立良好的师生关系；③民主活泼的课堂，教师要重视与突出学生"学"的主体地位；④形成以学生为中心的共同体，加强沟通，这样才能营造良好的氛围。

三、项目化习作的实施策略

（一）选好项目习作主题，引发读写兴趣

驱动性习作问题的确立是项目化习作关键之所在。项目化习作教学要做到以解决学生生活中的实际问题为要，选择贴近学生生活的相关问题来进行习作表达，在情境的创生中，培养学生的习作兴趣。项目化习作的主题来自哪里呢？要根据学生的学习经历与生活经验来确定相关的途径，突出"双线并进"的特点，用人文主题来统领，用语文要素来观照，做到文法的互生互系。

比如，在六年级上册第五单元习作教学中，就要突出语文要素——"围绕中心意思来写"；在导语学习中就要明白"不以文为本，而以意为宗"的总体要求。在习作中要做到精读导航，如在《夏天的成长》《盼》中学习习作的方法；在例文《爸爸的计划》《小站》中，要让学生利用批注进行有针对性的学习，突出学习的自主性，让学生从模仿中学会创造。在交流平台中要提炼习作表达的方式方法，做到向教材学、向作者学、向同伴学写法，做到读写之间的迁移转换，让学生掌握以"中心意思"进行表达的方法。在初试身手阶段，要让学生学会选择题材，培养他们的选择与思辨能力，找到能表达中心的材料，如选出与生活学习相关的题材，让学生说说如何进行表达。在习作阶段"围绕中心意思写"，可以选择一个意蕴深刻的汉字来写，也可以写发生过或想象出的故事。可以按"选题材—想中心—选材料—明详略—新表达—修题目"这样的思路来进行习作方面的训练。

通过让学生围绕中心意思选择恰当的主题，让学生在项目习作中自主探究、合作表达，用问题驱动找到内容表达的需求，达成想要的目标，从而点燃学生的习作热情，让习作成为学生"练脑"最有效的方法，有效提升学生的创作素养。[1]

（二）凸显项目习作表达的过程，持续推进语言的实践

在项目化习作中要注意做好项目化问题的确定，然后带着研究与表现的意愿开展活动，让学生的综合素养在活动中不断地生成出来，为学生更好地理解生活、融入生活、表现生活做好体验，让学生成为生活的主人，成为生活的创造者，用习作解决学生在学习、生活中的真实难题，以习作任务引导学生进入深度学习状态。[2]

在进行六年级下册传统文化主题单元的学习时，要突出对传统文化的学习与传承。在《北京的春节》中要引导学生体会作者朴实无华的语言，感受老北京春节的民风民俗画卷，从而使学生能够认同与喜爱传统文化风俗。在语文课文学习中要注重了解实践活动，让学生的思维落地。教师从项目化习作的教学视角，可以设计出一些具有实践性、挑战性的任务或问题，促进学生的思维

与审美能力的发展。例如，想一想北京的春节从整体上给你留下了什么样的印象？你生活的地方是怎样过春节的？还可以设计填空：“在老舍的眼中，北京的春节是＿＿＿＿＿＿的，也是＿＿＿＿＿＿的，这是老舍眼中的北京的年味儿。”在前面课文及环节训练的基础上，让学生习作“家乡的风俗”，这样学生通过谈家乡、说风俗、爱传统等任务，就能够写出自己对家乡传统风俗独特的感受，表达出自我的体验，使语言在实践中生根开花。

（三）着眼于知识结构的迁移力，提升学生的语言运用素养

阅读是一种向内的积淀过程，而习作则是一种向外的迸发过程。“阅读可以修身，而习作则可以修为”，采用“迁移”这一创生性方式，可以让阅读与习作连接起来，可以让课内与课外结合起来。

比如，笔者在宿迁市宿豫区文昌小学上过《如何面对手机》，就是结合当下学生的需要，就如何引导学生管理、使用好手机，如何让学生真正地面对手机，发挥手机的正向作用，消减手机的不良作用进行讨论，从而为学生的深度学习奠定基础。一节课下来，学生在如何面对手机、认识手机的益处与害处方面表达了自己与手机的故事，写出了真情实感。学生的思维从课堂迁移到了校外，从此时联结到了彼时，在时空的转换之中，习作的能力得到不断增强。对于项目化习作的表达，要调动学生的习作动机，让学生有用武之地，在表达的同时、习作的同时，增强学生的生活能力、迁移能力、创生能力，这样学生的语言自然而然就从心田中流淌了出来。

（四）利用项目化评价，促进学生可持续发展

传统的评价以分数为目的，形式单一，内容窄化。项目式学习的评价应着眼于“全人”的评价，以学生的发展为中心，以学生的成长为基石，让评价生动活泼、形式多样，注重发展性、表现性、灵活性、情节性等。

在项目化习作教学的评价环节，我们可以对学生的学习过程与学习成效进行评估，对学生综合素养的发展进行检验。教师要根据学生的动态发展情况给予评价，在教学的过程中促进学生不断发展，促进课程流程不断前行，生成教学的美好样态。同时对学生的表现进行评估，在项目化习作作品的完成上，在学生素养的生成上，在学生学法的积淀上，对学生进行立体化的展示，构建指向核心素养的项目化学习评价任务、量规，并形成覆盖全程的评价。[3]

在项目化习作的评估中，教师要注重学习任务群的开发，以设立学生素材积累的任务群、学生构思的任务群、学生体验的任务群、学生感悟的任务群、学生创写的任务群、学生评价的任务群等形式，拓展学生的思路，激活学生的学力，为学生的成长开辟一条康庄大道！

四、结语

综上所述，通过项目化习作教学体系的建构，师生实现了对于项目化习作的目标探索，体验了创作的内涵，感悟了项目化习作的真谛，抒写了项目化习作的心声。在真实的情境下，学生的综合素养得到了提升，学生的创生能力、表现能力得到了真实的发展。

参考文献：

[1] 朱红甫. 小学项目化习作教学中“有用的知识”建构策略 [J]. 语文建设，2023（16）：36—39+49.

[2] 洪岳. 为用而写：小学生项目化习作的构建与实施 [J]. 语文教学通讯，2023（09）：27—29.

[3] 夏雪梅. 指向核心素养的项目化学习评价 [J]. 中国教育学刊，2022（09）：50—57.

深度学习理念下初中生物小组合作学习的实践策略

◎ 陆晓峰

摘　要　将深度学习理念有机融入小组合作学习，不仅可以提升课堂教学效率，更能让学生在自主建构活动中发展能力，形成生物学核心素养。本文从"巧设问题情境，在小组合作学习中实现深度理解；优化活动任务，在小组合作学习中推动问题解决；建构生物模型，在小组合作学习中搭建知识网络；注重迁移运用，在小组合作学习中培养高阶思维"四个方面，探讨如何运用深度学习理念促进学生小组合作学习。

关键词　深度学习；小组合作学习；初中生物；实践策略

作者简介　陆晓峰，江苏省江阴市峭岐中学教师。

一、小组合作学习的概念

小组合作学习是新课程标准大力倡导的一种学习模式，能充分调动学生的自主学习意识，培养学生自主思维、沟通交流、探究学习等能力。小组合作学习能突出学生的主体地位，改变传统课堂上教师唱主角、学生被动听的教学样态。但在长期运用小组合作学习组织教学时，一些弊端也随之而来。小组合作学习运用的随意性和盲目性，会导致学生对生物学知识的学习停留在较为浅显的记忆层面，在一定程度上制约了小组合作学习的效果。由于对所学知识缺乏深度理解，学生的知识整合能力、问题解决能力没有得到实质发展。

二、深度学习的内涵和特征

为使学生学习走向深层次，生物课堂上的小组合作学习要指向深度学习，才能发挥合作学习的育人价值。深度学习是在理解知识的基础上进行学习，学习者能批判性地学习新思想和新知识，将它们与已有的认知结构相融合，构建知识、思想的有机联结，并把获得的知识理论迁移到新的情境中，运用已掌握的方法和理论做出决策并解决问题。因此，深度学习是一种较高的认知层次，强调学生对知识的深度理解，重视培养学生的高阶思维、知识构建、迁移运用以及问题解决能力。

三、深度学习理念下小组合作学习的实践策略

深度学习是培养核心素养的重要途径，是触及学生心灵的教学，是充分发挥教师主导作用、突出学生主体地位的活动。笔者就如何运用深度学习理念促进学生小组合作学习进行了一些实践探索。

（一）巧设问题情境，在小组合作学习中实现深度理解

杜威认为"教学绝不仅仅是一种简单的告诉，教学应该是一种过程的经历、一种体验、一种感悟"。让学生在情境中解决问题，促进对知识的深度理解是符合新课程标准、符合学情的一

种教学模式。课堂教学中，通过创设真实的问题情境，引导学生在体验和感悟中自主探究，是推进小组合作学习的主要形式。

1. 设计递进的问题链，让合作学习有效度

为突破重难点知识，教师可创设学生所关注的、感兴趣的问题情境，将学习内容情境化、问题化，通过层层递进的问题链，引导学生在合作学习中主动思考问题、解决问题。如在学习苏科版八年级下册《现场急救》时，教师创设发生在校园内的真实情境：初二（3）班某学生在上楼梯时"打冲锋"，一脚踩空，小腿磕在台阶边沿上，猛烈的撞击导致男生倒地动弹不得，伤口流血不止。严重的意外伤害使学生情绪之弦一下子绷紧。教师进而逐个呈现以下问题：①假如你在现场，除了立即报告老师，你还会怎么做？②如何拨打"120"急救电话？我们应该说些什么？③在等待救护车到达现场之前，我们要对伤者进行怎样的救助？④如何根据出血量、出血速度判断出血的类型？⑤动脉出血和静脉出血分别如何止血？利用环环相扣的问题情节持续吸引学生，激活学生的思维。在教师的引导下，学生通过小组讨论学会了正确拨打"120"急救电话，学会了动脉、静脉出血的止血方法；再通过拨打"120"急救电话角色扮演、模拟练习止血等活动，促进学生主动参与，在深刻体验中巩固和强化所学知识和技能，使合作学习更有实效。

2. 搭好思维的"脚手架"，让合作学习有深度

当学生面对比较复杂、具有挑战性的情境问题时，教师要及时为学生搭建知识理解的"脚手架"，将复杂、综合的问题进行梳理和解构，为学生合作学习解决问题提供支撑。例如，在苏科版七年级下册《裸子植物》教学中，教师引导学生观察马尾松的雌（雄）球花、松球果，通过对比桃的花和果实的结构，学生发现马尾松没有真正的花和果实。接着教师创设如下情境：展示新鲜的银杏果，告诉学生银杏果又叫白果，可以食用，还有祛痰、止咳、润肺等功效。进而提问：银杏果是果实吗？根据前面已学的果实结构和生活经验，学生普遍认为银杏果属于果实。教师没有直接否定学生的观点，而是继续追问：确定吗？你们的理由是什么？教师的质疑使学生顿生疑惑，引发了学生认知上的冲突，也激起他们进一步探究问题的兴趣。为引导学生解决这一问题，教师进行以下引导：①果实是由哪两部分组成的？②果皮和种子分别由什么结构发育而成？③受精的雌球花将来发育成什么结构？学生根据问题进行分组讨论，在问题的驱动下深度理解果实和种子的形成，最终认同银杏果是种子。接着，教师再展示银杏果外、中、内三层种皮结构图，引导学生理解银杏果和马尾松等植物的种子都是裸露的，属于裸子植物，让学生在解决问题的过程中逐步构建重要概念。在发现问题和解决问题中进行自我反思和修正，使得合作学习更有深度，思维认知更有广度。

（二）优化活动任务，在小组合作学习中推动问题解决

《义务教育生物学课程标准（2022年版）》中提出："义务教育生物学课程注重探究和实践，以丰富的生物学知识为载体，通过多种教学活动展现人们认识自然现象和规律的思维方式及探究过程，反映自然科学的本质。"在教学中，教师可对教材中学生活动进行优化，通过任务驱动学生在合作学习中探究，让学生在共同解决具体问题中将知识、技能、态度进行统整，最终形成并发展核心素养。

如在苏科版七年级下册《昆虫》教学中，学生在教师指导下分组观察活体蝗虫头、胸部并归纳相关特征之后，就腹部的观察，教师布置了以下探究任务：①用放大镜观察蝗虫腹部，并对照蝗虫结构示意图，看一看它腹面的两侧有什么结

构，推测这种结构有什么作用；②如何通过实验验证气门的作用？请各小组就提出问题、做出假设、制订实验方案进行讨论，并在全班进行交流；③结合图文资料分析蝗虫的呼吸器官是否是气门。

任务1，在组长的带领下，两个学生作为一个观察小组，使用放大镜对蝗虫腹部进行仔细观察并做好记录。教师巡视各小组，对观察有困难的学生给予指导和帮助。任务2，教师组织学生围绕假设"蝗虫的呼吸可能与气门有关"展开小组讨论，通过组员独立思考、组内讨论形成详细的实验方案，对于讨论无法深入或陷入困境的小组，教师要倾听并参与他们的讨论，通过旁敲侧击、点拨启发，将他们的思维引入正确轨道。任务3，教师播放课前部分学生参与实验，采用手机延时功能拍摄的视频（分别将两只蝗虫的头部、胸腹部浸入水中，过一段时间观察蝗虫存活情况）。经过观察后发现，头部浸入水中的蝗虫依然活着，胸腹部浸入水中的蝗虫死亡。学生很容易得出结论：蝗虫的呼吸跟气门有关。

建构主义理论强调，要让学生在真实活动情境下思考问题、解决问题并完成任务，进而提升能力，形成素养。因此，教师要在活动任务的设计上下功夫，既要避免过于形式而缺乏深度，又要防止过于复杂而难以达成，要依据学生的认知规律、知识储备和学习能力进行优化和构思。学生在分组活动时，教师要把控好课堂节奏，及时关注学生的活动进展和讨论方向，避免学生出现"假讨论""为合而作"等现象，确保合作学习按照既定目标有序进行。教师深入到每个小组，认真倾听学生的讨论，鼓励小组内每个成员积极参与，培养学生团队协作精神。教师适时启发引导，通过富有逻辑意义的学习任务，驱动学生主动探讨和发现，逐步理解生物学概念，使学习走向深层次。

（三）建构生物模型，在小组合作学习中搭建知识网络

初中生物学知识大多较为抽象，内容繁杂、涉及面广，学生掌握了分散于各章节的生物学概念、原理等之后，所形成的知识往往是碎片化和孤立的，这不利于学生对概念的深入理解。新课标强调，教师要注重引导学生主动建构概念，加强概念间的联系，使知识结构化。教师要帮助学生厘清概念之间的逻辑关系，搭建有联结的生物学知识框架，将静态的概念学习升级为系统化学习，进而促进知识的迁移与运用。

构建模型是帮助学生实现知识结构化的重要手段，通过对知识的整合促进学生深度理解知识概念。概念模型是初中生物教学主要建模方式之一。概念模型是用文字和符号概括出对象的主要特征和联系，把零散的生物学知识归纳在一起，形成互相联系的知识网络体系。例如，学完《昆虫》一节，为了便于学生形象化、系统化地掌握昆虫特征，并能在实际生活中准确辨别昆虫，教师改变以往通过列表梳理知识点的做法，而是引导学生绘制昆虫特征的概念图，并以"虫"的形状呈现。

在学完苏科版八年级下册《生物的遗传》整节内容后，教师引导学生通过小组合作学习形式将性状、基因、染色体等知识进行整合，尝试构建以"基因"为核心的概念模型。课堂上，教师要求小组内成员先对本节内容进行梳理，在充分讨论的基础上厘清与"基因"有关的重要概念的内在逻辑，由组长带领组员在白纸上绘制以"基因"为核心的概念图。组员之间在质疑和探讨中深入理解所学知识，在潜移默化中提升了自主学习意识、语言表达能力和批判性思维能力。因思维方式的差异、整合知识的角度和能力不同，各小组构建的概念图不尽相同。教师安排小组代表进行展示交流，激发学生的归纳推理和创新思维潜能。教师客观评价各组绘制的概念图，并指导

学生修改完善。

（四）注重迁移运用，在小组合作学习中培养高阶思维

学生对生物学知识的深度理解需要有一个认识、体验、迁移与运用的过程。美国认知教育心理学家奥苏贝尔认为："一切有意义的学习必然存在迁移。"深度学习更注重把已有的认知、方法迁移到新的情境中，运用科学的观点、知识探讨或解决现实生活中的问题，培养学生的高阶思维和态度责任意识。

在学生通过合作学习形成生物科学概念、构建知识网络后，教师精选教材内外各种资源，利用生产、生活、医疗等方面的真实情境，引导学生进行信息加工与提取，并与新建立的认知结构进行链接，激发学生主动迁移和深度思维，从而运用所学知识解决实际问题。

如学生在学习苏科版七年级上册《植物的光合作用》之后，教师创设情境（图文信息）：玉米、大豆属于同季节种植的农作物，长期存在"争地"矛盾。为解决这一问题，将玉米、大豆"聚"在一起，在玉米中套种大豆，通过玉米、大豆高矮作物空间错位搭配，发挥立体种植优势，既能保证玉米亩产不减产，还可收获一季大豆。请学生运用光合作用等知识，思考下列问题：①在玉米地里套种大豆，为什么没有影响玉米亩产量，还收获了一季大豆？②从生物学的角度分析农作物套种有什么意义。③在你所熟悉的农作物中，哪些也可以搭配套种？

上述问题具有一定的统整性和开放性，需要学生迁移运用生物学相关知识，融合生活经验和劳动课程等知识，运用演绎、分析和综合等方法进行独立思考和小组讨论才能完成，也培养了学生知农耕、学农事的劳动品质和劳动精神，让学习真正做到学以致用。基于真实情境的知识迁移，让学生通过合作学习解决实际问题，进一步发展学生的思维能力，促进学生对所学知识的深层次理解，也培养了学生的创新精神和社会责任感。

四、结语

综上所述，要想很好地在小组合作学习中落实深度学习，教师要善于巧设问题情境、优化活动任务、引导学生建模、注重迁移运用，同时重视合理分组和评价激励，加强对课堂的有效调控，让学生在合作学习中深度理解知识、实现问题解决，进而搭建知识网络，形成高阶思维。因此，初中生物小组合作学习要始终指向深度学习，让合作学习从浅层、低效走向深层、高效，最终促进学生生物学核心素养的发展。

参考文献：

［1］何玲，黎加厚.促进学生深度学习［J］.现代教学，2005（05）：29—30.

［2］居海燕.创设积极教学情境　增强学生内在体验［J］.中学政治教学参考，2019（23）：47—48.

［3］刘恩山，朱立祥，雷明.《义务教育生物课程标准》及北师大版《生物学》教材修订介绍［J］.新课程教学（电子版），2013（03）：13.

［4］朱俊华.从机械模仿到灵活迁移——学生数学迁移能力培养的实践思考［J］.江苏教育研究，2022（29）：56—60.

［5］中华人民共和国教育部.义务教育生物学课程标准（2022年版）［M］.北京：北京师范大学出版社，2022.

［6］王霞.以挑战性问题引发语文深度学习［J］.教育研究与评论，2022（12）：54—59.

［7］李敏.情境教学：抵达深度学习的一种路径［J］.教育研究与评论（中学教育教学），2021（04）：5—9.